임대사업으로
월급 말고
월세받기

임대사업으로
월급말고
월세받기

초판 1쇄 발행   2024년 5월 30일

지은이   최영식
발행인   곽철식
펴낸곳   ㈜ 다온북스

마케팅   박미애
편 집   김나연
디자인   박영정
인쇄와 제본   영신사

출판등록   2011년 8월 18일 제311-2011-44호
주소   서울시 마포구 토정로 222, 한국출판콘텐츠센터 313호
전화   02-332-4972   팩스   02-332-4872
전자우편   daonb@naver.com

ISBN   979-11-93035-46-7 03320

월세고수가 알려주는 임대사업의 모든 것

임대사업으로
월급말고
월세받기

최영식 지음

다온북스
DAON BOOKS

"희망 없는 직장인 은퇴자의 마지막 꿈,
임대사업자"

　만일 현재 노후 준비가 되어 있지 않고, 은퇴 이후 삶에 관해 막연한 두려움이 있는 당신이 이 책을 펼쳤다면, 이 책은 당신에게 꼭 필요한 책이 될 수 있다. 누구나 한 번쯤 꿈꾼다. 건물주 혹은 집주인이 되어 매달 내 통장에 자금이 쌓이는 삶을 말이다. 우리나라 사람 대부분 부동산 투자는 아파트를 매수하고, 시간이 지나 매매가 상승 후 매각하는 양도차익 위주의 투자를 해왔다. 보통 아파트는 단지의 가격과 시세가 정해져 있고 대부분 찍어내듯 똑같은 형태로 구성되어 투자에 어려움이 크지 않다. 그러니 누구나 내 집 하나쯤은 매수해야 하고, 내 집이 전 재산이 되다 보니 누구나 주택의 전문가가 될 수밖에 없다.

　임대사업용 부동산은 아파트와는 전혀 다른 시각과 기준으로 투자를 결정해야 한다. 하지만 많은 이가 아파트 매수 방법을 기준으로 투자하다 보니 많은 실패를 경험하곤 한다. 임대사업은 투자 전에 세금부터 명의자, 물건 선정까지 누구나 초보의 입장에서 투자에 나서야 한다. 나는 많은 실패 사례자를 상담해 왔다. 이런 사례자들을 경험하면서 임대사업에는 전문적인 지식이 필요하고 많은 준비가 필요하다는 것을 직접 투자 경험을 통해 체득해 왔다. 이런 경험을 바탕으로 이 책을 집필하게 되었다. 내 상담자들의 실제 투자 사례에서 어떤 것을 배워야 하는지 자세히 서술했다.

나는 2002년 한국해양대학교를 졸업했다. 재학 중에 전공 분야의 전문 자격시험인 해상보험 손해사정사라는 시험을 합격하고, 졸업 전에 다른 동기들보다 나름 일찍 국내 대기업 손해보험사 취업에 성공했다. 학교를 다닐 때는 취업만 하면 걱정이 없을 것 같았지만, 취업하고 보니 결혼도 해야 하고, 내 집 마련도 해야 하는 현실이 다가왔다. 특히 성격상 모든 미래에 계획을 세우고 대비해야 했다. 어렸을 때부터 은행을 다닌 아버지의 영향인지 저축하는 습관도 키워왔고, 경영학 전공에 회계학을 공부해서인지 입사 1년 차부터 자금 관련 미래 설계를 해보곤 했었다.

막상 설계해 보면서 큰 딜레마에 빠졌다. 입사 1년 차 당시 내 연봉은 자격증 수당까지 포함해서 세전 3,000만 원 정도로 내 동기들에 비해서는 상당히 높은 수준이었다. 그런데도 1년간 안 쓰고 정말 열심히 저축해 보니 대략 1,700만 원 정도의 돈을 저축할 수 있었다. 가만히 생각해 보았다. 그 당시 서울의 20평대 아파트 가격이 평균적으로 3억 정도할 시기였는데 내가 결혼 전까지 저축할 수 있는 금액으로 내 집 마련은 쉽지 않아 보였다. 또한 대기업 직장임에도 불구하고 내 집 마련 후 자녀 교육까지 하다 보면, 은퇴 시기에 집 한 채 정도로는 은퇴 준비가 제대로 되지 않는 미래를 예상할 수 있었다. 같은 문제로 고민하는 선임 분들의 상황을 쉽게 볼 수 있었기 때문이다.

그래서 5년동안 직장 생활을 하면서 차근차근 미래를 준비했고, 특히 2005년도에 결혼을 하면서 바로 내 집 마련을 준비했다. 당시 조그만 뉴타운 재개발 지역에 빌라 한 채를 매입하면서 재테크를 시작했다. 재테크 카페에 가입하여 활발한 활동을 했고, 이를 계기로 부동산업에 대해 관심을 가질 수 있었다. 펀드/주식/채권/부동산/연금 상품 등 다양한 공부를 했고, 열심히 활동하며 지식을 쌓다 보니 주변 동료들이 재테크 관련해서 늘 나에게 물어보는 상황이었다. 이렇게 활동하면서 재무설계사라는 직업에 자연히 관심을 갖게 되었다. 그래서 직장 6년 차에 회사를 그만두고 자격증을 취득하여 본격적으로 재무설계사로써 일을 시작했다.

금융기관에서 재무설계사를 했지만, 나는 처음부터 부동산과 연계하여 주택 마련부터 임대사업까지 제대로 알아보고 컨설팅했다. 그러다 보니 어느 순간부터 금융 상품 컨설팅보다 부동산 임대업 컨설팅이 주가 되었다. 그럴 수밖에 없었다. 상담을 하다 보면 고객들의 자산이 대부분 부동산에 몰려 있고 재무상담사들도 누구나 부동산에 대해 궁금해했다. 사실 금융 상품은 거의 일부 내용 정도로 여기곤 했었다.

재무설계사 시절 다양한 은퇴 관련 연금 상품부터 은퇴 준비에 관심을 가졌다. 여러 금융 상품들을 부동산과 비교해 봤지만, 가장 안정적이면서도 은퇴 생활에 도움이 되는 것이 바로 '부동산 임대사업'이었다. 나 역시 재무설계를 하면서 모은 소득으로 부동산을 크게 운영을 하게 된 것은 2014년도였다. 당시 마곡 지역의 개발과 함께 사무실을 마곡에 개업하면서부터 개인적으로 임대사업을 본격적으로 운영할 수 있었다. 개인 임대사업을 진행하는 나의 경험이 배가 되면서 고객들에게도 임대사업 컨설팅을 중심으로 다른 부동산 중개사들이 하지 못하는 임대사업에 대한 컨설팅을 할 수 있게 되었다.

특히 마곡지역에서 상가와 오피스텔 투자를 통해 자산도 늘려왔고, 마곡뿐만 아니라 경기도 지역과 인천 송도 지역 등 일부 상가 및 오피스텔 오피스 임대업을 통해 기본 임대소득으로 수익이 발생하고, 임대사업을 영위하고 있기도 하다. 이렇게 자산을 늘려가면 당연히 소득세가 많이 나온다. 개인 사업의 소득세를 억 단위로 내보면서 회계사의 자문을 통해 2016년도에 법인 설립했다. 그러다 보니 고객 중에도 법인이 필요한 경우가 많다는 사실도 알게 되었다. 나의 임대사업을 위한 법인을 운영하면서 하나씩 주의 깊게 이론적으로도 살펴볼 수 있었다. 부동산 실무까지 경험하면서 세무사 또는 회계사들이 할 수 없는 경험을 통해 좀 더 실질적인 상담이 가능해졌다.

책 내용을 보면 알겠지만 임대사업은 세금 관련 지식부터 부동산 물건에 대한 내용까지 알아야 할 것이 많다. 임대사업 투자는 기존의 주거용 주택과는 투자 방법이 많이 다르다. 특히 상업용 부동산은 너무나 다른 투자 기준이 필요하고, 자칫 큰 손해를 볼 수도 있다. 이런 점에서 임대사업의 전반적인 내용을 작성하고자 노력했다. 특히 기존 고객

임대사업으로 월급 말고 월세 받기

들과 나의 투자 사례를 내용별로 서술하기 위해 많은 노력을 기울였고, 가능하면 누구나 쉽게 읽힐 수 있도록 이론보다는 사례를 위주로 집필하게 되었다.

아무쪼록 이 책을 읽는 분들의 은퇴 준비와 임대사업 준비에 큰 도움이 되길 바라본다. 욕심은 임대사업 관련 바이블이 되기를 바라지만, 임대사업 관련하여 세금 제도 등 시장 상황이 자주 바뀌다 보니 2024년 현재 시점에서 큰 도움이 될 수 있었으면 좋겠다.

목차

부동산 임대사업 누구 명의로 할까? (법인/개인)

3040세대의 소액으로 시작하는 부동산 임대사업

은퇴 세대의 수익형 부동산 투자법

사례로 보는 임대사업용 부동산으로 좋은 물건은?

Ⅰ

부동산 임대사업
누구 명의로 해야 할까?
(법인/개인)

01 임대사업을 시작하면 발생하는 문제들은?

임대사업 컨설팅을 하다 보면 많은 사람이 간과하는 것이 하나 있다. 기존 부동산 투자자들을 보면 대부분 가격이 오를만한 물건인지, 위치는 좋은지 등을 우선하여 투자하곤 한다. 하지만 임대사업은 기존 부동산 투자와는 다른 접근법이 필요하다. 그 첫 번째가 바로 '명의 선정'이라 할 수 있다. 누구 명의로 부동산을 투자할 것인지가 수익률에 크게 영향을 미친다. 일반적인 부동산 투자는 매매차익을 중심으로 투자하기에 고려해야 할 사항이 부동산 매매 시 양도차익에 대한 세금만을 생각한다. 하지만 임대사업용 부동산은 명의 선정의 결과로 인하여 수익에 큰 차이가 발생할 수 있다. 그 이유를 몇 가지 예로 들 수 있는데 하나씩 살펴보자.

첫 번째로 소득세율의 차이로 인하여 발생하는 문제다. 예를 들어 맞벌이 부부의 소득 차이가 클 때 소득이 적은 사람의 명의로 했을 경우 절세 효과가 큰 경우가 많다. 그동안 세금 절세를 위해 명의 선정을 할 때 대부분 양도소득세를 기준으로 비과세 기준만 맞추면 되는 상황이므로 명의를 중시하지 않았지만, 임대수익형 부동산은 양도차익이 아닌 매월 발생하는 임대소득을 목적으로 하는 투자다. 대부분 임대사업에서 후회하는 경우는 다음과 같다. 물건을 보고 투자했다고 하지만, 그다음 해 5월 종합소득세 신고 시 세금을 많이 부과받고 그때 명의 선정을 잘했어야 했다며 후회한다. 실제 이와 같은 사례를 많이 봤다.

두 번째는 건강보험료(이하 건보료)의 문제가 발생한다. 특히 건강보험 피부양자는 명의 선정을 잘못하면 피부양자 자격 박탈과 함께 지역가입자로 전환될 경우 자산 및 소득 금액에 따라 정해지는 건보료 기준에 의해 임대료보다 더 많은 건강보험료를 납부할 수 있다. 실제 상담자 중 서울 마포구에 거주하는 한 50대 여성 분은 1억 원 대 오피스텔 한 호실을 분양받으면서 분양 사무실에서 안내한 대로 일반 임대사업자를 등록했다. 문제는 남편의 직장 건강보험에 건강보험 피부양자로 있었는데, 사업자 등록과 동시에 피부양자 자격이 박탈되면서 50만 원의 임대료를 받지만 35만 원의 건강보험료가 발생했다. 만약 남편의 명의로 했다면 차라리 나았을 상황이었다. 명의 선정을 잘못하면 특히 건강보험 피부양자의 경우 이런 큰 수익의 차이가 나는 결과가 발생할 수 있다.

이처럼 임대사업 선택 시 명의 선택은 정말 중요하다. 상황에 따라서는 물건의 선택보다 명의 선택이 더 중요한 경우도 많다. 하지만 많은 사람이 이를 간과한다. 임대사업은 다른 사업과 달리 아주 큰 장점이 있다. 통상의 사업은 1년 후 소득세가 어느 정도 될지 예측하기 어렵다.

하지만 임대사업은 1년의 소득이 임대차계약에 의해 정해져 있고 내가 어느 정도의 비용 처리를 할지 정하고 대비하면 1년 후의 임대소득세 세금액 추산이 얼마든지 가능하다.

 따라서 매월 발생하는 임대소득에 관한 세금을 알고 이를 준비할 필요가 있다. 또한 소득이 발생하면 준조세에 해당하는 건강보험료 및 4대 보험 역시 미리 알아둬야 한다. 이번 챕터에서는 명의를 어떻게 준비해야 하는지 사례로 살펴보고자 한다. 특히 소득세 및 각종 혜택이 큰 법인 임대사업자에 대해 자세히 알아보도록 하며, 명의 선정이 중요한 이유에 대해서도 자세히 살펴보자.

임대사업으로 월급 말고 월세 받기

02

개인으로 부동산 임대사업자 등록과 명의 선정 시 고려해야 할 사항

(1) 건강보험 피부양자 자격 박탈 여부

앞에서 기술하였듯이 은퇴를 하였거나 소득이 적은 주부가 수익형 부동산 투자 시 주의해야 할 내용이 바로 '건강보험의 피부양자 자격 박탈 여부'다. 자칫 소액의 투자를 잘못하면, 피부양자 자격 유지 시 없었던 건강보험료가 피부양자 자격이 박탈되고, 지역가입자로 전환되면서 지역 건강보험료가 월세보다 많이 발생할 수 있다. 이런 점에서 피부양자 자격은 주의해야 할 사항 중 하나인데 피부양자 자격은 「국민건강보험법 시행규칙」 2조에 자세히 기술되어 있다. 우선 조문을 살펴보자.

피부양자 자격의 인정기준 중 소득 및 재산요건
(「국민건강보험법 시행규칙」 제2조제1항제2호 관련)

1. 직장가입자의 피부양자가 되려는 사람은 다음 각 목에서 정하는 소득요건을 모두 충족하여야 한다.
    가. 「국민건강보험법 시행령」(이하 "영"이라 한다) 제41조제1항 각 호에 따른 소득의 합계액이 연간 2,000만 원 이하일 것
    나. 영 제41조제1항제3호의 사업소득(이하 이 표에서 "사업소득"이라 한다)이 없을 것.

다만 피부양자가 되려는 사람이 다음의 어느 하나에 해당하는 경우 해당되는 사업소
득 요건을 충족하면 사업소득이 없는 것으로 본다.

1)사업자등록이 되어 있지 않은 경우: 사업소득의 연간 합계액이 500만 원 이하일
것(「소득세법」 제19조제1항제12호에 따른 부동산업에서 발생하는 소득 중 주택임
대소득이 있는 경우는 제외한다)

2)「장애인복지법」 제32조에 따라 장애인으로 등록한 사람, 「국가유공자 등 예우 및
지원에 관한 법률」 제4조·제73조 및 제74조에 따른 국가유공자 등(법률 제11041
호로 개정되기 전의 「국가유공자 등 예우 및 지원에 관한 법률」 제73조의2에 따른
국가유공자 등을 포함한다)으로서 같은 법 제6조의4에 따른 상이등급 판정을 받
은 사람과 「보훈보상대상자 지원에 관한 법률」 제2조에 따른 보훈보상대상자로서
같은 법 제6조에 따른 상이등급 판정을 받은 사람인 경우: 사업소득의 합계액이
연간 500만 원 이하일 것

다. 피부양자가 되려는 사람이 「도시 및 주거환경정비법」에 따른 주택재건축사업으로 발
생한 사업소득을 제외하면 가목 및 나목의 요건을 충족하는 경우 등 관계 자료에 의
하여 공단이 인정한 경우에는 가목 및 나목의 요건을 충족하는 것으로 본다.

라. 피부양자가 되려는 사람이 기혼자인 경우에는 부부 모두 가목부터 다목까지의 요건
을 충족하여야 한다.

**2. 직장가입자의 피부양자가 되려는 사람은 각 목에서 정하는 재산요건 중 어느 하나에 해
당하여야 한다.**

가. 별표 1의 제1호부터 제9호까지에 해당하는 경우: 다음의 어느 하나에 해당할 것

1)영 제42조제3항제1호에 따른 재산에 대한 「지방세법」 제110조에 따른 재산세 과
세표준의 합이 5억 4,000만 원을 초과하면서 9억 원 이하이고, 영 제41조제1항 각
호에 따른 소득의 합계액이 연간 1,000만 원 이하일 것

2)영 제42조제3항제1호에 따른 재산에 대한 「지방세법」 제110조에 따른 재산세 과
세표준의 합이 5억 4,000만 원 이하일 것

나. 별표 1의 제10호에 해당하는 경우: 영 제42조제3항제1호에 따른 재산에 대한 「지방
세법」 제110조에 따른 재산세 과세표준의 합이 1억 8,000만 원 이하일 것

법령으로 보면 이해하기가 참 어렵다. 따라서 이를 요약해서 정리해
보면 다음과 같이 정리할 수 있다.

1) 사업자 등록이 되어 있지 않을 것(단, 주택임대사업자는 제외)

2) 사업자 등록이 없는 경우 사업소득은 500만 원 이내, 기타소득은 2,000만 원 이내에 해당할 것

3) 주택임대업의 경우 경비율을 감안하면 연 1,000만 원 이내는 소득이 없는 것으로 계산됨

이제 사례로 실제 피부양자 자격이 박탈되고 어느 정도의 건강보험료를 납부하게 되는지 한 번 살펴보자.

• 명의 선택 잘못할 경우 건강보험료 및 세금 납부하는 주부 A 님 사례

상가 투자를 고려하던 A 님은 필자에게 상가 관련 상담을 받았었다. A 님은 외벌이 부부였고, 은퇴 준비 차원에서 상가를 매입했다. 상가 매입 가격은 2억 원으로 보증금 1,000만 원 / 월세 90만 원의 임대소득이 발생한다. 그리고 A 님 부부는 주택공시가 9억 원의 주택을 부부 공동명의로 소유 중이다. 남편의 소득은 연말정산 후 7,500만 원의 소득으로 24% 세율 구간에 해당한다. 이런 상황에서 무소득 주부인 A 님의 명의로 상가 매수를 하게 되면, 건강보험 피부양자 자격이 박탈되어 지역가입자로 전환된다. 이때 발생하는 소득세와 건강보험료의 합계 금액이 얼마나 되는지 계산해 본 후 직장인인 남편 명의로 상가를 매수했을 때 부과되는 세금 및 건강보험료를 비교해 보자.

* **주부 A 명의 선택 시** : 지역 건강보험료 월 243,000원×12개월 = 2,916,000원 + 종합소득세 1년 46만 원 = 3,376,000원 비용 발생
* **직장인 남편 명의 선택 시** : 직장가입자로 연 2,000만 원 이하 소득에 해당되어 추가되는 건강보험료는 없으며, 소득세 추가 금액 24% 세율 구간 적용 시 181만 원 세금 비용 발생

건강보험 피부양자인 부인 명의 선택 시 남편 명의와 비교하면 연 150만 원 이상 추가 비용이 발생하게 된다. 월 90만 원의 임대료 상가로 인하여 연 150만 원의 차이라면 아무래도 수익률 차이가 클 수밖에 없다. 무소득 주부 A 님의 사례처럼 월 100만 원 이하 수익형 부동산 투자 시 건강보험 피부양자라면 피부양자의 자격을 유지하기 위해 소득 있는 건강보험 부양자인 배우자의 명의로 투자하는 것이 유리하다.

(2) 종합소득세를 고려한 명의 선택 방법

월 임대소득을 받는 부동산 투자가 기존 거주용 아파트 투자와 가장 다른 점은 월 임대소득에 대한 소득세를 고려해야 한다는 것이다. 기존 아파트 투자는 대개 매매 차익을 목적으로 양도소득세만 계산하면 되지만, 임대수익형 부동산은 본인의 기존 소득과 합산하여 소득세가 산출된다는 점에서 명의 선택 시 부부의 소득도 고려하여야 한다. 피부양자 여부도 명의 선택에 있어서 중요한 문제이지만, 소득세율도 명의 선

택의 중요한 요소 중 하나다. 그 차이가 어느 정도 발생하는지 살펴보자.

- 사무실(섹션오피스) 매매 가격 : 2억 8,000만 원
- 임대 조건 : 보증금 1,000만 원, 월세 100만 원
- 남편 소득 : 9,000만 원(연말정산 후), 부인 소득 : 3,500만 원

	남편 명의	부인 명의	공동명의
연 임대소득	12,000,000		
경비율	30%		
순 소득	8,400,000		
소득세율	35%	15%	24% / 15%
소득세	2,940,000	1,260,000	1,008,000 + 630,000 = 1,638,000
세후 수익률 (투자금 2.7억 대비)	3.36%	3.98%	3.84%

이렇게 표 하나로 정리해 보면 남편은 35% 세율 구간, 부인은 15% 세율 구간임을 알 수 있다. 연 1,200만 원의 소득 발생 시 평균적인 경비 처리율인 30%를 감안하고 840만 원의 연 소득이 발생한다. 이때

35% 세율 구간인 경우 연 294만 원의 세금이 발생하고, 부인의 경비율 15%를 감안하면 126만 원의 세금이 발생하여 세금 차이만 150만 원에 이른다. 이렇듯 맞벌이 부부는 세율까지 고려하여 명의를 선택할 필요가 있다. 만일 세율이 변경하는 구간에 있다면 공동명의 등도 활용해 볼 만하다.

임대사업으로 월급 말고 월세 받기

"개인으로 임대사업 시 명의 선정 방법"

No. 1. 피부양자의 경우 피부양자 자격 박탈 요건을 감안하여 소액 투자 시 명의 선택은 신중하게 판단하여야 한다. 실제 배우자 소득세율 38% 이하일 경우에는 배우자 명의가 유리한 경우가 대부분이다.

No. 2. 임대 물건의 임차료를 확인하고, 임차료를 기준으로 소득세와 건강보험료 예측은 필수!(건강보험공단 사이트 활용)

No. 3. 직장인의 경우 연 임대소득 2,000만 원 이하는 별도의 추가 건강보험료가 발생하지 않는다.

No. 4. 상업용 수익형 부동산 명의 선택 시 맞벌이 부부라면, 부부의 소득을 감안하여 소득이 적은 사람의 명의로 선택하는 것이 유리하다.

No. 5. 주거용 임대사업의 경우에는 2,000만 원 이하 분리과세가 적용되므로 소득세는 고려하지 않고, 건강보험 피부양자 조건만 확인하면 된다.

No. 6. 부부 공동명의는 비슷한 소득이면서 임대소득으로 인해 세율이 변경될 수 있는 경우에 소득을 절반으로 나누는 효과가 있으므로 고려해 볼 만하다.

No. 7. 법인 설립을 고민하고 있다면? 연 임대료 300만 원 이하는 부대 비용 등을 감안하면 큰 실익이 없으며, 향후 투자를 늘릴 예정이거나 소득 세율이 38% 이상인 경우에 법인 설립을 처음부터 고려할 필요 있다.

03

소득세 절세 혜택이 가장 큰 고소득 직장인의 법인 비주거용 건물 임대사업

(1) 외국계 기업 40대 B 부장의 사례

B 부장(49세)은 누구나 부러워할 만한 글로벌 기업의 연구원 부장으로 고액 연봉 수령자다. 직업이 연구원인만큼 투자 전에 부동산 및 세금 등 다양한 부분에 대해 사전 공부하는 분이라는 걸 느꼈다. 내가 운영하는 유튜브 채널 '월세고수TV'를 통해 법인 관련 지식도 많이 배웠고, 투자하기 전에 상담을 요청하여 임대사업용 부동산 투자를 생각하게 되었다.

나는 고객들과 상담 전에 꼭 질문지를 받는다. 질문지에는 자산 현황, 소득 현황, 연령, 은퇴 시기 등을 먼저 작성하게 된다. 이렇게 하는 이유는 상담자에게 맞는 임대사업 컨설팅을 위해 필수적으로 알아야 하는 최소한의 내용이기 때문이다. 특히 명의 선정과 투자 대상을 고려할 때 반드시 알아야 할 것들은 개인의 상황 및 소득 수준이다. B 부장의 자산 및 소득 상황을 살펴보고, 고소득 직장인은 어떻게 임대사업을 진행하는지 알아보자.

1) 투자 전 B 부장의 자산 및 부채 상황

B 부장은 외벌이 부부인데다 성인 대학생인 두 남매가 있어 한창 돈 들어 갈 곳이 많은 상황이었다. 하지만 B 부장은 소비도 계획적으로 운용하고 저축도 잘해왔다. 자산 현황을 보면서 느낀 점은 참 열심히 사신 분이고, 상당히 계획적으로 다양한 공부를 했다는 것을 알 수 있었다.

자산 현황		부채 현황
용산 111㎡ APT	₩2,000,000,000	부채 없음
은행 예금 자산	₩500,000,000	
합계	₩2,500,000,000	해당 없음

[상담 당시 B 부장의 자산 및 부채 현황]

B 부장의 자산 및 부채 상황을 살펴보면 자산 건전성이 매우 뛰어난 분이었다. 매년 높은 근로소득으로 주식과 같은 자산에 조금의 투자도 없이 은행 예/적금만으로 자산을 운용해 왔고, 대출도 싫어하여 기존 주택 매입 시 활용했던 모기지론 마저 모두 상환을 완료했다. 3년 전부터는 적금을 통해 현금 5억 원을 마련했다. 그런데 최근 회사를 다니면서 은퇴 시기를 고려해야 하는 상황이 발생한 탓에 은퇴 준비에 관해 고민을 많이 했다. 향후 7년 정도 안에 은퇴를 감안해야 했고, 대비 방법으로 부동산 임대업을 생각하게 된 것이다.

부동산 임대업을 시작하게 되면, 문제가 되는 점은 자신의 소득이 높다 보니 일찍 임대사업을 시작 할 때 발생할 수 있는 종합소득세다. 특히 주택 투자는 주택이 추가될 경우 2주택자가 되고, 종합부동산세도 염려되어 최대한 1주택을 유지하는 조건에서 투자하기를 원했다. 그때 내가 운영하는 유튜브 채널을 보면서 상업용 부동산에 대해 관심을 가졌다. 하지만 본인의 소득이 높다 보니 종합소득세 합산 시 월세를 받아봤자 38% 세율 구간에 해당된다는 것을 알게 되었다. 즉 세금을 내고 나면 남는 소득이 많지 않을 것이고, 이를 피하기 위해 여러 방법을 찾아보았다.

이렇게 알아보던 B 부장은 절세 방법 중 하나인 법인에 관심을 갖게 되었다. 은퇴 후 직장의료보험 자격 유지와 은퇴 자산 형성 시 소득세 절세 및 과세 이연을 통해 자산을 형성할 수 있는 법인 설립 후 비주거용 건물 임대사업 등록을 통해 투자에 나서는 것을 고려해 상담을 요청해 왔다. 이에 대해 법인 설립 절차를 안내했고, 세무사, 법무사와 함께 법인 설립부터 물건 투자까지 안내했다. B 부장님에게 안내한 절차와 과정을 하나씩 살펴보자.

2) 법인 설립 절차

법인 설립은 고려해야 할 것이 많다. 절차상 1차 상담을 통해 법인 설립이 유효한 방법인지 먼저 생각해 봐야 한다. 법인 설립을 하게 되면 상황에 따라서는 절세 측면에서 많은 도움이 되는 장점이 있지만, 단점도 많다. 첫 번째 단점은 기장 등을 위한 '세무 비용의 증가'다. 법인을

법인 설립 여부 결정	법인 설립 진행	사후 운영 계획 설립
• 법인 설립이 유리한지 자산 현황 검토 • 소득 지출 및 미래 은퇴 시기 등 파악 • 법인 설립의 이유 및 필요성 검토 • 법인 설립 기초를 위한 가족 관계 및 주소지 파악	• 적정 자본금 및 주주 지분 제안 • 임대사업 물건 조사 및 추천 • 본점 소재지 결정 및 임대차 계약 • 임대사업 물건 계약 진행 및 대출 관계 제안 • 법인 설립 진행	• 임대차 계약에 의한 연 자금 운용 계획 제시 • 대표이사 및 직원 구성 및 적정 급여 제안 • 월 비용 처리 위한 법인 카드 한도 제안 • 법인 렌터카 운영 시 적정 비용 제안

운영할 경우 매월 기장도 해야 하고, 자금 관리를 철저하게 해야 한다. 또한 누구나 법인 설립시 고민하게 되는 두 번째 단점은, 법인 자금을 개인 자금으로 활용하는 것이 어렵다는 것이다.

개인소득이 있을 경우 법인으로부터 받을 수 있는 급여와 같은 인건비 역시 소득세 대상이므로 자칫 계획 없이 무분별하게 법인으로부터 돈을 인출하게 되면 법인세와 별도로 이중소득세가 발생할 수 있다. 따라서 비용 계획을 세울 때 소득이 발생하는 시기에는 자금 인출을 최소화해야 한다. 나의 소득이 줄어드는 시기부터 다시 개인소득으로 인출하는 절세 계획 등 미리 준비하고 알아야 할 내용이 많다.

이런 점을 고려해서 1차 대면 상담을 통해 법인 설립을 해야 하는지 같이 고민한다. 이때 가족 간 증여 상속에 대한 고민도 함께 나눠 법인 설립의 지분 역시 계획을 세워야 한다.

법인 설립 계획을 세우고 결정했다면, 법인 설립을 진행한다. 이때 중요한 점은 본점 소재지 결정과 임대사업 물건 확보다. 본점 소재지는 뒤에서 자세히 기술하겠지만 수도권의 경우 취득세 문제와 결부된다. 그리고 대표이사 결정도 중요하다. 대표이사가 통상 직장인이라면 겸직 문제가 발생하게 되는데, 이때 회사 내규와 처리 방향 등도 고려 사항이 된다. 따라서 보통은 직업이 없는 배우자가 대표이사를 맡곤 한다. 다만 B 부장의 직장은 외국계 회사라서 크게 문제가 되지 않아 본인이 대표이사로 등기하게 되었다.

마지막 절차는 법인 설립 이후 운영 계획 준비다. 우선 법인의 사후 운영 계획에서 중요한 점은 바로 '월 비용 처리 계획'이다. 부동산 임대사업의 가장 큰 장점은 임대차계약서에 의하여 1년의 소득이 정해져 있으므로 1년 후의 법인세를 예측해 볼 수 있다. 실제 법인으로 투자해 보면, 실무적으로 인건비 및 차량 비용 등을 활용하여 법인 비용 처리 계획을 잘 세우면 법인세를 절감할 수 있다. 이때 사후 운영 계획을 잘 세워야 한다. B 부장의 법인 설립 절차에 의해 실제 어떻게 임대 법인 설립부터 비용 처리까지 이뤄졌는지 하나씩 살펴보자.

3) B 부장의 법인 설립부터 임대 물건 선정 그리고 사후 운영 계획
• 법인 설립과 자본금 구성

B 부장은 우선 법인 설립을 해야 하는 것으로 판단했다. 필자가 법인 설립을 통해 투자할 것을 안내한 가장 큰 이유가 있다. 본인의 근로소득세와 법인세를 비교해 보니 세금 차이가 크다는 것을 확인하였기 때

문이다. 은퇴 시점까지 배우자를 법인의 대표이사로 정하여 운영할 경우 비용 처리를 통해 법인세를 최소화할 수 있을 것으로 판단했다. 법인 설립을 진행함에 있어서 우선 본점 소재지는 서울 용산의 자택으로 정했다.

원래 임대사업 투자 시 법인은, 서울 및 수도권 과밀억제권역은 취득세 중과 지역이므로 본점을 김포나 파주 등과 같은 곳에 두고 임대 물건을 투자하는 방법을 택한다. 하지만 본점을 서울 자택으로 두고 대신 투자 물건을 과밀억제권역이 아닌 곳의 물건을 정하면 임대업으로써는 취득세 중과를 피할 수 있다. 이런 방법으로 불필요한 사무실 임대 비용을 줄일 수 있다. 법인 설립 후 5년이 경과하면 어차피 취득세 중과는 이후에 피할 수 있으므로 초기에는 과밀억제권역이 아닌 곳에 투자에 나서기로 했다. 취득세 중과 문제에 대해서는 뒤에 이어지는 '법인의 취득세 중과 문제' 관련 부분에서 더 자세히 살펴보자.

B 부장은 본점 소재지 결정 이후 임대사업용 투자 물건을 수도권 과밀억제권역이 아닌 곳 중에서 인천 3개 자유경제구역 중 한 곳인 송도 지역의 상가로 정했다. 물건을 정하고 바로 법인 설립 절차에 들어갔다. 송도 상가는 3,400세대 대단지 아파트 상가로 분양권 상태에서 신규 분양을 받았고, 분양계약서는 법인 설립 이후에 작성했다. 그리고 법인 설립에 앞서서 자본금 규모와 주주구성에 대해 고려해야 하는데 자본금은 5억 원으로 정했고, 주주구성은 다음과 같다.

주주 명부상 지분 내용	
본인	200,000,000 (40%)
대표이사 (부인)	200,000,000 (40%)
아들 1 (대학생)	50,000,000 (10%)
딸 2 (대학생)	50,000,000 (10%)

법인 설립 상담을 진행할 때 통상 대출을 받지 않을 경우 법인 설립 시 자본금은 최소화하여 1,000만 원 정도로 구성을 추천한다. 그 이유는 법인 운영의 가장 큰 단점인 법인의 소득 발생 시 개인으로 자금 이체가 자유롭지 못하기 때문이다. 분명 분리된 인격인 법인의 자금을 대표나 주주 마음대로 자금을 운용할 경우 횡령 문제가 발생한다. 보통은 자본금을 최소화하고, 대표이사가 법인과 정식으로 대여계약서를 작성한다. 이런 대여계약서를 통해 정해진 이자를 발생시켜 대여해 주는 대여금, 또는 대표이사가 회사에 임시 계정인 가수금 형식으로 돈을 대여해 주고 이 자금으로 부동산 투자를 하는 방식을 취하곤 한다.

이렇게 처리하게 되면 법인 수익 발생 시 매년 대여금 상환을 이유로 자금의 개인 활용이 용이하다는 장점이 있다. 이런 대여금 계정 활용은 상당히 유용한 방법이다. 하지만 B 부장은 법인 설립 당시 10년 이상의 장기 계획을 세웠다. 향후 자금이 발생할 때마다 추가 투자할 계획으로 처음부터 자본금을 높게 설정했다. 그리고 또 다른 세금 혜택인 증여세 공제를 활용하기 위해 성인 자녀 무상증여 공제한도인 5,000만 원까지 증여 후 증여 신고하고, 법인 설립을 진행하게 되었다.

• 법인 자금 운용 계획 세우기

B 부장의 상가는 3,400세대 단지의 신규 단지 내 상가로써 분양 계약 당시 건축 중인 상황에서 전용 면적 15평의 프랜차이즈 베이커리 매장으로 임대가 완료된 상황이었다. 분양가는 8억 원으로 임대료는 보증금 1억 원 / 월 차임 300만 원으로 임대 완료되었으며, 2021년 당시 2.4%의 금리로 2억 원의 대출을 활용하여 투자하게 되었다. 따라서 우선 연 3,600만 원의 소득은 확정된 상황이었고, 이자 비용은 연 480만 원의 비용이 발생 예정이었다. 이 중 법인세를 절세하기 위해 비용 계획이 필요하다. 그런데 일반적으로 임대사업은 법인의 비용으로 인정받는 범위가 그렇게 넓지는 않다.

통상 비용의 인정 범위는 실제 그 사업을 위해 발생한 비용으로 인정이 될 수 있어야 하는데, 가장 먼저 생각할 수 있는 게 대출에 대한 이자 비용이다. 그리고 법인 대표이사의 급여 및 4대 보험료, 법인 기장을 위한 세무 비용과 임대사업을 위한 차량 운영 비용을 들 수 있다. 따라서 다음과 같이 비용 처리를 하게 되었다. 우선 대표이사 급여로 150만 원과 차량을 교체하면서 법인 렌터카를 월 60만 원의 비용으로 처리하기로 했다. 또한 세무 비용과 건강보험료 및 연금보험료로 30만 원의 비용을 처리했고, 월 20만 원 정도 이익은 정기 적금으로 자금 운용할 계획을 세웠다.

법인 관련 월 비용 처리 항목	금액(단위: 원)
대표이사 급여(주부)	1,500,000
법인 렌터카 + 대출 이자	1,000,000
4대 보험료 + 세무 비용	300,000
법인 적금(=법인 이익)	200,000

만일 이렇게 처리하게 되면 B 부장 개인사업자 명의로 했을 때와 어느 정도 세금 차이가 나는지도 한번 살펴보자. 먼저 B 부장 개인 명의로 상가를 취득하게 되면, 월 300만 원씩 임대소득 발생하여 총 3,600만 원의 소득이 잡힌다. 이 중 이자 비용 480만 원과 기타 통상 상가의 경비율을 적용하여 30% 정도의 경비율로 추산해 보면, 38%의 종합소득세율 구간 적용 시 약 960만 원 정도의 세금이 발생하게 된다(물론 정확한 추계는 비용 처리 등의 방법으로 계산해 봐야 하지만 임대업은 비용 처리 항목이 많지 않다 보니 30% 정도의 경비율 정도가 적절한 것으로 판단된다).

반면 법인으로 위 비용 처리 항목을 운영하면 연 순이익이 240만 원이 발생하고, 그러면 법인세는 9%의 법인 세율로 21만 6,000원의 세금이 집계된다. 하지만 단순히 960만 원과 22만 원을 비교하는 건 잘못된 것이다. 일단 법인으로 운영하면서 개인사업자로 했으면 발생하지 않았을 추가 비용이 있다. 4대 보험료와 세무 비용 그리고 대표이사 급여가 발생함으로써 생기는 대표이사의 소득세다. 그 비용을 추계해 보면 다음과 같다.

> 대표이사 소득세 130만 원 + 법인세 22만 원 + 세무 비용 120만 원 + 건강/연금 보험료 240만 원 = 511만 원 (법인으로 처리 했을 때와 개인으로 처리했을 때 차이는 약 449만 원 차액 발생)

1년에 약 450만 원 정도의 차액이 발생하는데, 이 정도 차이면 법인으로 했을 때의 번거로움과 자금 이용의 불편함 등을 감안했을 때 그렇게 큰 이익이 될 수 없다. 또한 B 부장의 소득이 줄어드는 시기에는 이 이익은 더욱 크게 다가오지 않는다. 물론 세금뿐만 아니라 은퇴 시 건강보험을 직장가입자 유지하는 등의 이점도 있지만, 당장의 비용 측면에서 이익이 그렇게 큰 것은 아니다. 하지만 B 부장의 경우 향후 소득이 지속되고 1년 마다 추가 소득이 발생하는 것을 감안하여 투자를 늘려갈 계획이다. 지금 소득이 월 300만 원이라서 저 정도의 차이가 발생하지만 이 소득이 커질수록 그 차이 역시 커진다.

따라서 은퇴 시기까지 최대한 소득을 발생시키지 않고, 지금처럼 운영해 가면서 투자를 늘려가면 그 이익을 극대화할 수 있는 것이 법인 설립을 통한 임대사업 투자다. 이처럼 법인을 통한 임대사업 투자는 당장 눈앞의 상가 투자보다도 더 많은 고려 사항이 필요하다. 개인의 계획과 자금 상황, 소득 상황 등 다양한 사항을 고려해야 한다.

[B 부장이 투자한 단지 내 상가 전경]

(2) 법인을 통한 비주거용 건물 임대사업 시작 시
고려해야 할 사항

1) 법인세 Vs. 종합소득세

일반적으로 대부분의 부동산 투자자는 아파트 매매 차익을 중심으로 한 양도차익을 목적으로 투자해 왔다. 하지만 상업용 수익형 부동산 투자의 기본 수익 원천은 매월 발생하는 임대사업에 의한 소득이다. 이런 임대사업의 임대소득은 개인의 종합소득과 합산하여 매년 5월에 종합소득세 신고를 하게 된다. 대부분 임대사업용 부동산에 투자한 사람들은 부동산 투자 후 다음 해 5월에 종합소득세 신고를 한다. 이때 추가

세금이 발생하면 명의 선정에 관해 후회하곤 한다. 그리고 소득이 높은 투자자들도 이때 법인을 고려하는데 사실 처음부터 법인으로 투자했으면 좋았을 분들이 많다. 왜 소득세와 법인세의 차이가 큰 것일까? 왜 법인이 유리한지 알아보자.

2) 법인세와 종합소득세의 세율 차이

법인을 고려하는 이유는 가장 먼저 종합소득세와 법인세의 세율 차이 때문이다. 특히 소득이 높은 경우 개인 임대사업자 등록 시 근로소득자는 근로소득, 사업자는 개인 사업소득에 합산하여 세율이 반영된다. 이렇게 되면 고소득자들은 사실상 임대사업을 통해 소득의 30% 이상은 세금으로 납부하게 된다. 특히 준조세에 해당하는 지역가입자의 건보료율 및 재산세 등까지 감안하면 거의 50%에 가까운 비용이 발생할 수 있다.

과세표준 (단위: 만 원)	세율
1,200 이하	6%
1,200 초과 ~ 4,600	15%
4,600 초과 ~ 8,800	24%
8,800 초과 ~ 1억 5,000	35%
1억 5,000 초과 ~ 3억	38%
3억 초과 ~ 5억	40%
5억 원 초과	42%

[개인 종합소득세율]

과세표준 (단위: 만 원)	세율
2억 이하	9%
2억 초과 ~ 200억	19%
200억 초과 ~ 3,000억	21%
3,000억 초과	24%

[법인세율]

반면 법인세율은 2023년 기준 9~24% 구간으로 심지어 대부분에 해당하는 2억 원 이하의 소득에서 법인세는 9%다. 이 세율 차이만으로도 법인 선택은 당연해 보인다. 하지만 다른 시점에서 보면 법인세를 내고 다시 개인이 법인으로부터 임대소득에 해당하는 만큼 소득으로 가져올 경우 다시 개인 종합소득세에 합산하여 과세하게 될 수 있다.

즉 이론적으로 보면 괜히 법인세만 한 번 더 내는 이중과세가 될 수 있는 것이다. 따라서 사전에 이런 특징을 고려하여 내 소득이 높은 시기에는 소득을 발생시키지 않고, 내 소득이 없어지거나 줄어들 때 인건비를 발생하는 소득 이연 계획을 세워 법인 활용을 극대화할 수 있다. 예를 들어 B 부장이 앞으로 10년 더 회사에 다닌다고 하면, 10년간은 대표이사인 부인의 급여가 발생하고 본인의 연간 소득으로 늘어난 자산을 통해 법인에 대여해 주고 투자를 늘려간다.

그리고 은퇴 시점부터 B 부장도 법인 직원으로 등록하고 그때 상황에 맞게 급여를 책정하여 소득을 받게 되면 고소득 구간에서는 소득을 발생시키지 않는다. 소득이 없는 구간에서 법인의 급여소득을 발생시키는 방법으로 소득을 이연시키는 효과가 발생하게 되는 것이다. 이렇게 하면 소득세도 줄이고 법인 직원 등록 시 건강보험 측면에서도 직장 가입 자격을 계속 유지하게 되면서 지역가입자로 전환되었을 때보다 건강보험료 역시 절감할 수 있는 방법이 된다.

3) 법인 비용 처리 방안

법인을 운영하면서 개인사업자와 가장 큰 차이점 중 하나는 세율도 있지만, 세무 기장을 하면서 좀 더 넓은 범위로 비용 처리가 가능하다는 점이다. 특히 이 비용 처리는 법인을 설립할 때 업종을 다양하게 하면 비용 처리의 범위가 넓어진다. 내 경우에도 임대사업을 위한 법인에 컨설팅업을 같이 영위하고 있다. 실제 사무실을 운영하며 컨설팅업을 하고 있고 상담을 받는 모든 고객에게 컨설팅 진행 시 컨설팅 비용에 대해 세금계산서를 발행하고 부가가치세 처리를 하며, 이와 관련한 소득 및 비용까지 같이 회계 처리하여 임대사업을 영위하고 있다.

법인 설립 시 비용 처리를 고려하면 다양한 업종을 할 수 있도록 처음부터 정관상 명시해 놓는 게 좋다. 실제로 고객 중에서는 본인 개인 사업으로 운영 중인 무역업을 법인으로 개인과 법인 간 영업권 매매를 통해 명의 이전하여 다시 운영하는 분도 있고, 직장인 분들은 은퇴 후 영위할 사업 업종을 설립 당시부터 추가해 놓기도 한다.

이렇게 업종을 추가해 놓으면 비용 처리 항목이 많아지지만 기본적으로 임대업 관련하여 통상 비용으로 인정받을 수 있는 항목들이 있다. 사실 임대사업은 사업과 관련한 비용으로 인정되기에는 사업을 영위하기 위한 시설이나 집기 등이 필요한 것도 아니기 때문에 한계가 있다. 따라서 비용 처리를 위해서는 반드시 기장을 위해 세무사와 상의하고 처리해야 한다. 다음 내용들은 내가 실제 법인 세무 회계 처리할 때 처리할 수 있었던 항목이다.

- **인건비** : B 부장처럼 기본적으로 법인을 운영하는 대표이사 및 직원에게

지급되는 급여가 있다. 급여 처리 시 발생하는 건강보험료와 국민연금 등
도 비용으로 처리한다. 또한 임직원의 식대와 경조사비 등도 비용 처리할
수 있다. 통상 기장 거래하는 세무사무소 직원과 사전에 건강보험 처리
등을 고려하고 급여를 정할 때도 논의하여 어느 정도 사업 초기부터 인건
비 계획을 면밀하게 세울 필요가 있다. B 부장 사례처럼 소득이 있는 구
간에서는 대표이사 급여 등을 최소로 하게 되면 급여에 연동되는 건강보
험료 및 국민연금 등도 최소로 할 수 있다.

사원코드 : 2		사원명 : 최영식		입사일 : 2018-09-01	
부 서 :		직 급 : 사원		호 봉 :	
지 급 내 역	지 급 액		공 제 내 역		공 제 액
기본급	500,000		국민연금		22,180
식대	100,000		건강보험		17,150
자가운전보조금			고용보험		
			장기요양보험료		1,970
			소득세		
			지방소득세		
			국민연금지원금		
			고용보험지원금		
			건강보험정산		
			장기요양보험정산		
			고용보험정산		
			공 제 액 계		41,300
지 급 액 계	600,000		차인지급액		558,700

[급여명세서표_임대 법인 실제 사례]

위의 표는 실제 내가 나의 법인으로부터 대표이사로써 받는 급여명
세서다. 물론 직원도 혼자고, 가족 법인으로 운영 중이다. 여기에 발생
하는 모든 공제액이 비용 처리가 가능한 항목들이다. 이렇게 낮은 건보
료와 연금만으로도 직장가입자를 유지할 수 있는 점은 지역가입자로
변경된 은퇴자에게는 큰 혜택이 될 수 있다.

임대사업으로 월급 말고 월세 받기

- **사업장 임대료** : 통상 임대 법인을 설립할 때 본점을 지정해야 한다. 앞서 언급했듯이 자택을 본점으로 선택하는 경우가 많다. 별도의 사무실을 얻어 불필요한 비용을 늘릴 필요는 없다. 하지만 만약 취득세 중과 문제로 수도권 과밀억제권역이 아닌 곳에 별도의 사무실을 얻어 본점 소재지로 활용할 수 있다. 이 경우 모두 임대차계약서를 써야 한다. 특히 사업자 등록 시 반드시 임대차계약서를 첨부해야 한다. 이때 발생하는 임대료는 비용 처리가 가능하다. 물론 비용 처리를 위해서는 반드시 임대인이 일반사업자로 등록하고, 임대료를 납부할 때 세금계산서가 발행되어야 한다. 이 점에서 사실 자택을 본점 소재지로 할 경우에도 주택 소유자인 개인인 나와 법인과 임대차계약서를 작성해야 하며, 개인이 법인에게 세금계산서를 발행하고 부가가치세 신고를 해야 한다. 이런 절차를 완비하고, 법인이 개인인 나에게 임대료를 입금하게 되면 비용 처리가 가능하다. 실제 내가 운영하는 임대 및 컨설팅 법인도 본점 소재지가 자택이며, 나의 법인이 나에게 연 단위 임대료를 납부하고, 나는 법인에게 세금계산서를 발행해 부가가치세 신고를 하여 운영 중에 있다.

- **차량 관련 비용** : 임대사업을 위해 사업 물건 확인을 위한 임장 등에 활용하는 사업용 차량은 차량유지비를 비용으로 처리할 수 있다. 특히 법인 소유의 업무 차량은 차량 가격에서 연 800만 원까지 감가상각비로 인정받을 수 있다. 그런데 이런 경비 처리 절차와 목돈이 들어가는 점 및 경제성 등을 감안하면 개인적으로는 법인으로 차량 비용 처리를 위해서는 장기 렌터카를 이용하는 것도 방법 중 하나다.

렌터카를 이용하면 비록 월 비용은 증가할 수 있지만 차량을 소유하지 않음으로써 세금 및 보험료 등의 불필요한 비용이 줄어든다. 또한 렌터카 회사와의 렌트 비용을 세금계산서 처리를 함으로써 비용 처리도 명확해진다. 다만 법인의 운영 비용의 규모를 고려하면 통상 고가의 수입차 등은 문제의 소지가 있으니 렌터카 계약 이전에 가능한 차량 범위를 기장을 맡은 세무사와 상의 후 정하는 것이 좋다.

- **기타 비용** : 교통비, 유류비, 통신비, 비품구입비 등 사업과 관련하여 필요한 것으로 인정되면 비용으로 인정될 수 있다. 거래처와 식사를 했다거나 경조사비 같은 것들도 접대비로 인정될 수 있다.

이처럼 법인으로 임대사업을 하게 되면 위와 같이 경비들로 인정될 수 있는 항목이 다양하다. 법인이 이런 비용으로 처리할 때 정말 중요한 사항은 반드시 증빙이 남아야 한다. 증빙에 해당하는 것은 세금계산서, 현금영수증, 신용카드 사용 내역 등을 들 수 있다. 다양한 증빙의 방법이 있지만 실무상 가장 편한 방법은 가능하면 법인 카드를 활용하는 것이다.

매월 소득이 예측이 되는 임대사업은 시작부터 법인의 비용 한도를 정해 놓고 비용 처리를 하는 것이 좋다. B 부장의 사례처럼 월 소득 중 일부 인건비/렌터카 비용/법인 카드 한도 사용액을 정해 놓고 그 용도로만 사용하는 것이다. 대부분 처음 임대사업을 시작하면 법인의 소득이 많지 않다. 이럴 경우 처음 예산을 잘 정하고 습관적으로 비용을 사용하는 방안을 정해 놓으면 향후 법인의 운영에 더욱 쉽게 비용 처리를 할 수 있고 업무 누수도 없다. 이처럼 처음 셋팅이 무엇보다 중요한 것이 법인의 비용 처리 방법이다.

(3) 법인 본점 소재지의 결정과 수도권 과밀억제권역의 취득세 중과

법인 설립을 진행하게 되면 제일 처음 난관에 부딪히는 것이 바로 본점 소재지의 결정이다. 특히 수도권 지역의 임대사업을 시작할 경우 처음 생소하게 보일 수 있는 것이 바로 수도권 과밀억제권역의 취득세 중

구분	과밀억제권역	성장관리권역	자연보전권역
면적 11,730㎢	1,996㎢(17.0%)	5,902㎢(50.3%)	3,832㎢(32.7%)
인구 23,528천 명	19,033천 명(80.9%)	3,580천 명(15.2%)	915천 명(3.9%)
행정구역	서울특별시, 인천광역시(일부), 의정부시, 구리시, 남양주시(일부), 하남시, 고양시, 수원시, 성남시, 안양시, 부천시, 광명시, 과천시, 의왕시, 군포시, 시흥시(일부) (16개 시)	동두천시, 안산시, 오산시, 평택시, 파주시, 남양주시(일부), 용인시(일부), 연천군, 포천시, 양주시, 김포시, 화성시, 안성시(일부), 인천광역시(일부), 시흥시(일부) (12개 시, 3개 군)	이천시, 남양주시(일부), 용인시(일부), 가평군, 양평군, 여주군, 광주시, 안성시(일부) (5개 시, 3개 군)
정비전략	과밀화 방지 도시문제 해소	이전기능 수용 자족기반 확충	한강수계 보전 주민 불편 해소

[수도권 과밀억제권역 지역 구분표_참고: 국세청]

과 문제다. 수도권 과밀억제권역은 '수도권 정비계획법'에 따른 용도권역 중 하나로 서울 및 수도권의 인구, 산업의 적정한 배치를 위해 과도하게 밀집되었거나 그럴 우려가 있어 정비가 필요한 지역을 말한다.

수도권에 신설 법인 및 기업의 집중화를 방지하기 위해 「지방세법」 13조를 통해 이런 신설 기업 또는 법인이 부동산 매입 시 취득세 2배 중과를 적용하게 된다. 따라서 만일 서울에 본점 소재지를 두고, 서울의 상업용 부동산 매입을 할 경우 아래와 같은 세율이 적용된다.

구분	표준세율	중과세율	농특세	지방교육세	합계
과밀억제권역	4%	4%	0.2%	1.2%	9.4%
과밀억제권역 외	4%	해당 없음	0.2%	0.4%	4.6%

[본점 소재지 및 지점 지역에 따른 법인의 취득세율]

특히 부동산 임대사업 법인에 해당하는 주요 내용은 5년 내 신설 법인에 취득세 2배의 중과세율을 부여한다는 것이다. 10억 원의 상가 매입 시 무려 4,000만 원 이상의 세금 차이가 발생하므로 적은 금액이 아니다. 따라서 취득세 중과의 조건과 법인 본점 소재지를 어디에 둘 것인지 아니면 어느 지역에 물건에 투자할 것인지를 심사숙고해야 한다. 조건별 취득세 중과 여부는 다음과 같다.

	과밀억제권역 내 물건	과밀억제권역 외 물건
과밀억제권역 내 본점	취득세 중과 O	취득세 중과 ×
과밀억제권역 외 본점	취득세 중과 ×	취득세 중과 ×

[조건별 취득세 중과 여부]

수도권 과밀억제권역에 본점을 두고 있다거나 수도권 과밀억제권역 내 부동산 물건을 취득한다고 해서 무조건 취득세 중과에 해당하지는 않는다. 특히 다른 사업과 달리 물건을 직접 사용하지 않고 임대사업용으로만 사용하게 되면 과밀억제권역 내 본점을 소재하고, 과밀억제권역 내 물건을 투자하는 경우에만 취득세 중과 대상에 해당한다.

그래서 B 부장도 수도권 과밀억제권역에 해당하지 않는 인천 3개 자유경제구역 중 한 곳인 송도의 상업용 부동산에 투자한 것이다. 그리고 법인을 운영하면서 자금을 모아 5년 경과 후 수도권 과밀억제권역에 해당하는 서울의 상업용 부동산에 투자하고자 하는 계획도 함께 세웠다. 이처럼 본점 소재지를 결정함에 있어서도 법인 설립 이전에 상황 이해와 계획을 세우는 것이 중요하다.

(4) 상업용 부동산 분양권 보유 시
법인으로 승계 또는 신규 취득할 때 대출 문제

많은 상업용 부동산을 보유한 투자자들이 절세를 위해 법인 전환에 대해 문의한다. 특히 상업용 부동산을 분양권으로 계약하고, 아직 잔금이 도래하지 않아 미등기 상태로 있는데 본인 소득이 높고, 투자 전에는 몰랐지만 유튜브나 각종 사이트를 검색해 보니 소득세가 커질 수 있다는 사실을 알게 되었을 때다. B 부장의 사례처럼 법인으로 신규 상가 투자 분양권을 매입하여 절세할 수 있는 방법을 찾을 수 있다. 그런데 이미 개인으로 계약한 분양권은 우선 분양권 명의 이전 절차와 법인으로 전환이 가능한지 확인이 필요하다. 특히 상업용 부동산 분양권은 중도금 처리가 중요한데 분양권 거래 과정부터 하나씩 알아보자.

① 법인 설립

② 개인/법인 간 분양권 매매계약서 작성

③ 지방자치단체 분양권 실거래 신고

④ 중도금 대출 상환 및 중도금 대출 승계

⑤ 시행사/신탁사 소유권 이전 절차 진행

⑥ 개인 임대사업자 폐업 및 법인 임대사업자 등록

통상 이와 같은 절차로 진행되지만, 실제 분양권을 소유한 개인이 법인 설립 후 법인 명의로 분양권을 이전하기는 실무적으로 어려운 경우가 대부분이다. 일반적으로 상가나 오피스와 같은 상업용 부동산의 계약금은 대개 10~20%, 중도금은 30~40% 정도로 정하고, 나머지 40~60%는 잔금으로 하여 계약이 이뤄져 있다. 그리고 원활한 분양 촉진을 위해 중도금은 분양주 개인의 신용을 연계한 신용 대출을 실행하고 이에 대한 이자를 시행사가 대납하는 방식으로 진행한다.

그래서 대부분의 분양 물건은 계약금 정도만 가지고 투자에 나서게 되고, 어느 정도 대출을 활용하여 수익형 부동산 투자에 나서게 된다. 이때 법인으로 명의 이전이 어려운 이유가 바로 이 대출이 문제가 된다. 통상 신용을 통해 거래하다 보니 법인은 신용 평가에 문제가 되어 은행이 법인에게는 중도금 대출을 안 해주는 경우가 많다. 특히 신설 법인의 경우에는 더욱 어렵다. 이런 상황이다 보니 분양권 소유자가 중도금 대출을 모두 상환처리해야만 개인에서 법인으로 분양권 매매 절차가 진행될 수 있다. 따라서 현실적으로 수익형 부동산의 분양권은 실제 중도금까지 현금 확보가 가능한 경우가 아니면 법인으로 명의 이전이 어렵다.

B 부장은 처음부터 법인으로 분양권을 매입했다. 다행히 60% 이상의 자금이 확보되어 있는 상황에서 중도금 대출 없이 모든 금액의 중도금을 일시에 납부하는 방식으로 처리하여 상가 분양권을 매수해 법인으로 운영하게 되었다. 개인으로 분양권 보유 시에 통상적으로 법인 명의로 이전하는 유일한 방법은 [계약금 + 중도금] 정도의 자금을 확보하는 것이다. 그렇지 않은 상황에서는 명의 이전이 실무적으로 어려우므로 반드시 이해하고 투자에 나서기 바란다.

(5) 직장인의 법인 대표자 선정 시 고려해야 하는 사규상의 이중 직업 문제

대부분 기업의 근로계약서에는 겸직 금지에 관한 문구를 두고 있다. 부동산 임대업 관련 상담을 하다 보면 공무원 및 대기업에 근무하는 분들 중 꽤 많은 분이 겸업 금지 조항으로 인하여 회사 내에서 불이익을 받는 것은 아닌지 걱정한다. 실제 인사팀에 문의해 보면 문제의 소지에 대해 얘기한다. 부동산 임대업은 사실 법적으로 문제는 없다. 실제 법원의 판례를 살펴보면 **"근무 시간 이외의 시간에 대해서는 개인의 사생활의 범주에 속하기 때문에 기업 질서나 근로 제공에 지장이 없는 겸직까지 전면적·포괄적으로 금지하는 것은 부당하다"**고 판시한 바 있다 (서울행법 2001. 7. 24. 선고, 2001구7465판결).

해당 판례처럼 근무 시간 이외의 시간에 대해서 근로 제공에 지장이 없는 겸직을 제한하지 않는데, 부동산 임대업 자체의 업무 특성을 살펴보면 당연히 '업무 시간에 지장을 주는 등의 업종'에 해당하지 않는다. 다만 공무원처럼 부동산 관련 부서에 근무한다든지 이해 충돌에 관련한 업종에 종사할 경우에는 문제의 소지가 발생할 수 있을 것으로 보이기는 한다. 일반 회사에 다니고 법적으로 이중 직업에 해당하지 않는 상황에서 부동산 임대업을 위한 법인의 대표를 맞는다고 하더라도 문제되지는 않는다. 하지만 엄격히 따져보면 회사를 다니면서 다른 회사(=부동산 임대 법인)의 대표로 등재되어 있는 것이 회사의 입장에서는 달가운 상황은 아니다.

부동산 임대 법인 설립 시 굳이 여러 사람에게 알리는 것은 바람직하지는 않다고 생각된다. 회사에서는 부동산 임대 법인을 설립한 당사자가 회사에 직접 알리거나, 주변의 신고를 제외하고는 알 수 있는 방법도 없기 때문이다. 그렇다고 회사에서 불이익이 없다고는 할 수 없다. 따라서 직장인이 부동산 임대 법인을 설립할 때 재직 중에는 가능하면

임대사업으로 월급 말고 월세 받기

배우자를 대표이사로 정하는 방법을 활용하고 대표이사를 맡는다면 무급여로 정하는 방식을 선택하는 방법이 나은 선택이 될 수 있다.

"부동산 임대 법인 설립으로 은퇴 준비를 꿈꾸는 직장인이 반드시 체크해야 할 사항 10가지"

No. 1. 임대 물건보다 누구 명의로 선택할지를 먼저 고려하기.

No. 2. 연 소득세 구간이 24% 이상이면서 월 임대소득 200만 원 이상이라면 법인 설립도 고려하기.

No. 3. 상업용 임대사업보다 세제 혜택을 고려하면 분리과세가 가능한 주택 임대업을 먼저 고려하기.

No. 4. 법인 설립 시 대표이사는 회사의 내규에 따라 겸직 금지에 해당하는지 먼저 생각하고 선택하기.

No. 5. 본점 소재지 결정 시 향후 투자 계획을 반영하고, 취득세 중과가 되지 않는 방법 고려하기.

No. 6. 신설 법인은 임대 부동산 투자 시 대출이 어려울 수 있으므로 투자 전에 대출 여부를 반드시 확인 후 투자 결정하기.

No. 7. 최종 10억 원 이상의 투자를 고려하는 것이 아니라면 법인보다는 개인 사업자가 나을 수 있다.

No. 8. 개인사업자로 운영할 때, 연 임대소득 4,000만 원 이하까지는 임대소 득에 대한 분리과세가 가능한 주택 임대사업자 제도를 활용하는 것이 좋을 수 있다.

No. 9. 자녀 증여와 상속을 감안하여 증여 한도를 고려하여 가족 간 지분을 고려한다.

No. 10. 법인 설립 시 업종을 선택할 때는 은퇴 이후 사업 등을 고려하여 임대업뿐만 아니라 컨설팅업 등 다양한 업종을 추가해 놓는 것이 유리할 수 있다.

04

은퇴 준비에 가장 적합한 법인 부동산 임대업

이제까지 B 부장 사례를 통해 고소득 연봉자들이 당장의 세금 절세를 위해 법인을 설립하는 과정을 살펴봤다. 사실 법인으로 투자를 하게 되면 절세에도 도움이 되지만 은퇴 이후 노후 자금 운용에도 더욱 도움이 될 수 있다. 우리나라 직장인들은 회사에 다니는 기간 동안 내 집 마련, 자녀 교육 등 목돈이 필요한 일들이 많아 노후 대비가 잘 안되는 경향이 있다. 하지만 2015년~2022년 아파트 및 주택 시장의 대세 상승기로 인해 최근 부동산 시장이 하락기에 접어들었음에도 불구하고, 서울권 주택 가격이 과거에 비해 많이 올라 은퇴 시기에 내 집을 금액적으로 다운사이징(downsizing, 투자 비용 감소, 현금 흐름 등의 이익 추구를 위해 현재 상태에서 규모를 줄이는 것)하고, 남는 자산을 잘 운용하면 노후 준비를 제대로 구상해 볼 수 있다.

이번에 다룰 사례자는 서울의 집을 매각하고, 고향으로 이주하면서 남는 자금으로 법인을 설립하고 은퇴 자금을 마련했다. 직장인이 은퇴를 준비하는 방법은 여러 가지가 있다. 국민연금, 퇴직연금, 개인연금까지 합해서 준비할 수 있고 주택 임대사업을 추가하는 방법도 있다.

최근 상담을 하다 보면 조금씩 사람들의 인식이 변하고 은퇴 준비에 관해 일찍 생각하는 사람이 늘고 있다. 개인적으로 상업용 부동산을 생각한다면 일찍부터 법인 설립을 준비하고, 활용하여 은퇴 준비를 한다면 세금적으로 가장 좋은 방법이 될 수 있다고 생각한다. 이번에는 은퇴자 C 님(63세)의 사례를 통해 어떻게 법인을 활용하면 은퇴 준비에 가장 적합한 방법이 되는지 살펴보자.

(1) 대기업 전직 임원 C 님(63세)의 법인 설립 사례

C 님은 대기업 임원으로 재직하다가 35년이 지나 정년 은퇴를 맞이했다. 30대에 결혼하면서 대출을 받아 회사와 가까운 서초구 잠원동 소재의 103㎡의 아파트를 분양받고 2022년까지 거주했다. 회사에 다니는 동안 다른 사람들과 마찬가지로 주택 대출을 상환하고, 지방에 계신 부모님 부양 및 두 자녀를 키우느라 특별히 저축도 하지 못했다.

은퇴 이후 삶을 고민 중 다행히도 C 님의 두 자녀는 모두 취업한 상태였고, 결혼도 앞두고 있었다. 두 자녀는 결혼과 동시에 분가도 가능한 상황이었다. 더는 자녀들의 교육 수요가 필요 없어진 만큼 C 님은 서울 강남권보다는 주거 환경을 위해 쾌적한 경기도 신도시로 이사를 계획했다. 따라서 주택을 매각하고, 남은 자금으로 은퇴 후 자금 설계를 해볼 계획을 세우고자 상담을 진행하게 되었다. 사실 주택 매각을 고려하는 데 법인을 고민하게 된 건 건강보험료가 회사 은퇴 후 지역가입자로 변경되면서부터다. 퇴직하면 국민건강보험료는 직장가입자에서 지역가입자로 변경된다. 이때 보험료를 계산해 보면 아래와 같다(참고로 다음 계산식은 2023년 12월 기준이며, C 님의 건강보험료 계산 당시에는 2022년 기준으로 아래의 표보다 약간 더 높은 금액으로 산출되었다).

[2023년 12월 기준 국민건강보험 홈페이지 계산 참조]

* 당시 보유 중인 서초구 잠원동 아파트 공시가격 16억 원 + 국민연금 등 연금소득 연 3,000만 원 기준으로 계산함.

예상지역보험료(09월) 391,720원	
상세닫기	
① 소득(사업·연금·근로·기타소득) (소수점 3자리 이하 표기생략)	425.264점
② 소득최저보험료	0원
③ 재산(주택·건물·토지·전월세 등)	1,241점
④ 자동차	0점
⑤ 건강보험료 (①+③+④)x208.4원(2023년도 부과점수당 금액)+②	**347,240원**
⑥ 장기요양보험료(⑤x0.9082%/7.09%, 2023년 기준)	44,480원
⑦ 지역보험료(⑤+⑥)	**391,720원**

[2023년 12월 기준 국민건강보험공단 지역가입보험료 산출 프로그램 적용 예시]

일단 연금소득 250만 원 중 39만 원을 지역가입자 건강보험료로 납부해야 한다는 계산이 나온다. 다른 소득 없이 강남의 주택 한 채와 연금소득만으로도 사실 상당히 높은 금액이다. 만일 여기에 임대소득 등이 추가된다면 더욱 높아질 수밖에 없다. 여유로운 노후 생활이 되기 어려울 것이고, 여기에 주택을 보유함으로써 발생하는 세금은 상당한 부담으로 느껴질 것이다. 따라서 오래된 아파트에 주거 비용으로 깔고 앉아서 여유롭지 못한 은퇴 생활보다는, 주택의 비용을 줄이고 소득을 늘려서 여유로운 은퇴 생활을 계획하게 되었다.

자산 현황		부채 현황
잠원동 103㎡ APT	₩2,200,000,000	부채 없음
은행 예금 자산	₩300,000,000	
합계	₩2,500,000,000	해당 없음

[C 님의 자산 현황_변경 전]

　우선 C 님의 주택은 2개 동 300세대로 구성된 1993년 지어진 한강변의 노후 아파트다. 물론 인기가 많은 지역이고 재건축 이슈 등으로 인하여 가격은 아파트 대세 상승기에 많이 오르기도 했다. 다른 준비를 하지 못하였음에도 불구하고 여유로운 은퇴 생활을 할 수 있는 토대가 될 수 있었다. 하지만 본인 형편으로는 이 지역의 아파트 가격이 오를 여지도 있고 자산 상승에 포기하기 어려운 점이 있었다. 앞으로 자녀들의 결혼 등으로 목돈이 필요할 때 목돈으로 보조해 줄 계획이 있다. 따라서 미래의 매매가 상승과 같은 투자 가치보다는 당장의 생활 편의성을 가져가고, 여유롭게 은퇴 생활을 하는 것이 나을 것으로 판단했다. 이런 목적에 맞춰서 법인을 설립하고 물건 조사를 의뢰하여 다음의 물건으로 투자를 결정했다.

자산 현황		부채 현황	
경기 광주시 104㎡ APT	₩700,000,000	상가 담보 대출	₩100,000,000
양주 옥정 단지내 상가	₩1,600,000,000		
은행 예금 (예비 자금)	₩200,000,000		
합계	₩2,500,000,000	합계	₩100,000,000

[C 님의 자산 현황_변경 후]

C 님은 자연 환경이 쾌적하고 강남 접근성도 괜찮은 아파트를 선호하여 경기도 광주시 오포읍 인근의 아파트를 선택했다. 6억 3천만 원에 매수 후 부대 비용 및 인테리어 등을 포함하여 총 7억 원의 자금으로 주택을 매수했다. 그리고 상가는 가족 임대 법인 설립 후 C 님을 대표 이사로 정하고 운영하는 것으로 결정했다. 법인을 운영함에 있어서 C 님의 상가 투자 물건 선택 시 가장 최우선으로 고려한 것은 공실 위험 부분이다. 여러 곳의 물건을 무려 4개월에 걸쳐 검토해 보다가 이곳으로 최종 물건을 선정하게 되었다. 물건을 선정하게 된 절차와 법인 운영 방안에 대해 하나씩 확인해 보자.

1) 자산의 변경(강남 아파트 1채 → 수도권 신축 30평대 아파트 + 월 임대소득 940만 원 상가)

통상 C 님처럼 내 집을 활용하여 은퇴 준비를 한다는 것은 말이 쉽지, 실제 행동으로 이어지기는 쉽지 않다. 강남권 아파트에, 20년 이상 거주한 생활 터전을 옮기는 것이 쉽지 않을 뿐만 아니라, 기존의 투자 경험상 아파트가 안정적이란 생각을 많이 한다. 하지만 실제로 그럴까? 과거의 수치로 살펴보자.

2006~2021 목동 1단지 50평대	
매매 실거래가(2023. 09. 국토교통부 기준)	
2021. 04.	24억(22일, 1층)
2020. 05.	19억(9일, 1층)
2019. 07.	18억 4,000(8일, 1층)
2017. 11	14억 2,500(16일, 1층)
2015. 04.	12억 2,500(16일, 1층)
2015. 03.	10억 8,000(9일, 1층)
2012. 09.	10억(21일, 1층)
2010. 12.	12억 6,000(24일, 1층)
2008. 04.	14억 7,000(12일, 1층)
2006. 11.	16억 2,000(30일, 1층)

2006~2021 올림픽선수촌 50평대	
매매 실거래가(2023. 09. 국토교통부 기준)	
2020. 12.	24억(19일, 1층)
2018. 01.	19억 9,000(12일, 1층)
2012. 11.	14억 8,000(15일, 1층)
2010. 07.	18억 5,000(5일, 1층)
2009. 02.	16억 7,000(18일, 1층)
2007. 09.	20억 7,000(3일, 1층)
2006. 10.	23억 2,000(22일, 1층)

[국토교통부 실거래가 자료 참조_ 2023. 09. 기준]

옆의 표는 실제 두 개의 아파트 단지 실거래가 표다. 아파트가 늘 우상향으로 상승만 하지는 않는다. 2007년~2014년까지 아파트 시장은 대세 하락 시장으로 이때 소득이 없어진 은퇴자라면 참 낭패를 보기 쉬운 시기였다. 실제 네이버에서 자산관리 카페를 운영하면서 2014년도 목동 상담자분들을 상담할 때, 집이 거래가 안 되어 힘들었고, 현금 흐름이 여의치 않아 어쩔 수 없이 낮은 가격에 매각했던 은퇴자의 사례도 보았다.

2014년 당시 상담했던 분은 자녀 교육을 고려하여 목동의 아파트를 2006년에 16억 원에 매수했다고 했다. 자녀들 교육이 모두 끝난 후 은퇴 시점인 2015년에 집을 매각하고 은퇴 자금으로 활용하는 데 많은 고민을 하였던 분이었다. 당시 자금 사정이 좋지 않아 많은 고민을 하셨는데, 은퇴 시점에서 아파트 가격이 일부 회복했지만 어쩔 수 없이 일부 손실을 감수하고 매각했다. 물론 지금은 이 아파트 가격 역시 다시 많이 상승했다. 부동산 시장은 오를 때는 장기간 상승 사이클을 타고 오르기도 하지만, 가격이 떨어질 때는 대세 하락기로 장기간 하락할 수 있는 위험도 도사리고 있다. 최근 아파트 시장에서 장기간 대세 상승하는 시장을 경험하다 보니 하락기를 믿지 않을 수 있다. 그러나 시장은 언제든 돌아설 수 있으므로 은퇴자는 안정적인 현금 확보를 위한 자산 운용이 필요하며, 이러한 방법을 고민해 봐야 한다.

C 님처럼 은퇴를 맞이하게 되면 이 시기부터는 매매 차익을 고려하는 부동산 투자보다는 당장의 현금 흐름을 확보하는 것이 중요하다. 특

히 절세 및 운영 효율을 극대화하기 위해 법인으로 임대사업을 운영할 경우 적자 법인을 만들지 않기 위해서는 안정적인 소득 확보가 매우 중요하다. 따라서 은퇴자의 부동산 임대 법인 설립을 통한 임대 물건 선택 시 가능하면 학원/병원/금융권 등 안정적으로 장기간 운영이 가능한 업종의 임대 완료된 상가를 찾아서 추천하곤 했다.

특히 금액에 따라 다르지만, 통상 10억 원 내외의 자금은 학원 및 병원 상가가 많았으며, 임대 기간 역시 5년 이상 정해진 곳들이었다. 학원/병원/은행 상가의 가장 큰 특징은 어느 정도 시설 및 인테리어 비용이 투자가 되어야 하며, 폐업률이 낮고, 장기간 임대를 놓을 수 있는 업종이란 것이다. 따라서 C 님의 상가 역시 대형 프랜차이즈 학원의 직영점으로 본사에서 직접 운영하는 물건이었기 때문에 투자에 나설 수 있었다. 이처럼 노후 준비하는 투자자는 보통 물건을 선택할 때 다른 투자자들보다 더욱 안정성을 중시하는 경향이 있어서 통상 2~3배 이상 많은 물건을 확인하고, 그만큼 시간이 오래 걸린다.

이렇게 C 님과 여러 현장을 임장하며 찾아낸 물건은, 경기도 양주시 옥정신도시의 아파트 단지 내 2층 상가로 총 전용 면적은 $353m^2$, 대형 프랜차이즈 학원이었던 상가다. 주변 3,500세대의 유일한 대형 면적 상가로 바로 옆에 초등학교와 중학교가 위치하여 학원 수요가 많은 곳이었다. 그리고 아파트 입주 전부터 임차인의 경쟁을 통해 5년의 임대 계약이 완료된 물건이었다.

이 물건의 투자에 나서면서 법인 설립을 통해 진행하도록 권고했다.

이렇게 법인 설립을 통해 투자하게 되면 C 님의 경우 소득세 절세뿐만 아니라, 건강보험도 지역가입자가 아닌 C 님이 설립한 법인의 직원으로 직장가입자를 유지하게 된다. 그러면 급여를 기준으로 직장가입자 건강보험료가 산출되어 건강보험료 절감액도 상당하다. 그럼 부동산 임대 법인을 통해 투자하게 되면 어떻게 효율적으로 운영될까?

[3,500세대 학원 상가 사례_ 2층 전체 매입]

2) C 님의 부동산 임대 법인의 주주구성 및 자산 운용

C 님의 자산과 부채 현황을 살펴보자. 총 상가 매수금 16억 원과 기타 취득세 등 부대 비용을 감안하면 법인에서 매수로 처리한 금액을 총 자산으로 평가할 때, 16억 8,000만 원의 모든 비용을 자산으로 평가하

여 처리했다. 그리고 세입자로부터 받은 1억 원의 보증금은 부채 항목으로 은행에 예치했고, 상가 대출받은 금액까지 법인의 부채로 처리하게 되었다.

이렇게 하면 총자산이 상가 대출금과 대표이사 가수금 부분에서 모든 자금 정산 후 보증금 입금된 금액까지 합하여 예금 자산에 2억 2,000만 원의 자금이 남게 되어 자산으로 처리된다. 이는 다음의 표와 같이 재무제표로 정리된다. 이렇게 재무제표를 정리하게 되면 법인을 설립한 이후 매년 이익을 정산할 때 채무 비용의 상환으로 부채를 줄여가는 방식으로 대표이사에게 가수금 상환을 할 수 있고 법인의 자금을 현금화하기 쉬워진다.

C 님의 사례처럼 자본금을 최소화하고 법인에 대표이사가 대여해 주는 방식을 취하는 방식은 법인 설립 시 참고해 볼 만한 방법이 된다. 통상 법인 설립하면 가장 부담스러운 부분이 법인에서 이익이 발생하고 법인의 자금이 남았을 때 자금을 회수하기 어려운 부분이 크다. 이때 은행 대출을 미리 확인 후 문제만 없다면 자본금을 최소화하는 방법을 활용하는 것이 법인 설립에 유리한 점이 많다.

임대사업으로 월급 말고 월세 받기

자산	금액	부채/자본	금액
양주 상가 (취득세 등 비용 포함)	₩1,680,000,000	임대 보증금	₩100,000,000
		상가 담보 대출	₩100,000,000
		대표이사 가수금	₩1,500,000,000
현금 및 예금	₩220,000,000	자본금	₩200,000,000
합계	₩1,900,000,000	합계	₩1,900,000,000

[C 님 법인의 대차대조표 구성 사례]

다음은 주주구성이다. C 님은 현재 직장에 다니는 성인 자녀 2명에게 각각 5,000만 원씩 증여신고 후 증여한 자금을 그대로 다시 법인 계좌로 처리하여 [부부 + 자녀 2명]해서 25%씩 향후 상속에도 대비하는 방안으로 주주구성을 했다.

이렇게 구성하면 매년 수익금을 대여금 상환하고, 법인의 자산을 늘려가고, 부채를 줄여가다 보면 결국 자녀들의 자산가액이 커지게 되어 증여/상속의 효과가 커지게 될 수 있다.

주주	주식 수 / 금액(주당 5,000원)	비율
C 님	10,000 주/₩50,000,000	25%
부인	10,000 주/₩50,000,000	25%
아들	10,000 주/₩50,000,000	25%
딸	10,000 주/₩50,000,000	25%
합계	40,000 주/₩200,000,000	100%

[C 님 법인의 자본금 2억 원 주주구성 현황]

3) C 님의 부동산 임대 법인의 수익/지출 운용 방안 계획

법인 부동산 임대업이 일반적인 사업들과 다른 가장 큰 장점은 1년
의 매출이 이미 정해져 있다는 점이다. 비용 계획을 잘 세우면 세금도
절세하고 자금 운용 예측이 얼마든지 가능하다. 법인 운영에 있어 가장
중요한 점은 바로 자금 계획과 운영 방안이다. 많은 분이 개인소득세와
비교하여 절세를 강조한다. 하지만 법인 운영을 해봤을 때 가장 큰 이
점은 비용 계획을 잘 세우고, 자금 운용의 효율성을 잘 따져서 운영해
야 더 큰 이익으로 돌아온다는 것을 알 수 있다. C 님도 바로 이 점을 극
대화하여 운영하게 된 것이다. 어떻게 수익과 비용 계획을 예상하고 적
절한 세금 및 비용에 관한 컨설팅을 진행하게 되었는지 살펴보자.

수익	금액	지출	금액
상가 임대소득	₩9,450,000/월	대표이사 급여	₩1,000,000
		이사 급여	₩1,000,000
		법인 카드 사용 한도	₩2,000,000
		대출 이자(4.8%)	₩400,000
		건강보험료 2인	₩80,000
		렌터카 비용	₩600,000
		세무 비용	₩150,000
		현금 예금(법인 이익)	₩4,220,000
합계	₩9,450,000	합계	₩9,450,000

[월 현금 흐름으로 보는 수익 및 지출 현금 흐름표]

우선 소득과 비용을 감안한 현금 흐름표를 보면 월 임대소득 중 급여와 법인 카드 및 대출에 대한 이자 비용과 비용들을 감안하면 총 523만 원의 비용이 발생한다. 매월 422만 원의 법인 이익이 잡히고, 매년 당기 순이익으로 5,064만 원의 법인 이익이 발생한 된다. 이때 C 님의 총세금 비용이 어떻게 될지 계산해 보자.

대표이사 + 이사 1년 종합소득세 : 792,000원(6% - 1,200만 원 이하 + 0.6% 지방세)

법인세 : 5,013,360원(9% 법인세율 + 0.9% 지방세)

매월 소득의 부족한 비용은 매년 발생하는 이익금 중 3,000만 원씩 1년에 한 번 법인 계좌의 상황을 보며 법인으로부터 원금 상환을 받기로 했다. 물론 첫 해에는 임시 계정인 가수금 계정을 활용하여 이자는 없는 것으로 정하면 별도의 이자 비용 및 이자소득세가 부과되지 않는다. 물론 일정 기간이 지나면 세무사와 협의 후 정식의 금전대차 계약을 통해 이자를 발생시키고, 대여금 계정으로 정해야 한다. 이렇게 정하면 매년 5,400만 원의 현금 흐름을 유지하면서 부부 두 분의 노후 자금으로는 부족함 없이 자금 운용이 가능해진다. 임대 법인으로 운영하게 되면 개인으로 운영했을 때와 비교해 세 가지 부분에서 큰 이점이 있다.

첫 번째는 개인소득세의 절세액 부분이다. 예를 통해 소득세 금액을 계산해 보자. 만약 945만 원의 임대소득을 개인 종합소득세로 납부할 때, 상가 임대사업의 소득 대비 평균 약 20% 정도를 비용 처리할 수 있을 것으로 추산된다. 이렇게 경비율을 감안해 보면 9,072만 원의 소득에 대해서는 개인 종합소득세율 35%의 구간에 해당된다. 이렇게 되면 17,943,200원의 세금이 발생되고, 상기에서 계산한 법인을 설립함으로써 발생하는 세금과 비교해 보면 약 1,200만 원의 세금 절세액이 발생한다. {17,943,000원 − 법인세 5,013,360원 − 개인 종합소득세 세율 6%(대표이사 + 이사 부부) 산출액 792,000원}

두 번째는 건강보험료 절세 금액이다. 건강보험료는 직장의료보험과 지역의료보험의 보험료 차이로 인하여 절세 금액 차이가 훨씬 커진다. 일단 C 님 부부 모두 법인 설립 후 각자 이사 및 대표이사로 직장가입자로 건강보험을 가입하면, 장기요양보험료까지 합한 월 건강보험료는 매월 각각 39,990원×2(본인 부담분 + 직장 부담분) = 79,980원씩 발생한다. 즉 두 사람의 건강보험을 합하면 159,960원의 비용이 발생하는 것이다.

반면 개인 임대사업자로 사업자 등록 시 지역건강보험료를 계산해 보면 다음 모의 계산표와 같다. 모의 계산표에 따르면 약 88만 원 정도의 건강보험료가 발생되어 건강보험료가 매월 약 73만 원 정도 차이가 나게 된다. 이렇게 계산해 보면 12개월 기준 지역가입자 건강보험료와 법인의 직장가입자 건강보험료 차액은 매년 876만 원의 차이가 나며, 앞선 소득세와 법인세에 추가하여 발생한다. 같은 임대 수익의 금액이더라도 개인으로 처리했을 때와 법인을 활용하여 운영하였을 때 차이는, 매년 세금과 건강보험료 합산 차이만으로도 2,000만 원에 가깝다.

임대사업으로 월급 말고 월세 받기

③총 납부할 보험료 (①+②)	**39,990원**
보수월액(월 기준)	1,000,000원
① 보수월액보험료(본인부담분 기준)	**39,990원**
건강보험료	35,450원
장기요양보험료	4,540원
보수(월급)외 소득(연기준)	0만원
사업소득 등	0만원
연금소득	0만원
근로소득	0만원
분리과세 주택임대소득	0만원 (경감 :0.0%)

[직장가입자 월 100만 원 소득 산출 시_국민건강보험공단 모의보험료 계산기 활용]

예상지역보험료(09월) 884,650원	
상세닫기	
① 소득(사업·연금·근로·기타소득) (소수점 3자리 이하 표기생략)	2,571.996점
② 소득최저보험료	0원
③ 재산(주택·건물·토지·전월세 등)	1,191점
④ 자동차	0점
⑤ 건강보험료 (①+③+④)x208.4원(2023년도 부과점수당 금액)+②	**784,200원**
⑥ 장기요양보험료 (⑤x0.9082%/7.09%, 2023년 기준)	100,450원
⑦ 지역보험료(⑤+⑥)	**884,650원**

[현재 자산과 임대소득 80%를 사업소득으로 산정 시 지역건강보험료 산출액]

마지막 세 번째는 바로 법인의 가수금 및 대여금 활용 방안으로 인하여 자녀 증여/상속에 대해 미리 준비함으로써 효익을 크게 키울 수 있다는 점이다. 매년 법인 수익 중 3,000만 원을 상환하게 되면 법인의 부채가 줄면서 법인의 자본금이 커진다. 이렇게 되면 C 님 부부는 매년 부족함 없이 생활비로 활용하지만 법인은 부채가 줄어들면서 자본액이 증가한다. 매년 자녀들에게 대표이사 대여금 상환 금액 3,000만 원 중 자녀 두 명의 지분에 해당하는 1,500만 원 정도가 증여로 이뤄지는 것과 다를 바 없다.

그리고 법인세를 제하고 남는 이익잉여금(5,000만 원 순이익 - 3,000만 원(대여금 상환금) - 법인세 570만 원) 1,430만 원의 자본금이 늘어나게 되며, 이 자본만큼 역시 자녀들의 상속 자산이 커지는 결과를 낳게 된다. 즉 두 자녀의 자본금 5,000만 원으로 매년 2,215만 원씩 자본이 늘어나는 결과를 갖게 되므로 결국 미리 상속 이익을 극대화하는 방법이 된다. 또한 이렇게 늘어난 이익잉여금과 현재 보유 중인 현금 2억 2,000만 원을 활용하여 투자 물건을 늘려가면 자본 이익이 더욱 증가하고, 투자 자산이 증가하면 증여 상속의 자산은 더욱 커진다.

C 님의 사례처럼 은퇴 시 주택 자산 조정 방법을 통해 법인을 활용한 은퇴 자금 계획을 잘 세우고, 노후 준비 방안으로써 자녀 증여 상속 계획까지 세워서 운영하게 되면 [세금 절세 + 건강보험료 절감 + 증여 상속 계획 수립]까지 전반적인 수익을 극대화할 수 있는 가장 효과적인 자산 운용 방법이 될 수 있다.

(2) 은퇴 시 주의해야 하는 지역건강보험료

C 님 사례처럼 대부분의 직장인이 회사를 은퇴하게 되면 국민건강보험료를 부담스러워 한다. 하지만 막연하게 건강보험료에 관해 걱정만 하기보다는 미리 산출해 보는 것도 좋을 것으로 생각된다. 특히 직장인 중 다른 소득이 없고, 배우자나 자녀 등 직장가입자에게 피부양자 등록이 가능한 경우에는 크게 걱정할 필요는 없다. 다만 재산 및 소득 등으로 인하여 지역가입자로 전환이 될 경우에는 사전에 어느 정도 예측을 해 볼 필요가 있다.

이를 예측하기 위해서는 지역건강보험료의 부과 체계를 이해해야 한다. 처음 보면 용어도 낯설고, 크게 관심을 두지 않으면 굉장히 어려워 보인다. 하지만 조금만 살펴보면 누구나 계산 가능하고 예측해 볼 수 있다. 특히 건강보험공단 홈페이지의 모의계산기를 활용하면 금방 산출할 수 있다. 일단 모의계산기를 활용하기 전에 지역가입자의 건강보험료 산출 방법에 대해 알아보자.

건강보험료는 점수제로 점수를 합산하는데 크게 세 가지 점수를 이해해야 한다. 첫 번째는 소득(이자소득, 사업소득, 연금소득, 배당소득, 양도소득) 점수다. 근로소득이 있다면 직장가입자로, 근로소득이 없다면 지역가입자로 분류한다. 두 번째는 고가의 자동차에 매겨지는 자동차 점수, 그리고 주택 및 자산에 대한 재산 점수 이렇게 세 가지로 구성된다. 이런 점수는 어떤 방식으로 운영될까?

▶소득 점수 부과 방식

소득 점수 계산은 연간 소득 금액에 따라서 점수를 산정하게 된다. 2022년 9월에 개정된 건보료 산정 방식은 소득정률제를 도입하고, 기존의 소득 등급표를 폐지하여 계산하게 된다. 이 부분부터 조금 어려운데 건강보험공단의 건보료 계산 방식으로 계산해 보면 다음과 같다.

연 소득 금액	점수
336만 원 초과~ 6억 6,199만 원 이하	95.25911708 + 336만 원 초과 1만 원 당 0.28350928점
6억 6,199만 원 초과	18,768.13점 일괄 적용

* 소득 금액 336만 원 이하 : 소득 최저보험료 적용(19,780원)

앞선 C 님의 개인 임대사업자를 등록하고 지역가입자로 전환되었을 때, 경비율 20%를 제한 9,072만 원을 소득으로 계산해 보면 95.25911708 + {(9,072 − 336)×0.28350928} = 2,571.996점으로 계산된다. 이럴 경우 소득만으로 건강보험료를 산출해 보면 [2,571.996점× 208.4원 = 536,004원]이다.

▶자동차 등급별 점수

자동차 등급별 점수표는 문제되는 경우가 많지는 않다. 2022년 9월 건강보험료율 산정 방식이 개선되면서 거의 없어지다시피 한 내용인데 살펴보면 다음과 같다. 우선 승합/화물/특수차는 제외되며, 승용차 중에서도 차량가액 4,000만 원 이하인 경우에는 산출 대상에서 제외된다. 또한 4,000만 원 이상의 차량가액 차량 중에서도 9년 이상 연식의 승용차도 제외된다. 그리고 9년 이내의 4,000만 원 이상의 차량은 아래의 표에 따라 점수가 결정된다.

* 자동차 등급별 점수표(시행령 제 42조 제3항, 제42조 제1항, [별표4] 참고)

구분		사용 연수별 감액률 및 결정 점수		
등급	배기량	3년 미만	3년 이상 6년 미만	6년이상 9년 미만
		100%	80%	60%
1				
2	800CC 이하	18	14	11
	800CC 초과 1000CC 이하 * 그 밖의 승용자동차(전기, 태양열 및 알코올을 이용하는 자동차)도 해당 등급 적용	28	23	17
3	1000CC 초과 1600CC 이하	59	47	35
4	1600CC 초과 2000CC 이하	113	90	68
5	2000CC 초과 2500CC 이하	155	124	93
6	2500CC 초과 3000CC 이하	186	149	111
7	3000CC 초과	217	173	130

[국민건강보험공단 2023 지역보험료 부과 요소별 점수표 참고]

▶재산 등급별 점수

대부분의 은퇴자는 다른 소득이 거의 없는 경우가 많아서 지역보험료에 관해 우려를 표하는 것을 보면, 재산 등급에 의한 점수로 지역보험료 산출에 관해 우려된다. 특히 서울에 주택을 가진 분들은 전 재산에서 집이 차지하는 비중이 크다. 근래 수 년간 급격하게 주택 가격이 상승하면서 주택 가격이 높게 책정되어 이 재산 가액으로 건보료 산출 시 꽤 높은 보험료를 부담하는 경우가 많았다. 사실 C 님의 경우에도 이 부분이 우려되어 법인 설립을 고민했던 것이다. 나에게 상담 신청하는 은퇴자 중 상당 수가 지역건강보험료가 높을 것으로 걱정하는 분들이었다. 같은 고민 중인 독자라면 재산 등급별 점수표를 살펴보며 어떻게 대비해야 하는지 알아보자.

일단 재산 점수는 재산 금액에 따라 적용하며, 재산 금액은 재산 항목들의 과세표준액 합계액에서 기본공제액 5,000만 원을 차감하고, 남는 금액으로 점수를 산정하게 된다. 그리고 보유 중인 재산 항목에 따라 과세표준액의 적용률이 다르다.

* 재산 점수 : 재산 금액에 따른 재산 점수표를 따른다.
* 재산 금액 = 재산세 과세표준액 − 기본공제액(5,000만 원)
* 재산 항목(과세표준액에 따라서 적용률 감안)

재산 항목	재산액 적용률
주택	과세표준액의 100%
토지	과세표준액의 100%
건물	과세표준액의 100%
전세	전세금액의 30%
월세	(월세보증금 + 월세/0.025%)×30%

선박	과세표준액의 100%
항공기	과세표준액의 100%

　항목별 점수표에 의하면 일반 주택은 과세표준액의 100%에 해당한다. 과세표준액은 국토교통부 또는 국세청에서 확인이 가능한데, 2023년 기준 시세 대비 주택공시가 현실화율이 약 75% 정도인 것을 감안하면 약 15억 원 정도 시세의 주택은 11억 원 정도로 추정할 수 있다. 이럴 경우 집 한 채만 가지고 있어도 다음 페이지의 점수표로 계산해 보면 1,091점에 해당된다. 1,091점이면 주택 한 채 만으로도 장기요양보험료를 제외한 건강보험료만으로도 227,364원(1,091점×208.4원)을 매월 납부해야 한다.

등급	재산 금액(단위 : 만 원) 초과 ~ 이하	점수	등급	재산 금액(단위 : 만 원) 초과 ~ 이하	점수
1	450이하	22	31	38,800 ~ 43,200	757
2	450 ~ 900	44	32	43,200 ~ 48,100	785
3	900 ~ 1,350	66	33	48,100 ~ 53,600	812
4	1,350 ~ 1,800	97	34	53,600 ~ 59,700	841
5	1,800 ~ 2,250	122	35	59,700 ~,66,500	881
6	2,250 ~ 2,700	146	36	66,500 ~ 74,000	921
7	2,700 ~ 3,150	171	37	74,000 ~ 82,400	961
8	3,150 ~ 3,600	195	38	82,400 ~ 91,800	1,001
9	3,600 ~ 4,050	219	39	91,800 ~ 103,000	1,041
10	4,050 ~ 4,500	244	40	103,000 ~ 114,000	1,091
11	4,500 ~ 5,020	268	41	114,000 ~ 127,000	1,141
12	5,020 ~ 5,590	294	42	127,000 ~ 142,000	1,191
13	5,590 ~ 6,220	320	43	142,000 ~ 158,000	1,241
14	6,220 ~ 6,930	344	44	158,000 ~ 176,000	1,291
15	6,930 ~ 7,710	365	45	176,000 ~ 196,000	1,341
16	7,710 ~ 8,590	386	46	196,000 ~ 218,000	1,391
17	8,590 ~ 9,570	412	47	218,000 ~ 242,000	1,451
18	9,570 ~ 10,700	439	48	242,000 ~ 270,000	1,511
19	10,700 ~ 11,900	465	49	270,000 ~ 300,000	1,571
20	11,900 ~ 13,300	490	50	300,000 ~ 330,000	1,641
21	13,300 ~ 14,800	516	51	330,000 ~ 363,000	1,711
22	14,800 ~ 16,400	535	52	363,000 ~ 399,300	1,781
23	16,400 ~ 18,300	559	53	399,300 ~ 439,230	1,851
24	18,300 ~ 20,400	586	54	439,230 ~ 483,153	1,921
25	20,400 ~ 22,700	611	55	483,153 ~ 531,468	1,991
26	22,700 ~ 25,300	637	56	531,468 ~ 584,615	2,061
27	25,300 ~ 28,100	659	57	584,615 ~ 643,077	2,131
28	28,100 ~ 31,300	681	58	643,077 ~ 707,385	2,201
29	31,300 ~ 34,900	706	59	707,385 ~ 778,124	2,271
30	34,900 ~ 38,800	731	60	778,124 초과	2,341

[국민건강보험공단 2023 지역보험료 부과 요소별 점수표 참고]

즉 은퇴 후 다른 소득이 없음에도 불구하고 서울 지역의 15억 원 아파트에 거주하면 매월 23만 원 정도의 건강보험료가 발생한다. 이런 이유로 직장가입자를 계속 유지할 수 있도록 부동산 임대 법인을 설립하고 직원으로 등록하여 C 님처럼 직장가입자로써 부동산 임대 법인을 운영하면 건강보험료를 절감할 수 있는 방법이 된다.

(3) 부동산 임대 법인 설립 시 지분과 자본금 설정하는 방법

C 님처럼 부동산 임대 법인 설립 시 자녀들, 배우자와 함께 4인 가족이 25%씩 출자 지분을 정하여 법인을 설립하는 방법이 있다. 이렇게 지분을 나누고 법인을 키워 나가면 앞에서 기술하였듯이 증여와 상속의 효과를 극대화할 수 있다. 이런 계획을 세우려면 법인 설립 당시에 장기적인 관점으로 향후 어느 정도의 자산까지 키우고 운영할지를 먼저 계획해야 한다. 그리고 주주 비율과 자본금의 구성을 어떻게 정할지 계획을 세우는 것이 중요하다. 과연 어떻게 구성하면 효율적일까?

Q. 부동산 임대 법인 설립 시 적정 자본금은 어느 정도로 해야 하나?

부동산 임대 법인을 설립하면서 자본금을 얼마나 책정할지는 제한이 없다. C 님처럼 자녀 증여 및 상속을 극대화하기 위해 높은 자본금을 설정할 수도 있다. 하지만 법인 설립 시 자금 활용 부분에서 가장 큰 단점 이자 부담으로 느낀다면 자본금을 최소화해도 된다. 이렇게 할 경우 법인 설립 시 0.4%에 해당하는 등록면허세도 절감할 수 있다.

등록면허세의 절감보다도 자본금을 적게 하면 유리한 이유는, 자금 활용 측면과 법인 비용 처리 극대화 측면 및 법인으로부터 채무 상환을 받는 개인에게도 유리한 게 많다. 왜 그런지 예시로 살펴보자. 우선 10억 원의 건물을 법인으로 매입할 때, 법인의 자본금 1억 원, 은행 대출 2억 원, 법인 대표이사 가수금 7억 원으로 매입했다고 가정해 보자. 동 건물에 보증금 1억 원 / 월세 400만 원에 임차인이 들어온 상가를 기준으로 자산 현황과 매년 소득의 현금 흐름에 다른 비용은 없는 것으로 가정하고, 대차대조표와 포괄약식손익계산서로 정리하면 아래와 같다. 아래 표를 참고하여 법인 설립 시 어떤 이익들이 발생하는지 하나씩 정리해 보자.

[사례 대차대조표]				[포괄손익계산서]			
자산		부채		비용		수익	
상가	10억	은행 대출	2억	대출 이자	1,000만 원	임대 소득	4,800만 원
		대표이사 차입금	7억				
현금	1억	보증금	1억	이익 잉여금	3,800만 원		
		자본금	1억				
합계	11억	합계	11억	합계	4,800만 원	합계	4,800만 원

현금 8억 원으로 개인으로 상가를 매입해도 되지만, 앞선 예시처럼

법인을 설립하고 대표이사가 법인에 7억 원을 빌려주고, 1억 원의 자본금으로 설립하면 일단 7억 원에 대하여 이자 부분은 어떻게 처리할지가 고민된다. 통상 대표이사가 법인에게 대여해 주는 대여금 회계 처리는 가수금 임시 계정으로 처리하고, 별도로 가수금 원장을 통해 입출금 관리해야 한다. 그리고 연말에 차입금을 정식 부채로 결산 처리한다.

사실 이 부분은 독자 여러분들이 자세히 알 필요는 없다. 법인은 반드시 기장을 해야 하며 누구나 세무사에게 의뢰하여 처리할 수 있으므로 개념 정도만 이해하면 된다. 그리고 대표이사가 목돈을 법인에게 빌려줬는데 이자를 처리하지 않으면 이자만큼 증여로 되는 것이 아닌지, 이자를 지급한다면 법적으로 어느 정도 금리를 적용해야 하는지 판단이 잘 서지 않는다. 이자 부분은 어떻게 처리되는지 두 가지 상황별로 알아보자.

첫 번째 상황, 세법으로 정한 이자율에 따라 이자율을 정하고 이자를 지급해야 하는가?

법인세법상의 시행령을 보면 기획재정부령으로 정하는 당좌대출이자율 4.6%를 적용하게 되어 있다. 따라서 원칙은 대표이사가 법인에 가수금으로 자금을 빌려주고, 4.6%의 이자를 받고 이자소득세 25%(지방소득세 포함 27.5%)의 세금을 원천징수한 후 대표이사가 이자를 받는 것이다. 하지만 대표이사가 이자를 4.6%보다 높게 받으면 문제가 발생하게 된다. 법인은 대표이사에게 높은 이자율로 이자를 지급하게 되면 부당행위에 해당하므로 대표이사에 대한 상여로 소득 처분을 하게 된다. 따라서 이자를 받은 대표이사는 상여 소득에 대한 소득세를 부담하게 된다.

두 번째 상황, 가수금에 대하여 무이자로 처리할 수 있는가?

앞선 예시처럼 상가 구입을 위해 7억 원의 자금을 대표이사의 개인 자금으로 법인에게 빌려주고, 이자 약정을 하지 않고 별도의 이자를 지급하지 않게 되면 법인의 입장에서는 아무런 문제가 없다. 이자를 지급하지 않으면 법인의 비용이 발생하지 않는 만큼 이익이 증가하고, 법인세가 늘어나게 되므로 세무회계상으로 문제가 발생하지 않기 때문이다. 대표이사의 경우에도 문제가 되지 않지만, 대표이사가 아닌 법인 주주의 경우에는 법인에 증여한 상황으로 볼 수 있다. 이는 증여세 과세가 되지 않는 경제적 이익이 발생할 수 있으므로 문제가 될 수 있다.

이처럼 자본금을 적게 하고 대표이사로부터 법인이 차입한 형태의 가수금에 대하여 무이자로 처리하게 되면, 법인의 이익이 늘어나고 개인의 소득세는 줄어든다. 또한 이익이 쌓인 상태에서 가수금 상환 형식으로 처리하는 방안은 세금 측면에서 가장 효율적인 방법이 된다. 다만 부동산 임대 법인 설립의 경우 부동산 물건 투자를 수반하게 되는데 실무적으로 문제가 될 수 있는 부분은 '담보 대출'이다. 통상 신설 법인은 과거의 재무제표가 없으므로 은행 대출에서 제약사항이 많다. 적자 법인이나 신설 법인은 물건을 담보로 한 부동산 담보 대출의 대출 한도나 금리 산정에 있어서 불리한 경우가 많다. 신설 법인은 대출 심사를 진행하다 보면 일정 수준 이상의 자본금 규모를 요구하는 경우도 있다.

따라서 자본금 규모를 결정하기 이전에 은행 대출을 받을 상황이라면 먼저 은행에서 대출 심사를 받아보고 결정하는 것이 좋다. 만약 대출을 많이 받아야 하는 상황이라면 대출 한도와 자본금 규모를 비교해보고, 투자할 금액을 먼저 선택한 후 자본금의 규모를 정해야 한다. 대출 없이 투자에 나서는 경우라면 자본금은 최소화하고 대표이사의 가수금을 최대한 활용하는 방안이 유리하다. 반면 대출을 활용해야 할 경우에는 은행 대출 가능 자금 확인 후 자본금을 설정하는 방법으로 하는 것이 나은 방법이 된다.

Q. 적정 주주 지분 선정 방법은?

주주는 법인의 주인으로써 주식을 보유한 자다. 부동산 임대 법인 설립 시 주주 지분은 법인 운영 계획에 따라 달리 정해야 한다. 주주 지분에서 어떤 방식이 좋다는 일반적인 정답은 없다. 법인 설립 목적에 맞게 정하면 된다. 일단 자녀 증여와 상속을 염두에 둔 상황이라면 대개 증여 한도대로 증여 신고를 하고, 증여 신고한 금액을 자녀들의 주주 지분으로 정하며, 부모의 지분은 최소화하여 설정하곤 한다. 앞선 사례의 C 님의 경우가 대표적인 자녀 증여/상속을 목적으로 한 법인 주주 지분 운영 방법이다. 두 성인 자녀에게 각각 5,000만 원까지 증여 공제 금액 한도로 증여한 이후 부부와 자녀들 각 25%씩 주주 지분을 정하고 2억 원의 자금으로 지분을 결정했다. 이는 향후 법인 자산 증가까지 대비하여 계획한 효과적인 법인 주주 지분 사례라 할 수 있다.

증여나 상속보다 효율적인 법인 운영을 고려한다면 1인 주주 또는 부부 주주 정도로 운영하는 것이 낫다. 법인을 운영하다 보면 임원 임기 만료 시 변경 등기를 하거나, 증자를 결정하는 등 등기가 필요한 경우가 많다. 만일 다수의 주주가 있으면 등기 시 서류가 많이 필요하기도 하고 서류 문제며 업무가 복잡해지는 경우도 많다. 따라서 증여 또는 상속 목적이 없는 법인 운영을 고려한다면 1인 주주로 운영하는 것이 가장 효과적이다.

(4) 장기간 보유한 매매 차익이 큰
상업용 건물 법인 증여 및 양도 활용한 절세 방법

법인을 활용한 세금 절세 방법 중 가장 큰 효과를 볼 수 있는 부분은, 임대소득에 관한 절세와 자본금의 지분을 활용한 증여/상속에서의 효과도 좋지만, 기존 건물의 법인 이전 시다. 기존 건물을 장기보유하여 과거 매입 시세와 현재 매매 시세의 차이가 클 때 가장 큰 효과를 볼 수 있다. 어떤 방법으로 그 차이가 커지고 어떻게 법인을 활용해야 효율적으로 운영할 수 있는지 알아보자.

✓ 40대 C 씨 부모님의 장기보유 상업용 빌딩 매매 고민과 법인 설립 여부 판단 사례

C 씨의 부모님은 20여 년 전 서울 중구의 꼬마빌딩 한 채를 40억 원에 매입했다. 그런데 최근 이 지역 인근으로 상권이 발달하면서 83억 원에 매수하겠다는 매수자가 나와 매각을 고민했다. 현재 조건으로 매매 시 양도소득세가 15억 원 정도 나온다고 하여 보류했다. 이런 상황이 되다 보니 자녀들에게 건물 증여 방법을 고민했고, 자녀 중 한 명인 C 씨가 법인 설립에 대해 컨설팅을 의뢰했다. 해당 사례를 통해 법인 설립 후 법인으로 명의를 이전하면 어떤 장점이 있는지 알아보자.

서울시 중구 근린생활시설

2003년 40억 원에 매입
2023년 당시 월세 3억 원 / 2,000만 원
매도 의사 83억 원
건물+토지 공시가격 : 50억 원
건물 감정평가액 : 55억 원

✓ 시세 판단이 어려운 상업용 시설의 자산 평가에 의한 절세 효과

아파트는 시세 파악이 어렵지 않다. 실거래가에 의해 어느 정도 시세 파악이 되고 유사한 가격이 형성된다. 하지만 상가 건물은 개별 물건마다 특징이 다르고 가치 판단의 기준도 다르기에 적정 시세라는 것을 판단하기 어렵다. 따라서 물건의 증여 또는 개인에서 법인으로의 매매를 위해서는 가치의 근거를 마련해 두는 것이 중요하다. 이때 감정평가를 진행하여 감정평가서를 확보해 두어야 한다. 그럼 법인 설립을 통한 매매 진행 시 절차를 알아보자.

① 자녀 분들로 주주로 구성된 법인설립(비과밀억제권역 본점 구성)

② 매물 관련 감정평가 진행(세무사 및 감정평가사 지정)

③ 매매계약서 작성{부모님(양도인) & 법인(양수인)}

④ 법인의 물건지 지점 임대사업자등록

⑤ 은행 담보 대출 신청(양도소득세 금액 + 취득세 금액)

⑥ 매매 물건 등기(부모님 양도소득세 + 법인 취득세 확보)

이렇게 매매를 진행하면 세금적으로 절세 효과가 상당하다. 개인으로 83억 원에 매각 시 부부 공동명의 및 장기보유 특별공제 및 기타 비용 처리(15년 이상 보유, 30% 장기보유 특별공제 적용, 기타 매수 시 건물 관련 비용 처리 등) 등을 적용하여 세금을 낸다고 하더라도 상업용 부동산의 경우 1주택 비과세 등의 특례가 없는 이유로 약 15억 원 이상의 양도소득세가 발생할 수밖에 없었다.

보유 기간	과세 표준(단위 : 만 원) 초과~이하	기본세율	누진 공제
2년 이상 보유	1,400이하	6%	-
	1,400 ~ 5,000	15%	126만원
	5,000 ~ 8,800	24%	576만원
	8,800 ~ 1억 5,000	35%	1,544 만원
	1억 5,000 ~ 3억	38%	1,994 만원
	3억 ~ 5억	40%	2,594 만원
	5억 ~ 10억	42%	3,594 만원
	10억 초과	45%	6,594 만원

[상업용 부동산 양도소득세율 – 장기보유 특별공제 15년 이상 보유 시 30% 적용]

하지만 자녀들에게 건물 감정평가액인 55억 원에 법인에 매각할 경우 개인이 법인에 매각하게 되면 15억 원의 차익에 대한 양도소득세는 대략 3억 3천만 원 정도가 발생될 것으로 추산되었다. 또한 법인 취득세는 약 2억 5,300만 원 정도로 산출되었다. 다만 이렇게 처리하면 「소득세법」 101조 '양도소득의 부당 행위 계산 조항'에 근거한 특수관계인에게 매각한 결과를 갖게 된다. 따라서 10년간 매각이 되지 않는다는 단점이 있다.

하지만 55억 원에 매입한 법인을 10년 보유 후 83억 원에 매각한다고 가정하면, 법인세율 10%를 적용하였을 때 비용 처리 등을 감안하면 2억 원 정도의 법인세가 추가된다. 즉 83억 원에 매각하게 되면 약 15억 원의 양도소득세가 발생하지만, 법인 설립 매수 후 매각을 했을 때 총비용을 계산해 보면 [개인 양도소득세 350,000,000 + 법인 취득세

253,000,000 + 법인 양도소득세 200,000,000 = 803,000,000원]으로 15억 원 대비 약 7억 원을 절세할 수 있다.

물론 이는 매년 발생하는 임대소득에 대한 절세액은 포함되지 않은 계산 금액이다. 이 금액이 포함되고, 만일 10년 보유 후 더 높은 금액으로 매각했을 때는 더 큰 차이가 발생할 수 있다. 위 계산에서 법인에 증여하는 방식도 있는데 C 씨는 다른 개인적인 사정으로 이 방식을 선택하지는 않았다. 만일 법인에 증여하는 방식으로 계산했다면 개인 양도소득세가 법인세로 바뀌면서 약 1억 원 이상 더 절세할 수 있다.

만일 장기보유한 부동산의 양도차액이 크다면, 법인 설립 후 법인과 개인간 매매 또는 증여에 대해 살펴보는 것은 중요한 선택지가 될 수 있다. 세금 차이만으로도 법인 설립 후 10억 원 이상 차이가 날 수 있으니 이에 해당하는 분들은 장기적인 계획을 갖고 미리 준비한다면 큰 절세 효과를 볼 수 있을 것이다.

"은퇴자의 임대 법인 설립을 통한
자산 운용 시 고려 사항 10가지"

No. 1. 은퇴를 앞둔 직장인이라면 건강보험공단 홈페이지를 통해 은퇴 후 건강 보험 지역가입자 전환 시 건강보험료 등을 예측해 본다.

No. 2. 법인 설립 시 증여/상속의 목적을 둔 경우 자녀 지분은 증여 공제 한도 를 고려하여 결정한다.

No. 3. 은퇴 이후 법인 설립 시 비용 처리 계획에 있어서 법인의 직장가입자 건 강보험료 처리 방안을 우선 고려해야 한다.

No. 4. 자본금 규모는 높게 정할 필요는 없으며, 대체적으로 자본금은 낮게 하 고, 법인 대표이사 가수금을 최대한 활용하는 것이 효과적인 방법이다.

No. 5. 대표이사 가수금을 활용하는 할 때 법적 이자율은 4.6%이며 4.6%보다 높은 이자 지급 시 부당행위에 해당할 수 있으므로 이자율보다 낮거나 무이자로 처리하여야 한다. 무이자 처리 시 이자소득세를 감안하면 절 세 측면에서는 가장 유리하다.

No. 6. 임대 부동산 물건을 대출을 활용할 때 신설 법인은 대출 한도가 높게 나 올 수 없으니 대출 가능 한도를 확인 후 법인 자본금을 정하도록 한다.

No. 7. 장기보유로 매매 차익이 큰 부동산 처리할 때 10년 이상 계획을 갖고 법 인을 활용한 매매 또는 증여 방법을 고려한다.

No. 8. 은퇴 이후 부동산 투자는 매매 차익보다는 당장 임대 수익에 목적을 둔 투자안에 대해 고려한다.

No. 9. 은퇴 이후 부동산 투자는 공실 위험이 낮은 부동산을 우선 고려하며, 적은 금액으로 투자한다면 개인으로 투자 시 주택 임대사업을 우선 고려한다.

No. 10. 법인으로는 상업용 부동산 투자를 우선하며 금액에 따라 달리 투자하여야 하지만 대체적으로 안정성을 고려하여 [학원 상가 → 병원 상가 → 1,000세대 이상 아파트 단지 내 상가 → 서울 역세권 업무지역 섹션 오피스] 순으로 고려한다.

05

자영업자의 부동산 임대 법인 운영 시 자신의 사업과 함께 효율을 극대화하는 방법

우리는 이제 법인을 설립하면서 부동산 임대소득 또는 양도소득에 대해 절세하는 방법으로 명의 선정이 중요하다는 것을 안다. 하지만 가장 실익을 가져갈 수 있는 것은 개인으로 사업을 영위하는 자영업자다. 나도 부동산 관련 컨설팅업을 영위하면서 소득이 높을 때 큰 금액의 종합소득세를 납부해 보고 직접 법인으로 전환하면서 법인의 효용성에 대해 몸소 체험했다. 이번에는 자영업자가 이익을 극대화하기 위해 법인으로 전환하는 것과 임대업을 겸할 때 어떤 실익이 있는지 살펴보자. 개인 사업을 하는 자영업자 중 종합소득세와 지역 건강보험료로 인하여 고민하는 분들이라면 이번 사례를 통해 법인 설립으로 자산 운용하는 방법을 모색해 보길 바란다. 좋은 방안이 될 수 있다.

(1) 자영업으로 IT 컨설팅업을 운영 중인 40대 E 님 부부 사례

40대 E 님은 맞벌이 부부로, 상담을 통해 법인 컨설팅을 진행했다. 부부는 사업자를 함께 등록해 IT 관련업에 종사하고 있다. E 님 부부는 지난 해 종합소득세로 4,000만 원 이상이 발생했다. 이에 매월 건강보험료로 60만 원 이상 납부하라는 고지서를 받아 이를 절감할 수 있는 방법을 고민 중이었다. 이들 부부는 현재 매월 소득을 예금 자산에만 저축해 두었고, 쌓인 예금 자산을 활용하는 임대사업용 부동산 투자에도 관심이 있어 상담을 의뢰했다.

자산 현황		부채 현황
마곡 111㎡ APT	₩1,200,000,000	부채 없음
은행 예금 자산	₩500,000,000	
마곡 사무실 보증금	₩10,000,000	
합계	₩1,710,000,000	해당 없음

[상담 당시 부부의 자산과 부채 현황]

E 님 부부의 자산 상황을 보면 참 안정적으로 자산을 운용하고 있고 재테크에 관심이 많지 않다는 것을 알 수 있다. 예금 자산도 금리가 높은 예금을 운용하는 것이 아니라, 사업상 사업 자금으로 언제든지 목돈을 쓸 수 있는 상황을 대비하여 수시 입출금이 가능한 예금 통장에 돈이 모이는 대로 쌓아 놓는 방식으로 저축하고 있었다. 주택 담보 대출이 있을 때는 돈이 모이는 대로 대출을 상환해 왔다.

수익	금액	지출	금액
사업소득	₩40,000,000/월	사업 관련 비용	₩25,000,000
		월 생활 비용	₩6,000,000
		수시 입출금 통장 저축	₩9,000,000
합계	₩40,000,000	합계	₩40,000,000

[상담 당시 부부의 소득 및 지출 현황]

E 님 부부는 말했다시피 IT 관련 마케팅업을 운영 중이다. 직원은 부부 두 명과 총무 업무를 맡은 직원 한 명으로 총 세 명이다. 사무실도 10평 내외로 집 근처의 마곡 섹션오피스에서 월세로 사용하고 있었고, 사업 시작한지 5년이 넘어 매출도 안정적이다. 표와 같이 주택 관련 대출도 모두 상환하고, 매월 저축액도 늘어나서 월 900만 원 이상의 저축을 수시 입출금 통장에 그냥 적립해 두고 있다.

이처럼 매출이 커지면서 종합소득세도 늘어나고, 예금성 자산도 금리 1%대의 수시 입출금 통장에 쌓인 상황에서 자금 운용 효율성을 위해 투자를 고민했다. 그들에게 소득이 높은 기존 사업의 절세를 위한 법인 설립 및 부동산 임대업 컨설팅을 진행했다. 그리고 기장해 주는 세무사의 협조로 기존 사업의 영업권을 법인에 매각하는 가장 효율적인 방안을 찾게 되었다. 자영업자가 사업 운영을 위해 가장 효율적으로 법인을 활용하는 방안은 무엇이 있을까?

1) 법인 설립과 기존 사업에 대한 영업권 매매

먼저 법인 설립 시 기존 사업의 매출 등을 감안하여 기존 사업을 양도/양수하는 계약을 체결했다. 기존 사업을 법인에 넘기면서 일종의 영업 이익에 대한 감정평가를 실시하고 영업권을 매매하는 절차로 진행했다. '영업권'은 IT 관련 마케팅업을 운영하면서 거래처, 신용, 영업상 노하우 등을 통해 매년 발생하는 매출 이익 같은 무형의 자산으로 평가하는 권리를 말한다. 통상 감정평가 시 5개년 간의 매출 및 당기 순이익 등을 평가하여 영업상의 가치를 평가한다. 일종의 권리금으로 개인사업자로 운영하던 IT 관련 마케팅업을 법인에 매각하게 되면 매각 금액만큼을 법인에 대여한 금액으로 처리가 가능하다. 이렇게 하면 매년 사업에서 수익이 발생하고, 순이익을 활용해서 가수금 상환 처리하듯이 상환하게 되면 법인의 자금 활용이 쉬워진다.

다만 영업권 매각 시 매각 금액에 대한 소득세가 발생한다. 이 소득세는 영업권 매각 금액에 대해 60%의 비용 처리 후 기타소득세를 원천징수로 납부하게 된다. E 님 부부의 사업은 감정평가 결과 영업권 금액 4억 원으로 평가되었다. 여기에 60%의 경비율 공제 후 1억 6천만 원에 대한 기타소득세(10% 지방세 포함)로 3,520만 원을 세금으로 납부하고 4억 원을 법인에 빌려주는 회계 처리가 가능하다. 이렇게 소득세를 납부한 후 장부상 매매 금액을 가수금으로 처리하여 법인이 매수한 것으로 활용하게 되면, 향후 발생하는 법인소득 중 일부를 활용하여 급여로 받고, 매년 말 또는 매월 대표이사에 대한 채무인 가수금에 대한 채무 상환을 통해 개인의 소비 자금 등이 세금 절세 측면에서 가장 유용한 방법이 된다.

[개인 사업의 영업권 법인에 매각 시 절차]

2) 법인에 부동산 임대업 추가

법인을 설립할 때 정관상에 영위할 수 있는 사업 범위에는 가능하면 할 수 있는 많은 업종을 명시해 두는 게 좋다고 앞서 설명했다. E 님 부부처럼 회사를 은퇴한 후 다른 사업을 같이 할 수 있으며, 사실 이럴 때 법인의 효용성이 가장 커지기도 한다. 당장의 사업을 영위하지 않는 상황이더라도 업종을 늘린다고 해서 추가 비용이 발생하는 것은 아니므로 여러 사업을 정관에 명시해 놓는 것이 좋다.

E 님 부부는 원래 생각했던 바와 같이 목돈 운영을 위해 법인을 설립했다. 현재 운영 중인 사업과 서비스업, 컨설팅업 등에 비주거용 부동산 임대업을 추가했다. 목돈을 운영하는 방법을 위한 시작인 것이다. 부부는 이후 부동산 임대업 진행을 위해 상업용 부동산 물건을 의뢰했

다. 다음과 같이 임대사업 물건까지 감안하여 법인 자산 현황을 살펴보자.

자산 현황		부채/자본 현황	
화성시 병원 상가 (비용 포함)	₩369,000,000	대표이사 가수금	₩750,000,000
영업권	₩400,000,000	임대보증금	₩30,000,000
은행 예금 (예비 자금)	₩21,000,000	자본금	₩10,000,000
합계	₩790,000,000	합계	₩790,000,000

[E 님 법인의 초기 대차대조표]

E 님의 자본금은 1천만 원으로 정하고 주주구성은 부부 각각 30%씩, 자녀 1명에게 증여 신고 후 40% 지분으로 정하여 주주 지분을 구성했다. 주주 지분 구성 후 바로 법인 설립을 하고, E 님 부부의 IT 마케팅업을 주업으로 하여 영업권 매매 계약을 완료했다. 영업권 매각 금액은 전액 법인의 부채로 처리하여 위의 대차대조표처럼 처리할 수 있었다.

이렇게 업무 처리를 하게 되면 향후 발생할 매출은 모두 법인과 거래처간 계약으로 세금계산서 처리를 하게 되고, 여기에서 발생하는 매출에 의한 이익은 모두 법인에 귀속된다. 그리고 개인은 법인으로부터 급여를 받게 되고, 비용 처리 후 남는 이익 중 일부를 영업권에 의한 가수금 채무부터 상환받으면서 처리하게 된다. E 님 부부에게 초기 급여를 낮게 책정하여 부족한 생활비를 매월 발생하는 이익의 일부를 채무 상환금으로 처리하면서 생활비를 처리할 수 있도록 조언했다.

임대사업으로 월급 말고 월세 받기

E 님 부부의 법인 자산 현황을 살펴보면, 개인의 현금 보유 자산 5억 중 4천만 원은 영업권 평가를 위한 비용과 영업권 매각을 위한 기타소득세로 납부하고, 남는 4억 6천만 원의 금액 중 일부를 법인 소유의 상가 임대업을 위해 투자하기로 했다. E 님 부부는 경기도 화성시에 위치한 병원 임대가 완료된 상가에 투자했다. 화성시의 상가를 투자한 이유는 화성시가 수도권 과밀억제권역에 포함되지 않으므로 법인의 취득세 중과 문제에 해당하지 않고, 소액으로 투자할 수 있는 상가라는 장점이 있었다. 이 상가는 임대 조건이 10년의 임대 계약이 완료된 상가로 보증금 3천만 원 / 월세 160만 원으로 수익률도 6%에 해당할 정도로 조건이 좋았다. 월 임대료 발생 전 개인 사업소득으로 인하여 연 4천만 원의 종합소득세와 월 건강보험료 약 70만 원이 발생하는 상황에서 법인 설립 시 어떻게 자금 운용을 통해 절세할 수 있었는지 월 소득과 지출 현황을 통해 더 자세히 알아보자.

[소아과 병원 임대 완료된 상가 1개 호실 투자한 상가 현장]

3) 법인 설립 후 월 소득 지출 현황 및 손익계산서

E 님 부부는 법인을 설립하여 화성의 상가를 매수하면서 비주거용 건물 임대업과 기존 사업의 영업권 매각을 통해 IT 마케팅업을 법인 사업의 주 목적으로 진행했다. 이때 발생하는 소득을 법인으로 넘기고, 법인의 대표이사 및 이사로써 건보료와 4대보험 처리 후 급여를 받게 되면 어떤 비용이 발생하고 최종적으로 어느 정도의 절세 이익이 발생하는지 먼저 표를 보자.

월 수익		월 지출 현황	
영업 매출액	₩40,000,000	영업 관련 부대 비용	₩28,000,000
		대표이사 급여 (남편)	₩1,000,000
		이사 급여 (부인)	₩1,000,000
		부부 직장건강보험료	₩160,000
월 임대 수익	₩1,600,000	부부 국민연금보험료	₩180,000
		차량 렌트 비용	₩700,000
		월 순이익 (가수금 상환)	₩5,000,000
		월 순이익 (저축)	₩5,560,000
합계	₩41,600,000	합계	₩41,600,000

[월 수익 및 지출 현금 흐름표]

임대사업으로 월급 말고 월세 받기

월 매출은 원래 계속 상승 중이었지만, 첫 해는 전년도와 동일한 것으로 계산하여 매출액을 계산했다. 동일한 매출을 올렸다고 가정하고, 월 비용은 기존 직원 인건비 및 기타 영업 관련 비용을 예상하였으며, 법인 카드 사용을 통해 관련 비용 결제를 늘릴 것으로 예측하여 300만 원 정도 추가 비용을 정했다. 또한 기존에 개인 사업을 할 때는 사업소득으로 부부의 가정생활에 활용하곤 했지만, 법인으로 운영하면 그럴 수 없으므로 부부 각각 급여를 100만 원씩 산정하여 생활비로 충당하도록 했다. 게다가 차량 변경 계획이 있었는데 법인으로 장기 렌트를 통해 신차를 운영하여 비용 처리할 수 있도록 했다.

그리고 매출액과 임대소득을 합한 금액에서 여러 비용을 처리하고 남는 월 순이익 1,056만 원 중 500만 원은 법인에 대여해 준 가수금(법인 영업권 매매 금액 + 병원 상가 매입 금액) 7억 6,900만 원에서 매월 500만 원씩 상환하여 생활비로 활용할 수 있도록 했다. 법인 입장에서는 매월 상환하는 금액만큼 부채를 줄이고 자본을 늘리는 결과로 운영할 수 있게 된다. 그럼 1년 후 예상 대차대조표와 손익계산서를 추산해 보고, 개인으로 운영했을 때와 법인으로 운영했을 때 어느 정도의 절세 금액이 될 수 있는지 비교해 보자.

4) 1년 후 자산 현황 및 수익 분석을 통한 절세 금액 비교

- 1년 후 간이 손익 현황과 자산 및 부채 자본 현황

연 비용		연 수익	
영업 관련 비용	₩336,000,000	영업 매출액	₩480,000,000
부부 인건비용	₩24,000,000		
부부 건강보험료	₩1,920,000		
부부 국민연금	₩2,160,000	임대 매출액	₩19,200,000
차량 렌트 비용	₩8,400,000		
추정 법인세	₩12,550,000		
당기순이익 (법인세 후)	₩114,170,000		
합계	₩499,200,000	합계	₩499,200,000

[간이 손익계산서 추정]

월 영업 매출액과 임대 매출액을 1년 치로 합산 계산해 보면 총 4억 9,920만 원의 연 수익으로 계산된다. 이 중 비용으로 3억 7,248만 원을 차감하면 당기 순이익은 1억 2,672만 원이 된다. 여기에 9%의 법인세 율과 지방세를 합하면 대략 1,255만 원 정도의 법인세가 추산된다. 이 렇게 법인세 비용을 차감하면 이익잉여금에 해당하는 당기 순이익으로 1억 1,417만 원이 발생한다. 이 당기 순이익이 발생한 경우 1년 후 대차대조표상의 자산 및 부채 상황을 살펴보면 다음과 같다.

임대사업으로 월급 말고 월세 받기

자산 현황		부채/자본 현황	
화성시 병원 상가 (비용 포함)	₩369,000,000	대표이사 가수금 (6,000만 원 상환)	₩690,000,000
영업권	₩400,000,000		
은행 예금 (예비 자금)	₩21,000,000	임대 보증금	₩30,000,000
은행 예금 (순이익금 증가액)	₩54,170,000	자본금	₩10,000,000
		이익잉여금	₩114,170,000
합계	₩844,170,000	합계	₩790,000,000

[법인 설립 1년 후 대차대조표 추산 예시]

매월 발생하는 순이익 중 소득의 부족으로 인하여 생활비 충당을 위해 매월 500만 원의 가수금을 상환받는 것으로 정하면 대표이사 가수금의 부채금은 1년 후 6천만 원이 줄어든다. 자산은 매월 상환한 부채금액인 500만 원을 제외한 556만 원씩 1년간 예금 자산으로 쌓여서 5,400만 원의 자산이 증가한다. 그리고 매월 상환한 500만 원은 기존의 대표이사 가수금 7억 5천만 원에서 6천만 원의 부채를 줄이게 되어, 6억 9천만 원으로 줄어들고 법인의 자산은 총 5,400만 원의 법인 자산이 늘어나 법인이 커지는 결과를 갖게 된다.

부부는 법인이 커지면 향후 임대소득을 늘려갈 계획이다. 법인으로 임대 자산이 늘어나면 향후 영업 매출이 줄더라도 결국 은퇴를 미리 준비하는 효과도 갖게 된다.

- 개인사업자와 법인 최종 세금 및 건강보험료 등 추산액 비교하기

개인사업자 소득세 추산액		법인세 및 법인으로 인한 비용	
개인사업자 소득세	₩40,000,000	법인세 추산액	₩12,550,000
임대사업 추가 시 소득세	₩5,100,000	부부 건강보험료	₩1,920,000
1년 건강보험료 추산액	₩7,200,000	부부 근로소득세	₩1,200,000
합계	₩52,300,000	합계	₩15,670,000

[1년 후 발생할 세금 및 건보료 추산액 비교표]

자영업으로 매년 소득이 늘어나는 상황이라면 법인 설립을 고민해 보는 것이 좋다. E 님 부부는 임대사업도 추가하여 법인 설립을 진행하고 위처럼 매월 발생하는 건강보험료를 44만 원으로 줄일 수 있었다. 또한 1년의 종합소득세 역시 법인세와 급여를 낮춘 개인 근로소득세를 합하여 매년 2,500만 원 이상을 줄일 수 있었다. 법인으로 운영하면 절세 측면에서 유리할 수 있지만, 자금 운용에 있어서 개인사업자로 운영할 때처럼 자유롭게 자금을 활용하기는 어렵다. 그러나 법인으로 운영할 경우 E 님 부부처럼 일정 수준 이상으로 소득이 늘어난다면 절세 금액이 상당히 커진다.

또한 비용 처리 계획을 법인 설립 시점부터 어느 정도 세우면 법인 운영 효율성이 극대화된다. 예를 들어 전년도 매출을 기준으로 매출이 더 늘어나게 되면 개인소득세와 비교하여 대표이사 부부의 급여를 늘리거나 상여 지급 등을 통해 법인세를 절감하는 방법이 있다. 반대로 매출이 줄어 이익이 감소할 때는 법인 자금 유지를 위해 가수금 상환액을 줄이는 방법 등 상황에 따라 대처 방안이 늘어날 수 있다. 이처럼 운영 방법에서 다양하게 대처한다면 법인의 효용성이 극대화된다. 더불어 법인의 매출이 오를수록 절세 효과는 더욱 커지게 되고, 임대사업용 물건이 늘어날수록 법인 물건을 매각 시에도 일반 양도소득세율이 아닌 법인세를 적용함으로써 세제 효과도 더 커질 수 있다.

(2) 법인의 자금 처리 방법 주요 사항들

(자본금/잉여금, 가수금/가지급금, 기타 자금 사용 시 유의 사항)

1) 자본금과 잉여금

✓ 자본금

자본금은 대차대조표상 [자산 − 부채=자본(순자산)]이라는 것을 고등학교 정치/경제 시간에 배웠었던 기억이 있다. 물론 경영학 전공으로 회계 원리를 배우면서 좀 더 구체적으로 알게 된 내용이긴 하다. 부동산 임대 법인을 설립하거나 E 님 부부처럼 회사를 운영할 때, 자본금을 지칭하는 것은 통상 회사 설립 시 사업의 기본 자금으로 주주들이 낸 돈(=출자)을 말한다. 주주들은 이런 돈을 출자함으로써 주식을 보유하게 된다. 즉 법인을 설립하면서 주식을 인수한 주주들은 주금株金을 납입하는 바로 이 자금을 '자본금'이라고 한다. 법인을 운영하면서 이 자본금은 언제든지 증자가 가능하다. 통상 부동산 임대 법인을 운영하는 분들이 이런 증자를 할 때는 자녀에게 증여하여 자녀의 주주 지분을 늘릴 목적으로 증자를 한다. 또는 가수금에 놓여있던 대표이사의 대여금을 여러 이유로 대출 비중을 줄이며, 자본을 늘리는 과정에서 회계상의 증자를 사용하여 자본금을 증액하기도 한다. 이런 경우를 제외하고 증자를 활용하는 경우는 많지 않다.

✓ 잉여금

법인이 자금을 빌리지 않고 자금을 조달하는 방법으로 '잉여금'이 있다. E 님처럼 매월 이익이 꾸준히 발생하여 자금을 늘리는 것을 '이익잉여금'이라고 한다. 이 이익잉여금을 E 님처럼 법인의 차입금을 상환하는 데 쓰기도 하고, 법인 투자를 늘려 자산을 늘리는 데 활용하기도 한다. 용어가 생소하지만 결국 매년 발생하는 이익을 회사의 자본으로 늘리는 과정에서 발생하는 계정으로 이해하면 된다. 통상 기장해 주는 세무사들이 처리해 주므로 크게 신경 쓸 일은 없는 계정이지만, 임대 물건 투자를 늘리거나 할 때 활용하는 자금이 '잉여금이 기초가 된다'는 것 정도는 알고 있으면 좋다.

2) 대표이사 또는 주주가 법인에 돈을 빌려주는 가수금

E 님의 사례에서 보면 가수금 자금 운용 방법에서 유용하게 활용한 것을 볼 수 있다. 가수금에는 두 가지가 있다. 자금을 인출하거나 입금할 때 발생하는 임시 계정에는 주주 또는 대표이사가 법인의 자금을 인

출하여 활용할 때 발생하는 '가지급금 계정'과 반대로 대표이사가 법인의 자금에 입금할 때, 즉 법인에 빌려주는 '가수금 계정'이다. 통상 임대 법인에서는 절세 효과와 자금 운용의 극대화를 위해 E 님의 사례처럼 주로 가수금 계정을 사용하도록 안내해 왔다. 다만 법인으로부터 자금을 인출할 때에는 반드시 명확하게 근거를 남기고, 될수록 가지급금 계정은 발생하지 않도록 안내하기도 한다.

가수금 가지급금은 임시 계정으로 결산 시 '정식 가수금'은 채권자에 대한 부채로, '가지급'은 채무자에 대한 채권 자산으로 처리해야 한다. 이처럼 임시 계정인 가수금과 가지급금은 회계 처리상 유용한 방법이지만 문제가 되지 않도록 관리를 잘해야 하는 항목이기도 하다. 이런 가수금과 가지급은 자금 처리에 있어서 어떻게 해야 불법적인 문제가 되지 않고, 적법하게 제대로 처리할 수 있는지 보도록 하자.

✓ 가수금과 가지급금 이자 처리 문제

'가지급금'은 법인의 자금이 주주 또는 임직원이 개인 돈처럼 아무 근거 없이 빠져나갈 때 발생하는 경우가 많다. 특히 부동산 임대 법인의 경우 본인 또는 가족이 대주주일 때가 대부분이다. 법인에 대한 회계 개념이 약한 상태에서 마치 개인 돈처럼 자금을 쓰는 경우가 많다 보니 가지급금이 발생하곤 한다. 이처럼 개인과 법인 차이의 개념 없이 법인을 설립하고, 법인 계좌에서 개인 자금처럼 업무와 무관하게 사용하면서 회계 처리를 하지 않으면 가지급금으로 처리하게 된다. 가지급금은 자칫 횡령의 문제가 발생할 수 있으니 유의해야 한다.

'가수금'은 임시 계정이라는 측면에서는 가지급금과 유사하지만, 개인의 돈이 법인의 돈으로 입금되는 만큼 횡령 문제는 발생하지 않는다. 통상적으로 법인에 유리한 상황으로 회계 처리되면 크게 문제되지 않지만, 법인에 불리한 상황으로 회계 처리되면 여러 가지 문제가 발생할 수 있다. 이런 이해를 하고 보면 이자가 문제되는 경우도 있다.

우선 가지급금과 가수금 모두 상황이 발생하면 서류상으로 약정서 (법인의 입장으로 가지급금은 대여금약정서/가수금은 차입금약정서)를 작성하는 것이 좋다. 이렇게 약정을 정해 놓고 이자가 발생할 때, 가지급금은 이자가 없거나 세법상 인정 이자 4.6% 이하로 이자를 처리할 수 있다. 그러면 법인에는 불이익이, 현금을 사용한 개인에게는 이익이 되어 문제의 소지가 많다. 따라서 가지급금은 최소 4.6% 이상의 이자를 처리해 둬야 한다.

반면 가수금은 법인의 채무로써 세법상의 이자율보다 이자가 발생하지 않으면 법인 입장에서 오히려 이득을 보는 회계 처리 방법이다. 가수금에 관하여 법인의 대표이사나 주주에게 이자 발생하면 반드시 법정 이자보다 낮은 금액으로 정하여야 한다. 만약 4.6%보다 높은 이자가 발생하면 부당 행위에 해당할 수 있으므로 주의해야 한다. 그리고 이자 지급 시 이자에 대해 27.5%의 소득세를 법인에서 원천징수 후 지급해야 하는 점도 유의해야 한다. 이자소득세로 인하여 통상 가수금에 대해 무이자로 처리하는 경우가 많은데, 대표이사는 크게 문제되지는 않는다. 다만 주주에게는 이자 금액만큼 법인에게 증여한 것으로 보고 증여세 과세 문제가 발생할 수 있다. 실무적으로는 금액이 크지 않으면 문제되는 경우는 많지 않다.

3) 기타 자금 사용 시 유의 사항

부동산 임대 법인을 통해 임대사업을 진행하는 대부분은 대표이사 1인 법인 또는 가족 주주들로 구성하여 운영한다. 대개는 세무 회계 지식이 많지 않다 보니 법인 자금을 사용할 때 마치 개인 자금처럼 활용하는 실수를 범한다. 사전에 몇 가지만 주의하고 익숙해지면 어렵지 않은 내용들이지만 초반에 여러 실수를 할 수 있다. 이런 실수를 하지 않기 위해 몇 가지 주의 사항을 꼭 숙지하길 바란다.

◉ 모든 법인 자금 지출 시에는 정규 영수증(세금계산서, 카드 증빙 등) 확보가
   필수다.

법인의 자금 인출 또는 지출 시에는 반드시 근거를 남겨두어야 한다. 법인 비용 처리에 있어서 개인 용도로 사용한 것과 업무 용도로 사용하는 것을 구분하기는 쉽지 않다. 또한 경비 처리에 있어서도 모든 지출의 영수증을 확보하고 그에 맞게 증빙을 구비한다는 것 역시 어색한 일이기도 하다. 이런 모든 가능성을 지키고 적법하게 비용 처리하기 위해서 법인 카드 활용을 권장한다. 법인 카드를 사용함에 있어서도 매출액 규모에 따라 한도를 정할 필요가 있다. 매출액의 30~40% 내외를 한도로 정하고, 부동산 임대 법인의 매출이 적으면 차량 관련 비용과 접대비 정도를 활용하기 위한 외식비 정도 선에서 활용하도록 의견을 드린다.

예를 들어 월 300만 원 정도의 임대료 매출을 일으킨다고 한다면 법인 카드 한도를 100만 원 내외로 정한다. 이 100만 원은, 법인 카드 사용 용도는 개인적인 것이 아닌 부동산 물건 임장을 위한 차량 관련 비용과 현장을 다니면서 활용할 수 있는 외식을 위한 접대비, 부동산 물건의 관리를 위한 집기 관련 비용으로, 비용 처리를 위해 안내하는 기준 금액이다. 적법한 자금 지출을 위해서는 현금 인출 시 정확한 근거가 있어야 하고, 비용 처리를 위해서는 법인 카드를 활용한다. 이 두 가지만 지켜도 큰 문제는 없을 것이다.

⊙ 부동산 임대 법인 신설할 때 주의해야 할 사항들

위에서 법인의 각종 자금 운용과 비용 처리 시 신설 법인이 주의해야 할 사항들을 정리해 보면 다음과 같다.

① 모든 법인 자금은 법인 계좌를 통해 입출금되어야 하며 근거가 남아야 한다.

② 통상 가족인 임원과 직원에게 급여 지급 시에는 '근로했음'을 입증(근무 일지 작성/4대보험료 납부/근로소득세 납부 등)할 수 있어야 한다.

③ 부동산 임대 법인은 매월 인건비에 관한 원천세, 분기별 부가가치세, 연도별 법인세 등을 신고하여야 한다. 기한 내 미신고 시 가산세가 부과된다.

④ 업무용 승용차 법인 명의로 운영 시 렌트료/리스료를 포함하여 연간 1,500만 원을 한도로 비용으로 인정되며, 이 금액 이상으로 비용 인정받고자 하면 차량 운행 일지 작성이 필요하다.

⑤ 법인에 돈을 빌려주는 가수금과 법인으로부터 대여받는 가지급금의 관리는 반드시 담당 세무사와 면밀히 상의하여 문제의 소지가 없도록 관리가 중요하다.

(3) 부동산 임대 법인이 투자하기 좋은 병원 상가 투자 시 주의해야 할 사항들

임대사업용 부동산 중 법인으로 운영하기에 좋은 상가는 임차가 안정적이고, 꾸준한 소득이 나올 수 있는 상가다. 특히 상대적으로 매매가 상승을 기대하기보다는 안정적인 임대소득을 우선하여 선택한다. 이때 가장 선호도가 높은 상가는 임차인이 병원으로 들어오는 상가다. 우리는 이미 앞선 사례를 통해 병원이 임차인으로 들어오는 상가의 장점을 확인했다. 하지만 최근 병원 상가는 분양 단계에서 사기성 계약이 많고 문제되는 상황이 빈번하게 발생하고 있다. 그러나 병원 물건의 주요 특징을 이해하면 불미스러운 상황에 휘말리지 않을 수 있다. 어떤 점을 주의해서 투자해야 하는지 그 특징들을 살펴보자.

1) 상가 입지가 병원이 들어올 수 있는 입지인지 확인하기

보통 상가 입지를 볼 때 가장 중시하는 것은 보행자의 동선과 유동인구다. 아무래도 상가의 가치는 임차인들이 장사가 잘 될 수 있는 유동 인구가 많은 상가와 접근성이 좋은 상가가 유리할 수밖에 없다. 병원 상가는 그보다 더 중요한 것이 있다. 병원 상가는 상가의 대로변에서 노출도를 중시해야 한다. 물론 대로변이 접근성도 좋고 유동 인구가 많을 수 있지만 대부분 6차선 이상의 대로변은 유동 인구가 적다. 아래 사진으로 보면 대로변 상가에는 드문드문 공실이 있지만 이면 상가에는 공실 없이 상가들이 들어차 있는 것을 볼 수 있다. 이처럼 사람들은 주로 이면도로에 다니는 경우가 많다. 주변에 식당가를 생각해 보면 바로 알 수 있다. 물론 주거지역이 아닌 대도시 업무 지역의 최고 상권은 대로변 상권이겠지만, 통상 주거지역에서는 이면 상가들을 선호하는 경우가 많다.

[이면 상가 사진]　　　　　　　　[대로변 상가 사진]

　병원 상가의 고객 입장에서 병원은 아플 때 찾는 곳이다. 평소 이동하다가 들어가는 곳이 아니므로 아픈 상황에서 '그 병원이 거기에 있었지!'라는 생각이 바로 들어야 한다. 즉 무의식에도 어느 병원이 어디에 있었는지 각인되어 있어야 하는데, 평상시에 차를 타고 다닐 때도 계속 시야에 들어오면서 인식이 되어야 한다. 그래서 병원 위치는 건물의 해당 호실 노출도가 좋아야 한다. 통상 병원 건물들이 대로변에 많은 것도 그 이유다.

다음 이미지는 경기도와 인천시 각 병원 상가 두 곳의 사진이다. 두 곳을 자세히 보면 주거단지 앞, 대로변, 버스 정거장 앞과 같은 여러 장점을 갖추고 있지만, 가장 중요한 것은 도로변의 노출이다. 특히 사진을 잘 보면 알겠지만 과도할 정도로 창문에 랩핑을 하여 병원을 광고하고 있다. 이 모든 내용이 병원 상가의 노출도를 중시한다는 것을 알 수 있다.

[대로변 병원 상가1_인천시]　　　　[대로변 병원 상가2_고양시]

통상 병원 분양 상가에서 많이 발생하는 문제는 주로 임대차 계약 문제다. 하지만 임대차 계약에 앞서 물건 자체의 입지가 병원이 들어올 만한 상가라면 당장 병원 임대차 계약에 문제가 생겼더라도 추후에 다시 병원 임대차 계약이 진행될 가능성이 크다. 따라서 병원이 들어올 입지가 맞는지 병원 특징에 맞게 정확히 알 필요가 있다.

[병원이 들어올 입지 특징]
- 6차선 이상 대로변에 위치할 것
- 5,000세대 이상 배후 세대를 갖추고 있을 것
- 신도시는 지하 주차 시설이 충분히 확보되어 있을 것
- 500평 이상, 중형 이상의 병원은 의료시설로써 설계 당시부터 임차 계약이 완료되어 있을 것

2) 병원 상가의 정확한 임대차 계약인지 확인하기

일반인이 투자할 수 있는 병원 상가는 통상 개인 병원, 의원급 병원이 대부분이다. 소형 규모의 병원이더라도 기본적으로 병원은 시설비가 많으므로 임대차 기간이 짧을 수 없다. 임대차 기간이 짧으면 임차인 입장에서 임대차 계약 만료 시 상당히 불안한 상황이다. 대개 병원 임차인들은 상당한 시설 투자 비용이 들어가므로 단기 계약은 오히려 리스크를 크게 느껴 계약 단계에서 최소 5년 이상의 임대차 계약을 요구한다. 앞서 본 E 님의 화성시 병원 상가는 1,500평의 대형병원이었다. 이런 대형병원은 건물의 용도가 일반 근린생활시설에서는 시설 허가가 되지 않는다. 그러므로 500평 이상의 상가는 의료시설로 허가를 받아야 한다.

의료시설은 승강기 시설/상하수도 시설/장애인 시설 등 지자체의 요건이 충족되어야 허가를 받을 수 있다. 사실 용도 변경을 위해서는 건축 허가 당시부터 임대차 계약이 완료되어 있어야 어느 정도 가능한 일이다. 따라서 이런 경우에는 아래와 같이 특약사항이 세부적으로 정해지지 않으면 의료시설 자체로써 허가를 받기 쉽지 않다. 그러므로 임대

차 계약을 꼼꼼히 따져 봐야 한다. 아래의 특약사항은 E 님이 직접 계약했던 상가의 임대차계약서상 특약 내용이다. 대형 병원 임차가 맞춰진 상가에 투자하는 분들이라면 반드시 참고해 볼 내용이다.

[해당호수 : 4층 ~ 6층 전체   해당업종: 병원(의료시설)]

1. 임대인은 본 계약 호수에 의료시설(병원)로 임대하기로 한다.
   (본계약후 건물내 내과, 정형외과,신경외과,재활의학과,마취통증의학과를 입점치 아니한다.)

2. 본 계약은 부가세, 관리비별도 계약이며, 임대료 계산은 본 건물 준공 후 개별소유권이전이후
   (준공후8개월내 개원 약정)로부터 4개월간 월세를 무상 면제키로 한다. 단, 관리비는 관리주체
   협의사항에 따라 진행키로 한다.
   (자체관리 또는 제3자 위탁관리- 임차인과 협의하여 지정키로 한다.)

3. 최초 임차기간은 5 년이며, 영업권은 20 년간 인정키로 한다.
   매 2년마다 임대료는 5%이내에서 협의 조정하기로 한다.
   항상 재계약시는 그해 임대가의 전세환산가(=보증금+(월세*100))을 기준하여 상가임대차보호법
   (보호대상-대통령이 정하는 보증금액내 기준)에 따라 약정된 5%이내에서 협의 조정키로 한다.

4. 본 계약은 임차인이 현 상태(착공전, 공사중), 현용도(근생)를 직접 확인 하였으며, 건축현황과
   소유현황에 대해 임대인에게 직접 충분한 설명을 듣고 쌍방 합의 계약함.
   * 본 임차공간의 용도를 임대인이 의료시설로 준공과 동시에 임대인의 비용으로 변경하여
     주기로 한다.(임차인에게 비용 청구 없음)
   * 본 상가 준공예정은 2021   년도   7 월경으로, 변경 시 3개월 전에 통보해주기로 한다.
     단, 2021 년 8 월을 넘기지는 않기로 한다.
   *병원으로 임대함에 있어 임대인은 임차인에게 인테리어 지원비용으로 일금 사억오천만원정
   (₩450,000,000)을 현금으로 무상 지원키로 한다.(부가세별도 금액임)

5. 임대인은 임차인 지정 위치에 MRI실 및 CT실 바닥 보강 공사를 하여 주기로 한다.

6. 본 임대차계약서와 특약사항은 임대인과 임차인이 원할시 상호 비용으로 공증키로 하며, 신탁사
   지정 신탁계좌 개설, 시공사의 책임준공서 발행을 하기로 한다.

7. 4~6층 분양 이후 분양주들은 차후 병원에서 시설 추가 공사가 필요할 시 시설 추가 공사에
   협의 후 협조해 주기로 한다.
   *시설 추가 공사비용은 임차인이 부담하기로 한다.

8. 향후 소유주가 변경(분양, 매매)되더라도 본 임대차계약 사항을 그대로 승계키로 한다.

[실제 E 님이 계약했던 상가 임대차계약서]

계약서를 보면 임대차 계약 기간이 기본 5년으로 정해져 있고 특약 사항으로 인상 내용도 확보되어 있다. 또한 용도 변경에 대한 책임 관계와 시설 관련한 내용이 상당히 자세하게 협의되어 있음을 알 수 있다. 이처럼 병원 상가 투자 시 임대차 계약 내용은 반드시 확인해야 하는 내용이다. 만일 임대차 계약이 단기로 되어 있거나 일반 상가의 임대차 계약처럼 별다른 내용이 없는 서류라면 주의해야 할 필요가 있다. 특히 입점의향서와 같은 양해각서 서류들은 전혀 법적 책임관계가 없는 서류이므로, 이런 입점의향서만으로 임대 완료되었다는 상가는 피하는 것이 좋다.

임대사업으로 월급 말고 월세 받기

"자영업자의 임대 법인 설립과 병원 상가 주의 사항"

No. 1. 개인 사업 자영업자가 매출액 및 이익에 따라 종합소득세와 지역 건강 보험료가 과도할 때 임대업과 본업을 함께 법인으로 운영하는 방법을 고려한다.

No. 2. 매년 안정적인 매출과 순이익이 발생하는 개인사업자는 부동산 임대 법인 설립 시 본인의 사업을 법인으로 전환하는 것을 함께 고려한다.

No. 3. 법인 설립 시 자본금은 최소화하고, 대여금 계정을 활용하여 대여금 상환 방법을 활용하여 소득세를 절세하는 계획이 필요하다.

No. 4. 법인 자금 처리 시에는 근거를 잘 갖춰야 하고, 비용 처리에 대한 계획을 자세히 세워야 한다.

No. 5. 상업용 부동산 임대 법인 운영 시에는 매매 가격 상승보다는 안정적인 월 임대소득을 목적으로 선택이 필요하다.

No. 6. 병원 상가 투자 시 병원이 들어올 만한 입지의 건물인지 먼저 판단이 필요하다(6차선 이상 대로변, 5,000세대 이상 배후 세대 등).

No. 7. 병원 상가에서는 임대차 계약의 확인이 중요하다(5년 이상의 장기 임대 계약, 특약사항 자세히 확인).

06 법인으로 오피스텔 매입 시 발생할 수 있는 문제들

최근 법인 관련 상담을 하면서 법인으로 주택 임대업을 할 수 있는지 문의를 많이 받았다. 특히 오피스텔을 매입하면 업무 시설로 취득세 중과를 받지 않는 장점 등을 활용해서 상업용 부동산에 대한 부담감을 느끼는 분들이 안정적인 주택 임대업을 고려하기도 한다. 또한 많은 오피스텔 시행 회사가 다주택에 대한 부담감으로 오피스텔 투자를 꺼려하는 투자자들에게 이를 피하는 방법으로 마치 절세안인 것처럼 홍보하고 투자를 권하는 행태도 보여왔다. 하지만 오피스텔을 법인을 활용하여 주택 임대업으로 운영했을 때 다양한 문제에 직면할 수 있다.

이와 관련한 사례로 법인 설립과 함께 오피스텔 실거주용 분양을 받은 F 님(58세, 여)의 사례를 들어볼까 한다. F 님은 자산이 많지는 않았지만, 결혼을 앞둔 딸의 신혼집으로 오피스텔을 구하게 됐다. 자녀들의 청약 및 세금 등을 고려했던 F 님은 오피스텔 분양 사무소에서 상담을 통해 법인 설립을 진행된 것이다.

(1) 법인을 활용하여 주거용 오피스텔 분양권 매입한
F 님에게 발생한 문제들

F 님의 목적은 앞서 설명한 바와 같다. 처음부터 오피스텔은 법인 임대사업용 물건과는 거리가 멀었다. 따님 부부의 경우 남편은 강남에 직장이 있었고 따님은 강서구에 직장이 있었다. 이 부부의 직장 위치와 개발 가능성 등을 고려할 때 신규 분양 중인 영등포 당산역 인근의 오피스텔이 적절하다고 추천했다. 전용 면적 10평 정도의 투룸이며 오피스텔이 신혼집으로 적정하다고 판단했다. 또한 결혼 시점이 준공시점과 맞아 최종적으로 분양 계약을 진행했다.

다만 이때 분양 사무소에서 자녀들의 향후 청약자격 및 주택 수 문제 등에 문제가 되지 않기 위해 법인을 설립해 법인으로부터 사위 개인이 임차하는 방식으로 사업자 등록을 하여 처리할 것을 권유했다. 이렇게 처리하면 향후 자녀들이 실거주를 위한 아파트 청약 및 주택 매수 시 주택 수 문제가 발생하지 않게 되므로 세금적으로 이점이 있다는 이유였다. 이때 여러 가지 경우의 수가 발생하는데 어떤 문제가 발생할까?

1) 자녀 부부 주주 등기 법인 설립 후 법인의 컨설팅업 용도로 실사용 시 발생하는 세금 문제

본 물건은 주주인 자녀 부부가 직접 사용할 목적으로 운영하게 되므로 처음부터 분양 직원은 대출 등에 이점이 있는 컨설팅업 용도로 법인을 설립하고, 분양 물건 대상지에 본점 설치 후 컨설팅업 사업자를 등록하는 방법으로 추천했다. 이때 여러 문제가 발생한다. 첫 번째는 본점 소재지가 수도권 과밀억제권역에 해당되어 취득세가 중과세 적용이 된다. 앞에서 본점 소재지 문제를 다뤘듯이 오피스텔도 동일하게 적용되므로 4억 원의 매매가에서 법인의 취득세 중과세율인 9.4%가 적용된다. 취득세만 하더라도 3,760만 원의 세금이 발생한다. 만일 개인으로 매입했다면 1,840만 원으로 거의 2천만 원의 비용 차이가 발생한다. 하지만 F님은 취득세만으로도 이 정도 차이가 난다는 것도 안내받은 적이 없었고, 심지어 분양 담당자는 수도권 과밀억제권역의 용어도 몰랐었다.

두 번째는 법적인 문제로 실제 법인의 사업에서 매출이 발생할 수 없는 구조다. 일단 사업 자체에서 매출이 발생하지 않고, 실제적으로는 주거로 활용하다 보니 지속적으로 매출이 없을 경우 세무서에서 직권으로 폐업할 수도 있다. 또한 부부는 사업자 등록지를 사무실로 사용 중이므로 전입신고 문제도 발생한다. 그리고 아무런 매출도 없는데 고정적으로 기장 비용이 발생하여 결국 이익이 되는 것이 하나도 없다.

2) 법인 주택 임대사업자 등록 후 임차인으로 따님 부부가 입주하는 경우

F 님은 취득세 중과 문제와 법적 문제를 말씀드렸을 때, 상담 후 법인으로 주택 임대업을 추가하고 분양 물건이므로 취득세를 감면받으면 되지 않을까 고려했다. 분양 후 첫 취득 물건인 오피스텔은 취득세 감면이 가능하다는 정보를 얻었기 때문이다. 실제 이 지역이 조정대상지역에서 제외됨으로써 주택 임대사업자 등록 시 법인도 취득세 감면은

가능하다. 여기서 문제는 취득세가 아니다. 2020년 6월 법인의 주택 구입 및 임대사업자 혜택이 대폭 축소되었다. 그중 핵심 내용은 법인이 주택을 보유할 때 개인에게 적용되는 공제 금액이 적용되지 않는다는 것이다.

공제 금액은 종합부동산세 제도에서 굉장히 큰 의미를 갖는다. 만약 개인이 주택을 보유할 경우 주택공시가 기준으로 1주택은 12억 원, 2주택 이상 다주택자는 합산 9억 원의 공제 금액이 있다. 즉 매매 시세 대비 현재 공시가율이 평균 약 60~70% 정도 반영되는데, 이때 매매 시세 평균 20억 원 이하의 아파트 및 주택은 1주택 이하면 종합부동산세에 해당되지 않는다.

반면 법인은 이런 공제 금액이 없다. 종합부동산세율은 2주택 이하 2.7%, 3주택 이상 5%의 종합부동산세율이 적용된다. 즉 1억 원의 1주택 보유 시에는 2.7% 종합부동산세율이 적용되어 이 주택을 보유하는 기간 내내 매년 270만 원의 종합부동산세가 부과된다. F 님 자녀 부부의 오피스텔을 4억 원으로, 공시가격을 3억 원이라고 가정하면 매년 810만 원의 종합부동산세가 발생하는 것이다. 물론 개인으로 보유하면 공제액 이하로 적용되어 종합부동산세 적용 대상이 되지 않는다.

F 님의 경우에도 법인으로 주택 임대업을 등록하고 임대하는 방식으로 운영하게 되면 종합부동산세는 당장 문제가 되지 않는다. 일단 주택 임대사업자를 등록할 때 2023년 기준 조정대상지역인 서울의 강남구/서초구/송파구/용산구에 해당되지 않으면 종합부동산세 합산배제가

가능하기 때문이다. 다만 부동산 경기가 좋아져서 다시 조정대상지역으로 재지정되면 문제가 발생한다. 옆 페이지의 현재 [주택 임대사업자의 종합부동산세 합산배제 조건]을 자세히 살펴보면 법인으로 어떤 문제가 발생할 수 있을지 바로 알 수 있다.

개인 명의로 주택 임대사업자를 등록할 경우 종합부동산세 합산배제 기준은 '취득 시점'을 기준으로 판단한다. 즉 현재 시점에서 F 님 따님 부부는 조정대상지역이 아닌 영등포구 지역의 오피스텔을 매입하고, 주택 임대사업자를 등록하게 되면 개인과 법인 모두 합산배제가 가능하다. 그리고 다시 조정지역으로 지정이 되더라도 취득 시점을 기준으로 합산배제를 적용하므로 개인은 임대사업자를 계속 유지할 경우 종합부동산세 합산배제를 적용받을 수 있다.

반면 법인은 2020. 6. 18. 이후에 임대사업을 등록한 주택 임대사업자부터는 조정대상지역에 해당하는 주택을 보유하면 종합부동산세 합산배제를 적용받지 못한다. 즉 지금 당장은 종합부동산세 합산배제를 받을 수 있지만 조정지역으로 다시 지정될 경우 종합부동산세가 과세될 수 있다. 이 점이 개인과 법인의 종합부동산세 합산배제 차이인데 문구 하나로 인하여 결과적으로 크게 차이가 난다는 것을 알 수 있다.

구분	개인 주택 임대사업자	법인 주택 임대사업자
합산배제 적용불가	2018. 9. 14. 이후 취득한 조정대상지역 소재 주택	2020. 6. 13. 이후 등록한 조정대상지역 소재 주택
합산배제 적용가능	2018. 9. 13. 이전 취득한 주택 2018. 9. 14. 이후 취득한 비조정지역 주택 건설 임대 주택	비조정지역 소재 주택 건설 임대 주택

[주택 임대사업자의 종합부동산세 합산배제 조건]

또한 이렇게 등기하면 법인을 직접 컨설팅업으로 사용하는 경우와 마찬가지로 취득세 중과 문제와 불필요한 회계 비용 등의 문제가 그대로 발생한다. 또한 임대료 역시 주변 시세대로 반영하여야 한다. 추가적인 법인세까지 감안한다면 법인 명의로 본 물건을 임대사업으로 활용하는 것이 절대 유리하다고 할 수 없다.

3) 법인에서 개인으로 명의 이전 후 실거주 용도 사용

현실적으로 합법적이면서 가장 안전하게 활용하는 방법이 있다. 현재의 법인 설립 후 법인 명의로 여러 방법을 모색하기보다는 등기 이전에 다시 개인으로 명의 이전을 하고, 따님 부부의 명의로 등기하는 방법이 가장 나은 방법으로 판단이 된다. 물론 4.6%의 취득세는 발생할 수밖에 없다. 이를 줄이기 위해서는 주택 임대업을 등록하는 방법이 있다. 하지만 주택 임대업으로 등록 시에는 부부가 혼인신고를 하지 않고 부인 명의로 매수 후 남편이 임차인으로 들어오는 방법 말고는 실거주

할 수 없다. 그리고 10년 내 매도 역시 금지되고, 1년에 5% 이내 임차료 인상 조건 등의 임대사업자 의무도 준수하여야 한다.

이는 여러모로 따님 부부의 목적과 맞지 않을 것으로 판단됐다. 따라서 따님 부부가 이 오피스텔을 거주용으로 전입신고도 하고 합법적으로 사용하기 위해 바로 따님 부부 공동명의로 등기하는 것이 가장 효과적인 것으로 안내했다. 이처럼 오피스텔은 업무용과 주거용으로도 활용이 가능하지만, 투자의 목적에 맞게 활용하는 것이 중요하다. 또한 법인으로 소유권을 가져갈 경우 다양한 규제 내용을 확인하고 더욱 신중할 필요가 있다.

(2) 법인의 주택 임대사업에서 발생할 수 있는 세금 문제

2020년 6월 이전까지 부동산 임대 법인의 주택 매수는 여러 면에서 장점이 많았다. 우선 양도소득세를 법인세로 납부하게 되면 개인에게 중과세되는 점과 비교할 때 20억 원 이내에는 법인세가 10% 적용되는 큰 혜택이었다. 또한 다주택 중과세도 적용되지 않았고 종합부동산세 역시 적용되지 않았었다. 이렇게 혜택이 크다 보니 부동산 대세 상승기인 2016년부터 부동산 임대 법인 및 매매 법인이 크게 증가했고, 주택 가격 상승의 한 요인이 되었다. 따라서 정부에서도 법인의 주택 보유에 관한 규제를 하게 되었고, 2020년 6월 조정대상지역 지정과 함께 법인에 큰 규제를 적용했다. 2020년 6월 이후부터는 사실상 법인의 주택 구입은 할 수 없게 되었다고 봐도 무방하다. 어떤 점에서 차이가 있고 어떤 규제가 적용되는지 하나씩 살펴보자.

1) 법인의 징벌적 취득세 부과

법인으로 주택을 매수하게 되면 2020년 6월 정책 이후 조정대상지역 및 보유 주택 수에 관계없이 12%의 취득세율을 적용받게 된다. 만약 1억 원에 매수 계약을 법인으로 체결하게 되면 취득세율 12%와 지방세 및 농어촌 특별세까지 포함하여 13.4%가 적용되어 1,340만 원의 취득세를 납부하여야 한다. 다만 공시가 1억 원 이하의 주택을 매입할 때 주택 임대업을 등록할 경우에는 1~3%의 일반세율을 적용받게 된다. 법인으로 주택 임대사업자 등록을 하게 되면 신규 분양 주택에 한해서는 취득세 200만 원 이하여야 면제된다. 다만 200만 원이 초과하면 취득세 총액의 85%가 감면 대상이 된다. 이 규정은 2024년 12월 31일까지 적용되며 계속 연장되어 온 내용 조항이다.

2) 법인의 종합부동산세

F 님 자녀 부부 사례처럼 법인 운영 시 가장 큰 문제는 바로 종합부동산세다. 특히 공제 금액이 적용되지 않는 것은 큰 문제가 된다. 사실 이 종합부동산세 규제로 인하여 법인의 주택 투자는 사실상 어렵게 되었다. 앞에서 살펴본 바와 같이 공제액 적용과 2023년 공시가 조정 등으로 개인은 종합부동산세의 부담이 많이 줄었다. 하지만 법인은 공제액이 여전히 적용되지 않음으로 부담이 크다. 개인과 법인 간 종합부동산

세율 차이는 아래 표와 같다.

개인	구분	법인
6억 원(12억 원)	기본공제액	공제 배제
2주택 이하 : 0.6~3%	세율	2주택 이하 : 2.7%
조정 2주택 / 전국 3주택 이상 : 1.2~6%		조정 2주택 / 전국 3주택 이상 : 5%
80%	세액 공제	-
2주택 이하 : 150%	세부담 상한율	없음
조정 2주택 / 전국 3주택 이상 : 300%		

종합부동산세는 재산의 보유만으로도 발생하는 세금이다. 주택을 보유하면 아무런 소득이 없더라도 매년 발생한다. 2023년 세율이 일부 조정되어 원래 3%, 6%에서 2.7%, 5%로 낮춰졌다. 이번 정부 들어서 종합부동산세는 많이 완화되고 있지만 법인은 세율만 일부 조정되었을 뿐 크게 조정된 바가 없다. 그래도 2023년 대거 조정대상지역에서 제외되면서 주택 임대사업을 등록하면 법인의 종합부동산세 합산배제 대상이 크게 늘어난 점에서는 세제 혜택이 늘어났다고 볼 수 있다. 하지만 앞에서 말했듯이 만일 다시 조정대상지역으로 지정되면 바로 종합부동산세 합산배제 대상에 포함되지 않으므로 주의해야 한다.

3) 부동산 임대 법인의 주택 임대소득세

부동산 임대업을 하게 되면 양도소득세와 종합부동산세뿐만 아니라 임대소득에 관한 소득세도 고려해야 한다. 상업용 부동산은 개인으로 임대사업자 등록을 하면 사업자의 다른 소득과 합산하여 종합소득세를 부과하므로 고소득 자영업자 또는 고소득 연봉자는 개인 임대사업 소득세율이 30% 이상의 세율 구간에 해당하므로 부담으로 크게 다가온다. 하지만 주택 임대업은 60%의 기본 경비율과 2,000만 원 이하의 임대소득은 14%의 분리과세를 적용한다. 즉 연 5,000만 원의 임대소득까지는 다른 소득과 분리하여 14% 단일과세를 적용할 수 있다. 법인에 적용되는 9% 세율과 비교해도 큰 차이가 나지 않을 수 있다. 따라서 상업용 부동산과는 다르게 개인의 소득세 부담이 크지 않다.

4) 부동산 임대 법인의 주택 양도소득세

부동산 임대 법인의 양도소득세는 법인의 기본세율에 양도세 추가 세율을 합하여 계산한다. 주택은 2020년 6월 부동산 대책 이후 법인세에 추가로 20%를 합산하여 계산한다. 즉 2억 원 이하의 소득에 대해서는 기본세율 9%에 주택 20%를 합산하여 적용받게 되며, 2억~200억 원까지는 기본법인세율 19%와 20% 추가세율을 합산하면 39%의 세율을 적용받게 된다. 확실히 개인의 중과세율과 비교하면 양도소득세율은 다주택자에게 개인보다 유리해 보인다. 그러나 매년 발생하는 종합부동산세 등을 감안해 보면 주택의 부동산 법인은 그 이익이 크지 않아 보인다. 다음 표를 참고하길 바란다.

구분	기본세율	비사업용 토지(+10%)	주택(20%)
2억 이하	9%	19%	29%
2억 초과~200억 이하	19%	29%	39%
200억 초과~3,000억 이하	21%	31%	41%
3,000억 초과	24%	34%	44%

[법인의 부동산 양도소득세율]

옆의 표는 법인으로 오피스텔 매입 시 사업자 형태별로 발생하는 세금과 주의 사항이다. 법인이 실제 사용하는 방식으로 계약도 가능하다. 법인의 상업용 오피스텔 사용 방법은 크게 세 가지로 구분할 수 있다. 첫 번째로 오피스텔을 법인 사무실 사용 용도로 매입할 때, 대출이 임대사업 등록 시보다 한도가 높게 나온다. 다만 주거 활용 및 전입신고 등이 안 되고 임대사업으로 전환할 때는 업종을 추가해야 한다.

두 번째는 일반 사무실로 임대를 주는 일반 임대사업 방식이다. 주택 임대사업보다 세금 혜택은 적지만 조정대상지역에 해당될 때 종합부동산세 합산배제 문제가 발생하지 않으므로 리스크도 적다. 단 오피스텔은 대부분 주거로 활용하는 경우가 많으므로 사무실로 사용하는 수요가 많지 않은 지역은 공실 위험도 상존한다.

세 번째는 바로 주택 임대업으로 활용하는 경우다. 법인의 주택 임대업은 2024년 현재 대규모 조정지역이 해제된 시점에서는 종합부동산세 합산배제가 가능하므로 아주 유효한 방법이 될 수 있다. 주택 임대사업자의 기본적인 세금 혜택은 신규 오피스텔의 경우에는 취득세 감면도 가능하고, 법인세도 높은 경비율 처리 등을 활용하면 세제 혜택이 상당하다. 또한 앞에서 일반 임대사업자와 상대적으로 비교해 보면 주거용으로 활용하는 주택 임대업이 공실 가능성 측면에서는 훨씬 유리하다고 볼 수 있다. 이처럼 오피스텔은 어떻게 활용하느냐에 따라 세금 절세액 및 운영 방법이 천차만별이다. 반드시 사전에 어떤 비용이 발생하고 유의해야 하는지 살펴보고 투자에 나서도록 하자.

항목	법인 실사용	법인 일반 임대 사업자	법인 주택 임대 사업자
취득세	과밀억제권역 중과세 (조정대상지역 아님)	과밀억제권역 중과세 (조정대상지역 아님)	취득세 감면
종합부동산세	해당 없음	해당 없음	조정대상지역 공제 금액 없음
양도소득세	법인세 일반과세	법인 일반과세	법인세 과세지만 경비율 공제 등 혜택 있음
기타 주의 사항	실제로 사무실 사용 시 활용 (불법 주거 전용 및 전입신고 등은 피할 것) 상대적으로 대출한도 높지만 비용 발생	업무 시설로 임대를 주는 경우에만 사업자 등록 주택 수 문제없으며, 사무실 임대사업이 가능한 지역에서 활용 가능	현재 비조정지역 세제 혜택 많음 단, 조정대상지역 재지정 시 종합부동산세는 반드시 고려해야 함

[법인의 오피스텔 매입과 사업자 유형별 특징]

"법인의 오피스텔 매입 시 유의 사항"

No. 1. 부동산 임대 법인에서 종합적인 규제 사항으로 검토해 볼 때 주택 임대 사업보다는 상업용 임대사업이 적합하다.

No. 2. 법인의 주택 임대사업을 시작하기 전에 종합부동산세 규제로 손해가 클 수 있으므로 반드시 종합부동산세 예상액을 계산해 보고 판단하여야 한다.

No. 3. 현재는 법인으로 주택 임대업을 등록하더라도 대부분 조정대상지역에서 제외되어 있으므로 종합부동산세 합산배제가 가능하다. 하지만 개인과 달리 법인은 다시 조정대상지역으로 선정되면 종합부동산세 합산배제가 불가능하다는 점은 알아두자.

No. 4. 오피스텔 투자 시에는 실거주, 임대, 상업용 사용 등 용도에 맞는 사업자 등록이 필요하다.

No. 5. 오피스텔의 취득세 부과 시에도 법인의 본점 소재지의 영향을 받으므로 사전에 취득세 확인이 필요하다.

No. 6. 임대소득에 대해 법인과 개인 사이의 유리한 점을 찾을 때, 개인 임대사업자의 개인종합소득세가 분리과세가 가능하다는 점과 법인의 법인세를 비교하여 판단하여야 한다.

No. 7. 법인의 경우에도 개인처럼 주택 임대사업의 의무 사항(10년 보유, 5% 이내 임대료 증액금지)을 지켜야 함을 알고 투자해야 한다.

No. 8. 법인의 주택 양도소득세는 개인의 중과세에 비교하면 이점이 있지만,

종합부동산세 취득세 등과 함께 고려하여 비교 판단하여야 한다.

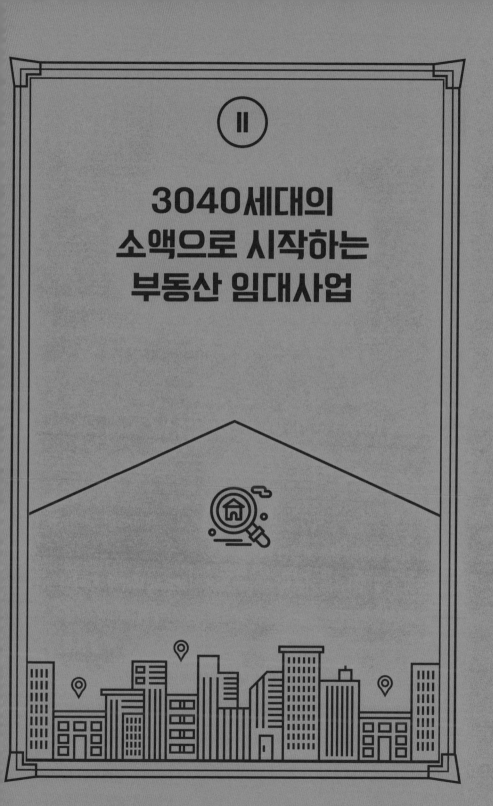

II

3040세대의
소액으로 시작하는
부동산 임대사업

부동산 투자를 시작하는 3040세대가 조심해야 할 사항은?

이제 막 내 집 마련에 관한 고민을 끝냈거나, 아파트를 구입할 자금이 부족한 사람들이 소액 투자를 생각하는 시기가 3040세대다. 3040세대부터 노후를 위해 임대사업을 준비하는 분들도 상당히 많다. 저금리의 예/적금 상품을 운영하기에는 물가 상승률에 대한 헷지^{Hedge, 위험분산}가 안 되고, 주식과 같은 투자성 자산은 안정성이 떨어지는 이유로 목돈을 운영하기에는 부담스럽다. 하지만 현물인 부동산은 상대적으로 부담을 덜 느끼며 매월 발생하는 임대소득이 있을 경우 부족한 생활 자금으로 활용하기도 한다. 매월 저축하는 금액에 추가하여 저축을 늘려가며 자산을 운용할 수도 있다. 그러다 보니 최근 젊은 세대도 일찍부터 임대사업에 많은 관심을 보인다.

하지만 임대사업은 기존에 많이들 투자 자산으로 생각해 온 아파트 및 주택과는 다른 특징들이 있고 반드시 알아야만 하는 내용이 많다. 자칫 잘못하면 큰 손해에 직면할 수 있으며, 젊은 분들은 투잡까지 하며 모아온 자산을 한 번에 날릴 수도 있는 위험이 있다. 실제 상담 사례를 통해 3040세대의 부동산 임대사업을 시작할 때 반드시 알아야 할 내용들과 주의해야 할 사항들을 이번 장에서 함께 알아보려고 한다.

3040세대의 주의해야 할 전 재산을 날릴 수 있는 오피스텔 분양 계약

2019년 이후 아파트 시장 상승기와 함께 상대적으로 세금 규제가 덜했던 오피스텔 시장이 한때 굉장히 인기를 끌었다. 이때 서울 중심부 역세권 지역에 예전에는 상상하기 어려운 정도의 가격으로 분양했던 오피스텔들이 부동산 훈풍기에 높은 경쟁률로 분양이 이뤄졌다. 문제는 이런 시기에 아파트 분양 영업을 했던 담당자들의 마케팅 활동으로 돈이 부족한 3040세대들이 프리미엄Premium을 목적으로 분양이 이뤄진 사례가 많았다. 이런 사례가 어떤 피해를 양산했고, 피해를 줄이기 위해 어떤 준비를 해야 할지 하나씩 살펴보자.

(1) 30대 G 님의 잘못된 오피스텔 분양권 투자 사례

G 님(33세, 여)은 대학교를 졸업하고, 대기업 직장 7년 차로 매월 200만 원 이상 저축을 해왔다. 2억 원 정도의 현금을 보유하고 있었고, 아파트를 매수하려고 했으나 기회를 놓쳤다. 2021년 퇴근 길에 회사 근처 용산에서 투룸 오피스텔 분양 홍보관을 방문하게 되었는데, 위치가

위낙 좋은 곳이라 분양 직원의 분양권 상태에서 프리미엄을 받고 팔 수 있게 해주겠다는 말에 분양 계약을 했다. 비록 분양가가 높긴 했지만 바로 인근에 다수의 개발 호재로 가격 상승이 가능하다는 얘기를 들었다. 회사를 다니면서 늘 주변에 건물들이 새롭게 올라가고, 인근에 H 기획사와 같은 대형 기획사 사옥도 들어오면서 높은 관심을 받는 지역이었다. 그러다 보니 당연히 시간이 지나면 가격이 오를 것이라 생각했다.

[G 님 투자 용산 오피스텔 계약 조건]
- 분양가 10억 {계약금 10%, 중도금 50%(무이자 대출), 40% 준공 시 잔금 조건}
- 전용 면적 9평 (투룸 구조 - 서비스 면적 등 활용), 110세대, 20층 규모, 기계식 주차 포함 60대 주차 공간
- 용산 역세권 도보 3분

분양 직원은 분양 계약 당시 1억 원의 자금만 있으면 계약이 가능하고, 준공까지 무이자 대출로 중도금 진행이 되니 잔금 시까지 추가 자금은 들어가지 않는다고 홍보하면서 계약을 진행했다. 그리고 입주시기에 전세 시세는 8억 원을 받을 수 있다고 자신 있게 말했다고 했다. 만일 이 물건을 계속 가지고 싶으면 현재 가지고 있는 자금으로 충분히 잔금도 가능하고, 입주 전에 프리미엄을 받고 매각하면 손실없이 수익을 얻을 수 있다며 계약을 유도했다. G 님뿐만 아니라 독자 여러분도 관련 내용을 실은 전단들을 한동안 많이 봤을 것이다.

직원의 말에 계약을 체결한 G 님의 상황은 예상과 달랐다. 계약 이후

분양권 전매는 이뤄지지 않았고, 해당 오피스텔은 준공시점이 되어 잔금을 치러야 하는 상황이 되었다. 2023년 초 준공된 해당 오피스텔의 전세 가격은 처음 분양 직원이 제시하였던 말과 달리 전세 4억 원대에 형성되어 있었고 G 님은 잔금을 치를 수 없는 상황에 놓였다. 실제 G 님이 해당 오피스텔에 투자할 때 최소한 어느 정도의 자금이 있어야 하는지 계산해 보면 다음과 같다.

	월세 임대(원)	전세 임대(원)	자가 사용(원)
분양가	1,000,000,000	1,000,000,000	1,000,000,000
계약금	100,000,000	100,000,000	100,000,000
중도금 대출 상환	500,000,000	500,000,000	500,000,000
잔금	400,000,000	400,000,000	400,000,000
취득세	46,000,000	46,000,000	46,000,000
임대보증금	(100,000,000)	(400,000,000)	-
대출 가능 금액	(500,000,000)	-	(600,000,000)
순수 필요자금	446,000,000	646,000,000	446,000,000

[월세 Vs. 전세 Vs. 자가 순수 필요자금 비교]

처음 분양 직원이 말했던 것과 크게 달라진 건 전세 시장의 여건과 잘못된 전세 금액의 예측이다. 전용 면적 $31m^2$(9평)에 불과한 오피스텔에 전세 8억 원이라는 예측은 과장이 심했다. 실제 준공 시에 임대 시세는 전세금 4억 원, 월세는 보증금 1억 원 / 월 임대료 90만 원 정도에 임대 시세가 형성되었다. 필요 자금을 계산해 보면 표와 같이 월세로 임대를 쳤을 경우 5억 원의 담보 대출(현재 G 님의 소득 상황 및 담보가 기준으로 1금융권 최대 한도)을 받았을 때 총 4억 4,600만 원의 자금이 필요하다. 이 중 이미 납입한 1억 원을 빼더라도 3억 4,600만 원의 자금이 필요하므로 G 님은 잔금을 할 수 있는 상황이 아니었다.

  방법은 계약의 해제인데, 시행사에서 계약금과 중도금까지 모두 납부된 상황에서 계약을 해제할 이유가 없었다. 상황적으로도 2021년 분양 당시에는 부동산의 분위기가 좋아 해당 오피스텔 역시 일부 프리미엄도 있을 정도였다. 하지만 준공시기인 2023년은 전세 시장의 하락세가 이어졌고 아파트 시장 역시 하락시기로 돌아섰다. 또한 오피스텔은 거래 절벽시기라서 해당 물건 역시 G 님처럼 잔금이 이뤄지지 않는 분들의 마이너스 프리미엄(일명 마피) 물건들이 속출하는 상황이라 방법이 없었다.

  이런 상황에서 G 님은 시행사에 분양 당시 분양 직원에게서 들었던 중간에 프리미엄을 받고 팔아주겠다는 얘기와 전세 8억 원으로 잔금을 처리하면 된다는 얘기에 의해 계약했다며 계약 해제를 주장했다. 하지만 분양 계약이 통상 시행사와 위탁 계약을 맺은 분양 대행사에 의해 이뤄지고, 분양 대행사의 계약직에 해당하는 분양 직원들이 계약을 진행하면서 시행사는 분양 대행사의 책임을 주장했다. 또한 이런 주장에 대한 증거가 따로 없는 점 및 시행사는 계약서상의 계약대로 시공을 진행하였으며 준공 완료대로 진행하였음을 주장하며 일방적인 계약 해제 주장은 불가한 것으로 해제를 거부했다. 이런 경우 가장 먼저 살펴

임대사업으로 월급 말고 월세 받기

봐야 할 것은 계약서 내용이다. 계약서상에 분양 계약 해제 조건이 나와 있는데 실제 G 님 계약서 해제 사유는 아래와 같다.

제5조 (계약해제 및 위약금 등)

① "을"이 아래 각호의 1에 해당하는 행위를 하였을 경우에는 "갑"은 14일 이상의 기간을 정하여 이행의 최고를 한 후 그 이행이 없을 경우 본 계약을 해제할 수 있다.

1. 분양대금(중도금, 잔금)을 납부기일로부터 1개월이상 납부치 않았을 때

2. "을"이 상당한 이유 없이 입점 지정일 내에 입점 개점하지 않을 때(단, 잔금 완납 시 제외)

3. "을"이 잔금 납부 전에 "갑"의 승인 없이 사실상의 양도, 임대, 담보 설정, 기타 제한 물권을 설정하였을 때

4. 위 건축물의 형상을 "갑"의 승인 없이 변경(모양 변경 또는 증축)하여 건축물 전체의 운영에 지장을 줄 우려가 있을 때

5. 공동시설, 공용면적 또는 공유대지를 부당하게 사용하여 건축물 전체의 운영에 지장을 줄 우려가 있을 때

6. [건축물의 분양에 관한 법률(이하 건분법)] 제6조의 2항에 따른 분양을 거짓이나 그 밖의 부정한 방법으로 받은 경우

7. 건분법 제6조의4 제1항 또는 제2항을 위반하여 전매한 경우

8. 중도금 대출 약정 등 계약 당사자 전원의 별도 합의(약정)후, 해당 합의(약정)에 따른 분양 계약 해제 사유가 발생한 경우

9. 그 밖에 계약의 중요한 사항을 위반하여 계약 목적을 달성할 수 없게 된 경우

② "을"은 자신의 사정으로 인한 경우 스스로 본 계약을 해제할 수 있다. 다만 중도금 납부 후에는 "갑"이 인정하는 경우에 한한다.

③ "을"은 갑의 귀책 사유로 인해 다음 각 호의 어느 하나의 사유가 발생한 경우에는 본 계약을 해제할 수 있다.

1. "갑"의 귀책사유로 인하여 입점이 당초 입점 예정일로부터 3개월을 초과하여 지연된 경우 단, 천재지변 등 불가항력적인 사유 및 기타 "갑"의 귀책사유가 아닌 경우에는 그러하지 아니하다.

2. "갑"이 건분법 제9조에 따른 시정명경을 받은 경우 건분법 제10조에 따라 벌금형 이상의 형을 선고받은 경우 및 건분법 제12조에 따른 과태료 부과처분을 받은 경우

3. 표지목적물의 하자가 중대하고 보수가 곤란하여 계약 목적을 달성할 수 없는 정도에 이른 경우

4. 분양광고 등을 통해 계약의 내용이 된 사항과 실제 시공 건축물과의 차이가 현저하여 계약목적을 달성할 수 없는 정도에 이른 경우

5. 이중 분양으로 인해 분양계약에 따른 소유권 이전 등기 의무가 불가능한 경우

6. 중도금 대출 약정 등 계약 당사자 전원의 별도 합의(약정)후, 해당 합의(약정)에 따른 분양 계약 해제 사유가 발생한 경우

7. 그 밖에 계약의 중요한 사항을 위반하여 계약 목적을 달성할 수 없게 된 경우

④ 제1항 내지 제3항에 해당하는 사유로 본 계약이 해제된 때에는 제1항 또는 제2항의 경우에는 "을"이 제3항의 경우에는 "갑"이 각각 그 상대방에게 위약금(해약금)으로 분양대금 총액의 10%를 지급하기로 한다. 또한 "갑"은 "을"이 이미 납부한 대금에 대하여는 각각 그 받은 날로부터 반환일까지 기간에 [연2%]의 이율을 적용하여 산정한 금액을 "을"에게 지급한다."

[실제 G 님 계약서 해제 사유]

위 계약서 내용은 통상적인 분양 계약의 표준 약관처럼 들어가 있는 내용으로 대부분의 분양 계약에 첨부되는 내용이라고 볼 수 있다. 이 중에서 다른 내용들은 현저한 불법사항이라 크게 살펴볼 내용은 없다. 살펴볼 주요 내용은 분양 광고 등을 통한 계약 내용과 다르게 시공되어 차이가 현저하게 발생하는 경우와 당초 계약상 준공 예정일을 3개월 초과한 경우 정도가 될 것이다. 사실상 해제 사유가 적용되는 경우는 거의 없다.

 G 님은 본인이 납부한 계약금을 포기하는 방법을 택하고, 계약금 포기 후 계약 해제를 주장했다. 많은 분이 모든 계약에서 계약금만 포기하면 일방 계약해지가 가능한 것으로 알고 있다. 하지만 본 건에서 문제는 바로 '무이자 중도금 대출'이다. 원래 중도금은 분양 계약 당사자인 매수인이 돈을 마련하여 중도금 납부 일자에 납부해야 한다. 그러나 상가나 오피스텔 같은 건물에서 통상 이 부분을 대출로 진행하는데 분양권 상태에서는 담보권이 없는 상태이므로 담보 대출이 되지 않는다. 분양받는 수분양자의 신용 대출 성격으로 대출 신청을 하고 여기서 발생하는 이자를 시행사에서 대납하는 방식을 무이자 대출이라고 한다. 문제는 이렇게 하게 되면 수분양자는 법적으로 중도금을 납부한 것이 된다. 중도금을 납부하게 되면 위 계약서 조항의 ②항에도 나와 있지만 쌍방 합의가 되지 않으면 계약을 해제할 수 없다. 경제 상황이 좋아 프리미엄도 붙고 쉽게 매각이 될 수 있는 상황이라면 시행사에서 계약 해제에 합의를 해줄 수도 있다. 하지만 2023년 초반 상황처럼 금리는 높고 매매가 이뤄지지 않는 시장 상황에서는 쉽게 해제해 줄 이유가 없다.

이럴 때 G 님에게 발생할 수 있는 금전적 손해에 대해 알아보자. 우선 계약금 전액은 당연히 손해를 볼 수밖에 없고, 여기에 문제가 해결될 때까지 준공시점부터 중도금 대출에 대한 이자와 잔금 지연 이자가 계속 붙게 된다. 1년만 지나도 거의 계약금 이상의 금액이 추가 손해로 발생하게 된다. 매매 가격 하락 상승이 아닌 시간에 대한 비용만으로도 이런 손해가 발생할 수 있다. 이런 경우에 해당하면 법적인 방법으로는 처리하기 어렵다. 사실 G 님의 경우에도 흔히 얘기하는 떼 법과 매일 시행사를 찾아가서 읍소하고, 분양 대행사의 사기성 홍보 자료를 찾아서 민원 및 방송국 제보 등 다양한 방법으로 결국 쌍방 합의를 이끌어냈다. 결국 계약금과 중도금 이자 정도의 손해 합의로 마무리하게 되었다. 약 1억 4,000만 원 정도의 손실을 본 결과를 가져왔다. 직장 생활하면서 모은 돈 전체의 70%를 잘못된 계약 한 번으로 투자 물건 소유권도 가져보지 못한 채 손실을 보게 된 것이다.

[신규 분양 오피스텔 / 상가 과대 광고 계약 시 주의 사항]

1. 과대 수익률 보장 등 인쇄된 광고 자료는 반드시 서면으로 확보 보관할 것
2. 전세 및 월세 금액 등을 보장할 경우 계약 전에 계약서상에 특약으로 명시해 줄 것을 요구
3. 특약서 및 인쇄 서류가 없을 경우 반드시 설명한 사람의 성명과 소속 등을 확인 후 녹취 자료를 남길 것
4. 임대 확정 등의 물건은 반드시 임대차계약서를 확인할 것
5. 임대차계약서가 없는 임대료 보장 등은 사실상 임대료만큼 할인해 주는 물건으로 물건의 가치가 실제보다 낮은 경우가 대부분이다. 따라서 정상적인 임대 계약이 아닌 물건은 계약하지 않는다.

(2) 오피스텔 및 상가 대출의 이해

G 님의 잘못된 분양권 사례에서 우리가 가져야 할 교훈은 '임대사업용 부동산 투자 시 임대 보증금 및 대출 등을 감안한 자금 계획이 중요하다'는 것이다. 만약 G 님의 보유 자금이 2억 원이 아닌 5억 원 정도였다면 월 임대소득을 통해 물건 보유는 할 수 있었을 것이다. 물론 G 님의 투자에서 물건 자체를 판단해 보면 사실 저렇게 계약을 해제하는 것이 더 유리한 상황이기도 했다. 만일 물건이 정말 미래 가능성이 높고 가격도 적절한 물건인데 내 자금이 부족한 상황이라 계약이 해제되는 상황이라면 더 안타까운 상황이었을 것이다. 따라서 내가 투자하는 물건에 대해서 한도가 어느 정도 나올 수 있을지 사전에 계산해 볼 수 있다면 적정한 자금 계획을 세워볼 수 있다. 이런 대출 절차부터 한도 결

정 단계에서 어느 정도 예측 가능한지 살펴보자.

1) 오피스텔 및 상가 대출 절차

1단계 가액 평가	2단계 대출 한도 결정	3단계 대출 실행
- 매매계약서 작성 후 대출 신청 - 감정 평가 진행 * 필요서류 : 매매계약서, 사업자 등록증, 소득증빙서류, 신분증 등	- LTV기준 통상 매매가액의 80~90% 감정가 X 60% 담보 인정비율로 계산됨→ 임차보증금 - RTI (Rent To Interest) = (상가가치 X 임대수익률) / (대출금 X 이자율) - 대출한도 결정 시 신용도 등 감안 금리 결정	- 한도 및 금리 확정 후 은행 지점 내방 후 자필 서명 진행 - 부동산 잔금 일자에 대출 실행

상가 및 오피스텔의 담보 대출 절차는 주택과 크게 다르지 않다. 가장 먼저 해야 하는 것은 대출을 위한 물건의 가액 평가다. 가액 평가 시 감정평가를 진행하고, 이를 진행하기 위해서는 우선 매매계약서와 임대사업을 위한 사업자등록증, 소득 증빙서류 등이 필요하다. 아파트와 일반 주택은 감정평가 절차가 상대적으로 간단하지만, 상가 및 오피스텔은 시세가 없으므로 감정평가를 하기 전에는 한도 예측이 어렵다. 따라서 은행에서 직접 평가를 해봐야 한다. 다음 단계는 은행에서 대출 한도를 결정하는 것이다. 일반적으로 아파트는 아파트의 가격(아파트는 KB시세 및 실거래가 등 다양한 데이터와 정형화된 가치평가 방법으로 상대적으로 평가액 판단이 어렵지 않다)이 오픈되어 있어 대출 한도 예측이 쉽다. 반면 상가와 오피스텔은 실거주보다는 임대사업용 물건으로 정형화되어 있지 않고, 평가 방법도 다르기 때문에 요구하는 서류와 예측을 위해 반드시

은행에 사전 확인이 필요하다. 계약 전에 은행 대출 가능 금액과 자금 여력을 확인하고, 최소한 매매가의 50%는 확보한 후 투자에 나서야 한다. 그리고 잔금 시 적정한 자금 한도 내에서 대출을 실행해야 대출 실행이 이뤄진다.

2) RTI의 이해

상가와 오피스텔의 수익형 부동산 한도 결정과 금리 결정 시 주택의 담보 대출과는 다른 기준이 필요하다. 바로 RTI^{Rent To Interest: 임대업이자상환비율} 방식이다. RTI는 부동산 임대업 이자상환비율로서 담보 가치 외에 임대수익으로 어느 정도까지 이자 상환이 가능한지 산정하는 지표다. 용어에 대해 이해하면 대출 가능 금액의 한도를 어느 정도 추정해 볼 수 있다. 대출 한도를 추정해 볼 수 있다면 자금 계획을 세우는 데 있어서 투자 결정 시 위험을 줄일 수 있다. 대출 한도는 자금 계산 시 실제로 내가 투자 여력이 있는지를 최대한 보수적으로 보는 것이 중요하다. 금리별로 한도가 어느 정도 나오는지 RTI를 이해하면 아래의 계산식처럼 추정해 볼 수 있다. 통상 RTI는 1.5 이하를 기준으로 하며 아래와 같은 산식이 이용된다.

- RTI를 이용한 대출 한도 계산 : (월세×12개월) / 대출금리 / 1.5 - 임대보증금
- Ex. 보증금 5,000만 원에 월세 400만 원 받는 상가는 RTI 기준으로 얼마까지 대출이 가능할지 금리에 따라 계산해 보면 다음과 같다.

금리	4.0%	4.5%	5.0%	5.5%	2.3%
한도 금액	750,000,000	661,111,111	590,000,000	531,818,182	1,341,304,348

[금리별 RTI 한도 예상 금액]

RTI 한도 계산을 금리가 4%라면 (400만 원×12개월) / 4% / 1.5 - 5,000만 원 = 7억 5,000만 원의 한도가 예상된다. 금리가 올라갈수록 한도가 줄어든다. 위 표는 사실 필자가 소유하고 있는 상가의 한도를 계산한 것으로 가장 우측의 2.3%는 2020년 대출 실행 시의 한도 계산액이다. 매매 가액은 15억 원 정도의 상가였는데 당시 은행에서 11억 원이 대출 가능하다고 했지만 자금 상황상 6억 원의 대출로 진행했던 물건이다. 그런데 최근 금리가 올라 2023년도에 갱신을 해야 했는데 한도 산정 시 4.3% 금리를 적용하게 되었다. 필자는 문제없었지만 만약 2023년도에 대출을 최대한 받았다면 상당히 낭패스러운 상황을 겪을 뻔했었다. 최근 금리가 오르면서 이런 상황에 놓인 분들이 많다. 미리 RTI 계산을 해보고 자금 상황을 대비할 필요가 있다.

(3) 좋은 오피스텔 고르는 법

G 님과 상담을 하면서 오피스텔 같은 물건을 투자할 때, 과연 이 물건의 적정 가격이 어느 정도일지 판단하는 기준에 대해 잘 알았다면 이

런 손해는 보지 않았을 것이라는 아쉬움이 들었다. 아파트는 시세라는 것이 있고 분양받을 때는 실제 주거를 위한 주택이므로 자기 주거 판단 기준에 맞게 많은 것을 따져본다. 반면 오피스텔 투자자들은 적정 시세 라는 것을 판단하기보다는 시행/시공사에서 정해준 분양 가격만을 보고, 인근 비교도 해보지 않고 G 님처럼 위치에만 혹해서 투자하는 경우가 많다. 그리고 꼭 아파트와 시세를 비교한다. 아파트와 시세를 비교 하면 저렴해 보이지만, 오피스텔은 아파트와는 전혀 다른 투자 가치 판단 기준이 필요하다. 이런 투자 기준에 대해 아는 것이 중요하다. 그렇다면 오피스텔을 보는 기준과 적정 가격을 판단하는 방법은 무엇일까?

1) G 님 사례로 보는 오피스텔 적정 가격 판별법

오피스텔은 알고 보면 시세 파악이 어렵지 않다. 아파트만큼은 아니지만 매매 가격은 이미 실거래 신고 가격이 공개되어 있다. 물론 요즘처럼 금리가 올라 매매가 잘 안 되는 시장에서는 적정 매매 시세를 아는 것은 어려울 수 있다. 이때 판단 기준 중 하나가 월세 및 전세 시세를 기준으로 투자성을 판단하는 것이다. G 님의 경우에도 안타까운 점이 오피스텔을 분양받기 전에 조금만 주변 시세와 물건을 상대적 비교해 보았다면 거품이 가득한 가격에 분양받는 우를 범하지 않았을 것이다. G 님의 물건을 기준으로 시세 비교 방법을 알아보자.

항목	G 님 오피스텔 분양권	용산 푸르지오 써밋
전용 면적	29㎡(복층 투룸)	29㎡(원룸-업무 용도)
오피스텔 위치	4호선 신용산역 도보 3분	4호선 신용산역 도보 2분
세대 수	107세대(도시형생활주택 포함)	650세대(주상복합 아파트 제외)
준공 연월	2023. 1.	2017. 8.
임대 시세	3,000 / 200 (전세 4억)	2,000 / 140 (전세 4억)
주차 여건	73대(기계식 70대)	426대(자주식, 아파트 제외 주차)

오피스텔 투자 전에 주변 시세를 반드시 확인해 봐야 하는 이유가 바로 이런 내용이다. 일단 오피스텔은 너무도 간단하게 인터넷 검색 한 번만으로도 대략의 가치를 상대적으로 비교해 볼 수 있다. G 님이 투자한 오피스텔의 분양권 가격은 무리가 있었다. 우선 인근 비교 대상이 될 수 있는 가장 인접의 오피스텔이 무려 650세대의 대단지 오피스텔이었다. 사실 건물 자체만 보면 비교 대상의 오피스텔이 누가 봐도 더 나은 상황이었다. 물론 내부 구조는 29m^2임에도 불구하고 주거용에 맞게 복층형으로 지어진 점과 신축이란 점에서 G 님이 투자한 오피스텔이 나아 보일 수는 있다. 하지만 세대 수/건물 내 여건(주차 등 편의시설)/건물 입지 등 모든 면에서 푸르지오 써밋 오피스텔이 나은 여건이었다. 문제는 가격이었다.

| 집주인 용산푸르지오써밋 102동 |
| 매매 5억 5,000 |
| 오피스텔 · 74A50/29㎡, 중/39층, 남동향 |
| 대단지 선호도 1위 고층 깔끔한 오피스... |
| 용산시대글로벌부동산중개... 매경부동산 제공 |
| 확인 23.10.23. |

| 집주인 용산푸르지오써밋 102동 |
| 매매 5억 5,000 |
| 오피스텔 · 74A51/29㎡, 중/39층, 서향 |
| 투자 기회 경쟁력 있는 매가 입주 수납... |
| 용산시대글로벌부동산중개... 매경부동산 제공 |
| 확인 23.10.18. |

| 집주인 용산푸르지오써밋 102동 |
| 매매 5억 |
| 오피스텔 · 74A50/29㎡, 중/39층, 남동향 |
| 대단지 선호도 1위의 깔끔한 오피스텔 ... |
| 용산시대글로벌부동산중개... 매경부동산 제공 |
| 확인 23.10.18. |

매매 실거래가   2023.10. 국토교통부 기준

계약월	매매가
2022.05.	5억 1,000(9일,22층)
2022.04.	4억 9,600(29일,23층)
2022.01.	4억 9,000(28일,18층)
2021.11.	5억 1,000(10일,19층)
2021.07.	4억 9,000(8일,20층)
2020.10.	5억(18일,23층)
2020.08.	5억 900(29일,39층)
2018.06.	4억 5,000(13일,39층)
2017.12.	3억 9,400(16일,33층)　　3억 8,400(16일,33층)

[2023년 10월 기준 동일 면적 매물 현황]　　[2023년 10월 기준 국토교통부 실거래가]

출처: 네이버 부동산

　　G 님이 분양받은 오피스텔은 아파트 가격이 한창 상승하는 시기에 분양했기 때문인지 인근 아파트 시세의 영향으로 분양 가격이 10억 원에 달했다. 반면 푸르지오 써밋 오피스텔 동일 면적의 경우 현재 시세는 5억 5천만 원에 형성되어 있다. 위 이미지처럼 국토교통부 실거래가를 확인해 보더라도 2021년 당시에도 5억 원 내외 수준이었음을 알 수 있다. 그리고 현재 시장에 나와 있는 매물도 5억~5억 5천만 원 정도의 시세임을 확인할 수 있다.

　　오피스텔은 이처럼 사전에 유사 오피스텔과 비교 대상의 오피스텔을 조사하고 짧은 시간의 가격 및 시세 조사만으로도 물건의 적정 가격을 어렵지 않게 파악해 볼 수 있다. 그리고 오피스텔은 가격 변동이 크지 않은 점을 감안하면 더욱 그 적정 시세 파악이 어렵지 않다. 안타까운 점은 최근 하이엔드 오피스텔(일반 오피스텔과 달리 고급스러운 인테리어와 다양한 커뮤니티 시설을 갖춘 오피스텔)이라는 명목으로 인근 시세보다 훨씬 높은 가격에 분양을 했던 곳이 많다. 실제 입주할 때 보면 기존의 오피스텔 임대 및 매매 시세와 크게 다르지 않게 형성된다는 점이다.

신규 분양 오피스텔은 하이엔드 오피스텔이라는 이름으로 인테리어 마감을 고급스럽게 하고, 복층형 구조 및 다양한 서비스를 접목하여 가격을 상당히 높게 책정하는 경우들이 있었다. 그러나 실제 입주 시에 그만한 가치를 수렴하지 않는 경우가 많았다. 따라서 오피스텔의 분양 가격의 적정성은 인근의 유사한 물건들과 상대적 비교를 해보는 것이 필수다. 앞에서 비교한 바와 같이 누구나 어렵지 않게 인터넷 조사만으로 충분히 적정 가치를 판단해 볼 수 있다.

2) 피해자를 양산하는 하이엔드 오피스텔

2020년~2022년 부동산 호황기에 서울 주요 지역 오피스텔 분양에서 대거 등장한 개념이 바로 하이엔드 오피스텔이다. 하이엔드 오피스텔은 고급스러운 인테리어와 고급 가구 등의 가전제품을 제공한다. 그리고 준공 완료 후 다양한 서비스를 접목하면서 호텔식 서비스를 제공하는 등 '최고급 오피스텔을 공급한다'는 목적으로 분양하는 오피스텔이다. 많은 사람이 이런 광고 내용과 잘 꾸며진 분양 사무실의 호화로운 모습에 덥석 계약을 한다. 다양한 서비스를 접목한다는 것은 좋아 보이기는 한다. 수많은 하이엔드 오피스텔 홍보 전단에서 쉽게 볼 수 있는 것처럼 실제 호텔식 서비스를 제공한다는 홍보 글과 가전제품 내

역 등을 홍보용 사진에 사용한다. 실제 모델하우스에 가보면 전시가 잘 되어 있다. 소위 '부동산에 화장을 한다'고 표현한다. 물론 가구나 가전제품 등은 실제 분양 광고대로 설치된다. 다만 이런 비용이 세대 당으로 따지면 분양가 차이만큼 큰 비용은 아니다.

문제는 이렇게 화려하게 제공하기로 한 서비스들이 실제 입주 이후에 제대로 이뤄지느냐다. 내가 하이엔드 서비스 또는 컨시어지concierge 서비스 용어를 처음 접해 본 건 2016년 서울 강서구 마곡지구의 한 오피스텔 분양 현장에서였다. 이미 입주를 완료했고 입주한지 벌써 7년이 넘었다. 그런데 현재 처음 제공하기로 한 서비스는 단 하나도 지켜지고 있지 않다. 가장 큰 이유는 해당 서비스가 유지되기 위해서는 입주자들이 그만한 비용을 지불해야 한다는 것이다. 물론 처음 도입시기에는 분양했던 시행사의 비용으로 운영을 시작하기는 했다. 하지만 유지하기 위해서는 입주민들의 관리비로 운영이 되어야 하는데, 오피스텔은 특성상 직접 거주보다는 임대사업자들이 분양을 받고 임차인들이 들어오는 것이 대부분이다. 그리고 오피스텔의 입주민은 대부분 2030세대의 직장인이 많다. 이들은 소비 여력이 많지 않고 높은 관리비에 민감하다.

즉 높은 비용을 지불하면서 호화 서비스들을 유지하려는 수요가 많지 않다. 결국 하이엔드 서비스가 시작은 되지만 1년도 안 되는 시간 내에 대부분 정지될 수밖에 없다. 그런데 분양 가격의 차이는 일반 오피스텔과 비교하면 거의 두 배 이상이다. G 님의 사례처럼 인근 일반 오피스텔 시세 대비 두 배 이상의 가격에 분양하기도 한다. 특히 최근 분양가는 평당 1억 원씩 하기도 한다. 이후 임대료는 분양가에 맞춰서 시세가 형성되지 않아 분양주들은 입주 후 현실을 깨닫곤 한다. 따라서 사전에 이런 하이엔드 서비스와 고급 내장재에 현혹되면 안 된다. 반드시 주변 시세와 향후 임대사업 운영 시 적정 수익률 판단 후 투자에 나서길 바란다.

3) 실패하지 않는 오피스텔 선택 요령

✓ 수익률 좋은 오피스텔 선택하기

오피스텔은 앞에서 얘기한 바와 같이 실거주용보다는 임대사업용 부동산이다. 따라서 아파트처럼 가격 상승을 기대하기보다는 임대료를 기준으로 수익성 가치를 판단한다. 예를 들어 월세를 기준으로 봤을 때 보증금 1,000만 원에 월세 70만 원인 오피스텔이 있다면 지역마다 수익성 차이는 있다. 2024년 2월 기준으로는 실사용 비율이 낮은 원룸 오피스텔의 경우 서울권은 5%, 경기권은 6% 정도를 적정 시장 수익률로 보고 있다. 물론 이 기준은 시장 금리와 부동산 시장 상황에 따라 유동적이다. 이 월세를 기반으로 가치를 계산해 보면 아래와 같다.

(70만 원×12개월) / 5% + 1,000만 원 (보증금) = 1억 7,800만 원

월세 시세			매매 시세		
기준일	보증금 (단위: 만 원)	월세 (단위: 만 원)	기준일	평균가	매매가 대비 전세가 비율
2023. 11. 03	1,000	65~70	2023. 11. 3.	1억 9,000	90~94%
2023. 10. 27.	1,000	65~70	2023. 10. 27.	1억 9,000	90~94%
2023. 10. 20.	1,000	65~70	2023. 10. 20.	1억 9,000	90~94%
2023. 10. 13.	1,000	65~70	2023. 10. 13.	1억 9,000	90~94%

[서울 9호선 역세권 원룸 오피스텔 월세 시세와 매매 시세 예시(단위 : 만 원)_출처: 2023년 11월 KB부동산 시세 기준]

위 사례는 서울 동작구 9호선 역 1분 거리에 위치한 8년 차 500세대 오피스텔이다. 위의 시세는 'KB부동산 시세'에서 평균으로 나온 매매 시세와 월세 시세를 확인할 수 있다. 통상 오피스텔은 네이버 검색만으로도 시세를 쉽게 알 수 있다. 임대 매물들과 매매 매물들을 상대적으로 비교해 보면 적당한 가격인지 확인할 수 있다. 사례의 물건은 최근 시장 금리가 오르면서 매매 가격이 하락하는 추세였고, 현재 시장에 나온 매물은 1억 7,000만 원에 매수 가능했다.

월세의 평균 시세는 1,000만 원/65~70만 원이었지만, 최근 전세 사기 사건 등으로 인해 월세 매물의 수요가 늘어나면서 월세 가격이 인상되어 1,000만 원/75만 원 정도까지 거래되었다. 이런 점을 감안해 보면 동 물건의 임대 수익률은 대략 5.6% 정도의 수익률로 계산이 된다. 이 정도면 향후 금리가 낮아진다면 충분히 임대사업지로써 매력 있는 물건이었다. 참고로 아래는 필자가 오피스텔 고르는 체크리스트다. 이 체크리스트는 입지와 건물의 조건 등을 모두 감안하여 만들었다. 사실 오피스텔은 봐야 할 요소가 많지는 않다. 임대사업을 할 때 공실 위험과 향후 환금성 등을 고려한 요소들을 판단하여야 하는데 그 요소는 너무 명확하다. 예를 들어 지하철역 접근성, 배후 수요 및 수익률 등이다. 다음 사항을 염두에 두고 판단해 보자.

주거용 수익형 부동산 체크리스트	9호선 사례 물건	O	×
서울/경기 수도권 지하철 역세권 반경 500m 이내 여부	역 도본 1분 70m 위치 (지하철역 출구 지하로 연결)	✓	
대학가/인근 산업 단지 출퇴근 가능 등 배후 수요 적절성 여부	여의도/강남 직장 수요/노량진 공시생/중앙대 학생	✓	
임대료 조사 결과, 투자 금액 대비 서울 지역 5%, 기타 수도권 5.5% 내외 여부	5.5% 수익률	✓	
오피스텔이라면, 건물의 질 고려하여 2010년 이후 건축 여부 파악 (단열/방음 등 고려)	2015년 준공 건물	✓	
건물 관리 및 방법 등 고려하여 100세대 이상 여부	500세대 이상	✓	

[주거용 수익형 부동산 체크리스트_9호선 사례 물건]

✓ 원룸 Vs. 투룸 오피스텔 선택 기준

오피스텔은 건축물 대장상 업무 시설로 분류되며 대부분 투자자가 임대사업을 목적으로 투자하고 있다. 그런데 2021년 이후 아파트 가격 상승이 본격화하면서 준주거지역, 상업지역과 오피스텔 공급이 가능한 지역에 아파트를 대체하기 위한 전용 면적 10평 이상의 오피스텔을 공급하기 시작했다. 가격은 아파트보다 저렴하면서 역세권 상업지역 및 준주거지역에 위치하고, 건축물 대장상 업무 시설로 분류되어 아파트 청약 시에 주택 수에 포함되지 않는 등 다양한 부분에서 유리하게 적용되었다.

따라서 아직 자녀 교육 여건이 필요 없는 신혼부부에게 편의적인 측면과 현실적인 매매 가능 금액 측면에서는 더 우수한 대상이 되어 다수의 실거주자가 매수에 나서 높은 가격 상승률을 보이기도 했다. 실제 오피스텔은 가격이 오르지 않는다는 편견이 있었지만, 서울 역세권과 수도권 신도시 지역의 전용 면적 $33m^2$ 이상 투룸 이상의 오피스텔들은 높은 상승률을 보이기도 했다. 아래의 실거래 매매가 표는 영등포 지역의 투룸 오피스텔로 매매 가격을 비교해 보면 어느 정도 가격이 상승하였는지 바로 알 수 있다.

영등포 문래동 준공업지역 오피스텔(2004년 준공) 전용 면적 52㎡
2019년 11월 실거래 매매가 3억 1,780만 원 → 2021년 7월 매매가 4억 6,500만 원

2019년 시작된 아파트 대세 상승기 이전에는 투룸 오피스텔은 아파트에 비하면 큰 상승을 보이지는 않고, 전세 가격이 상승할 때 매매가 대비 전세가 비율이 거의 90%에 육박하는 경우가 많아서 전세 가격에 의해 매매 가격이 상승하곤 했었다. 이렇다 보니 급격한 가격 상승

임대사업으로 월급 말고 월세 받기

은 없었지만 아파트 가격이 높게 상승하면서 3040세대들이 아파트를 살 수 없게 되었다. 투룸 오피스텔은 실거주로 아파트를 대체하는 주거 유형이 됐고, 가격 상승을 주도하기도 했다. 이처럼 아파트를 대체하는 서울/경기 역세권의 투룸 오피스텔은 가격 상승을 보인 사례가 많다.

반면 원룸 오피스텔들은 매매가 상승률이 높지 않았다. 수익률 사례처럼 대부분 임대 수익률을 목적으로 투자한다. 하지만 적정 수익률로 잘 투자하면 투자 금액 대비 높은 수익률을 보일 수도 있다. 실제로 2014년도에 상담자 중 마곡지구 원룸 오피스텔 투자를 통해 수익을 본 사례가 있다. 당시 20대 직장인이었던 K 님(2014년 당시 25세, 미혼 여성)은 현금 3,000만 원으로 은행이나 펀드보다는 부동산에 투자하고 싶었고, 당시 상담 중 필자에게 추천을 받아 한창 분양 중이던 9호선 급행역 및 공항철도 환승역인 마곡나루역 인근의 오피스텔에 투자하게 되었다. 당시 마곡지구 오피스텔은 공급 과잉 문제로 많이 꺼려하던 현장이었지만, 지하철 역세권이 갖춰진 이후 도시가 만들어진 점, 대부분 300세대 이상으로 인프라가 잘 갖춰진 점 등을 고려하면 투자성은 우수했다. 입주 초기에는 임대 수익률이 낮은 것을 감안하더라도 괜찮은 투자처로 판단했다.

전용 면적 22㎡ 분양 가격

1억 2,700만 원

2014년 분양, 2016년 준공

2016년 당시 임대료 : 1,000 / 40만 원

2023년 임대료 : 1,000 / 75만 원

2023년 매매 시세 : 1억 7,000만 원

[9호선 마곡나루역 오피스텔 현황]

분양가는 1억 2,700만 원에 대출 9,000만 원(금리 2.5% 적용), 보증금 1,000만 원 해서 투자하게 되었다. 당시 주택 임대사업자 등록을 통해 오피스텔을 장만했고, 당시에는 취득세 전액 감면을 받을 수 있었다. 따라서 투자금은 2,700만 원으로 잔금을 완료했다. 이때 투자 수익률은 아래와 같이 계산된다.

2016년 준공 당시 연 임대료 수익 480만 원 - 연 이자 비용 225만 원 = 연 순수익 255만 원

투자금 2,700만 원 대비 수익률 9.44%

위 계산 금액처럼 9.44%의 임대 수익률로 계산된다. 이게 다가 아니었다. 실제 본 물건의 임대 의무 기간 4년(2016년 당시 단기 주택 임대사업자는 임대 의무 기간 4년이었음)을 채우고, 2021년에 결혼을 준비하면서 목돈이 필요하여 1억 7,000만 원에 매각했다. 결국 2,700만 원을 투자해

임대사업으로 월급 말고 월세 받기

서 양도소득세 전 4,300만 원의 차익을 올리게 되었다. 당연히 K 님의 결혼 시점에서 투자 원금과 양도차익을 합하여 총 7,000만 원 정도의 목돈이 이 오피스텔을 통하여 만들어졌으니 큰 이익을 본 것이다. 사실 4,300만 원은 아파트에 비교하면 낮은 차익으로 생각할 수 있다. 하지만 투자금이 2,700만 원인 것을 감안하고 아파트와 비교해 보더라도, 약 5년을 투자해서 두 배 이상 오른 159% 정도의 수익 효과를 본 것이다. 월세 수익률도 누리면서 매매 차익도 누리는 투자를 원룸 오피스텔 투자를 통해 할 수 있었다. 만일 이 오피스텔을 현재까지 보유하여 임대 수익을 누릴 경우에는 2,700만 원의 투자 금액 대비 이자율을 감안하더라도 다음과 같이 16.67%의 임대 수익률을 누릴 수 있다.

2023년 연 임대료 수익(월 75만 원 시세 감안) 900만 원 - 연 이자 비용(5% 금리 감안) 450만 원 = 연 순수익 450만 원 / 순 투자금 2,700만 원 = 순 수익률 16.67%

K 님의 사례처럼 자본금이 적은 20대, 미혼의 경우에도 재테크 수단으로 소액 투자할 수 있고 서울 역세권의 5% 이상 수익을 누릴 수 있는 원룸 오피스텔이 충분한 대안이 될 수 있다. 이처럼 투자 대상이 다른 원룸과 투룸 오피스텔의 장단점을 다음과 같이 정리할 수 있다.

장점	구분	단점
- 1억 미만 소액 투자 가능 - 임대 수익률 5% 이상 - 낮은 매매가 상승률로 거품 없는 가격	원룸	- 낮은 실거주 수요로 매매 환금성 떨어짐 - 과거 통계로 볼 때 매매가 상승률 낮음
- 아파트 대비 저렴한 가격으로 젊은 세대 실입주 수요 형성 - 매매가 대비 높은 전세율로 아파트 가격 하락기에 상대적 가격 방어	투룸	- 원룸 오피스텔 대비 낮은 임대 수익률 - 최근 높은 가격 상승으로 아파트 하락 시기에 가격 동반 하락 가능성

[원룸과 투룸 오피스텔의 장단점 비교]

✓100세대 이상 오피스텔 선택

매매 가격과 수익률이 적정하다면 하드웨어적 측면에서 오피스텔 선택 시 가장 우선해야 하는 기준은 '교통 입지'다. 서울의 역세권 도보 5분 이내와 같은 조건이 중요하다. 누구나 알기 쉬운 조건이니 이 부분을 제외하고 건물 자체의 기준을 보면 두 가지 정도는 꼭 살펴보자. 우선 100세대 이상의 오피스텔을 선택하자. 앞선 G 님의 사례에서 안타까운 점은 80세대의 오피스텔이었다는 점이다. 서울 구 도심의 100세대 이하 오피스텔은 입지가 아무리 좋아도 빌라형 오피스텔이라고 볼 수 있다. 대부분 100세대 이하 오피스텔은 주차장이 자주식이 아닌 기계식 타워형인 경우가 많으며, 추후 매각을 하고자 할 때 사람들의 선호도가 낮아져 환금성이 떨어지는 경향을 보인다. 따라서 가능하면 100세대 이상 단지형 오피스텔이라면 더욱 좋다.

세대 수가 많은데 추가적으로 단지형으로 구성된 오피스텔이라면 더욱 좋다. 단지 내에 조경이 잘된 경우도 많다. 3동 이상 300세대 이상의 단지형으로 구성되었다면 아파트형으로 이뤄진 경우가 많고 선호도도 높을 수밖에 없다. 또한 최근에는 아파트 단지를 구성할 때 수익성을 극대화하기 위해 단지 내에 오피스텔 동을 따로 배치하여 공급하는 경우도 많다. 이는 아파트의 편의성을 함께 누리는 단지가 되므로 수요자가 많아 가치가 좀 더 높은 경우도 많다. 가격이 적당하고 이런 조건을 갖는다면 좀 더 눈여겨보자.

(4) 오피스텔 투자와 주택 임대사업자 제도

오피스텔 투자 시 세제 혜택과 수익성을 높이기 위해서는 주택 임대사업자 제도의 이해가 필수다. 특히 주택 보유 시 다주택을 피하기 위해서 활용되었던 주택 임대사업자 제도를 제대로 알면 임대소득세 절감, 다주택자의 주택 수 합산배제 등 다양한 이점으로 활용할 수 있다. 다만 주택 임대사업자의 의무준수사항과 조정대상지역에 해당되었을 때 불리한 점과 양도소득세 적용 시 불리한 점 등 자세히 알아야 세금 문제를 피해갈 수 있다. 주택 임대사업자 전반에 대해 자세히 기술하다 보면 내용만 길어지고 또 의미 없는 이론서가 되므로 오피스텔 투자와 관련하여 반드시 알아야 할 내용만 정리해서 사례로 하나씩 알아보자.

1) 오피스텔 매입 시 주택 임대사업자 취득세 감면

오피스텔은 건축물 대장상 업무 시설로써 사무실과 같은 업무 시설로 활용할 때는 상업용 일반 임대사업자 등록을 통해 일반 임대업으로 활용이 가능하고, 주거용으로 활용하여 주택 임대사업으로 등록도 가능하다. 우선 두 사업자 등록 시 바로 받을 수 있는 혜택이 있다. 대부분 오피스텔 분양 사무실에서 분양을 받을 때 많은 분양 직원이 일반 임대사업자 등록을 유도한다. 일반 임대사업자 등록 시 오피스텔의 부가가치세 환급을 받을 수 있기 때문이다. 모든 신규 건물의 분양 시 분양 가격에는 토지분과 건물분으로 나뉜다. 이때 건물분의 10%에 해당하는 금액이 부가가치세인데, 아래의 분양계약서 내용을 보면 쉽게 이해할 수 있다.

층	호 수	건축물면적			대지지분(㎡)	용 도
		전용면적(㎡)	공용면적(㎡)	계약면적(㎡)		
2층	209	39.04	32.92	71.96	18.54	업무시설(주거용오피스텔)

■ 상기 면적은 공부 정리 시 다소 변경될 수 있으며, 계약면적는 (지하주차장, 관리사무소, 기계실, 전기실 등의 공용면적이 포함되어 있으며, 공급금액에 포함되어 있음.
■ 입주예정일 : 2017년 12월 예정 (입주예정일은 공정에 따라 변경될 수 있으며, 변경된 경우에는 통보하여 함)

위 표시 재산을 공급함에 있어 매도인 (주)를 "갑"이라 칭하고, 매수인을 "을", 아시아신탁(주)를 "병", 삼림종합토건(주)를 "정"이라 칭하여 다음과 같이 공급계약을 체결하며, 그 내용을 증명하기 위해 계약서 2부를 작성, 기명날인 후 "갑"과 "을"이 각 1부씩 보관키로 한다.

- 다　　　　　　　음 -

제 1 조 [공급액 및 납부방법]
① "갑"은 위 표시재산인 분양목적물을 아래와 같이 공급하기로 한다.

(단위:원)

대지가격	건물가격	부가가치세	총공급금액
52,608,000	111,792,000	11,179,200	175,579,200

- 상기 금액 중 부가가치세는 건물가격에 대한 10%임.
- 상기 총금액은 각 세대별 소유권이전등기비용, 취득세, 등록세, 기타 제세공과금 이포함 금액임.
- 분양가에 포함된 가구는 드레스룸, 주방가구, 욕실장, 신발장임.
- 분양가에 포함된 기본제품은 드럼세탁기, 에어컨, 냉장고, 전자레인지, 전기쿡탑, 렌지후드임.
② "을"은 아래와 같이 해당금액을 납부기일 내에 "갑"이 본조 ③ 항에서 지정한 은행계좌로 본인명의로 무통장입금 방법으로 납부하여 아하며, "갑"은 각 납부일에 관하여 별도로 통보할 의무를 지지 않는다.

(단위:원)

구분	계약금	중 도 금				잔 금
		1차	2차	3차	4차	
납부일자	계약시	2017. 4. 1	2017. 4. 1	2017. 5. 23	2017. 6. 23	입주지정일
비 율	10%	20%	20%	20%	10%	20%
금액	17,557,920	35,115,840	35,115,840	35,115,840	17,557,920	35,115,840

[실제 오피스텔 분양계약서 내용]

이 금액은 신규 분양 후 일반 임대사업자(부가가치세 과세사업자)를 등록하면 세무서로부터 환급을 받을 수 있게 된다. 분양 직원들은 부가가치세만큼 할인되는 효과를 가지므로 분양가를 희석시키기 위해서 일반사업자 등록을 안내한다. 하지만 이렇게 일반사업자로 등록하면 주거용으로 임대사업을 할 수 없다. 그러나 오피스텔은 주거용으로 활용하는 경우가 대부분이다. 그리고 일반 임대사업자를 등록한 경우 취득 시 부가가치세 환급을 받지만 월세를 받을 때도 부가가치세가 발생한다. 즉 50만 원의 임대료를 받게 되면 5만 원의 부가가치세를 임차인으로부터 받아 부가가치세를 납부해야 하는 부분도 상대적으로 크다. 반면 주택 임대사업자는 사업자 등록 시 부가가치세 환급을 받지 못하는 대신 부가가치세 면세 사업자로써 임대사업을 영위할 때 부가가치세 납부 의무가 없다. 즉 주거용으로 활용하려면 부가가치세 환급보다는 실사용 용도인 주택 임대업이 유리하다.

주택 임대사업자로 등록하게 되면 부가가치세는 환급 받지 못하는 대신 취득세 감면이 있다. 취득세 감면은 전용 면적 $60m^2$ 이하의 신규 분양 물건에만 가능하다. 물론 $60m^2$ 이상 $85m^2$ 이하의 경우에도 취득세 감면이 가능하긴 하지만, 20호 이상 임대사업 등록 시에만 가능한 조건이니 대부분 해당이 안 된다는 점도 알아둬야 한다. 신규 분양 물건에만 취득세 감면이 가능하고, 기존 물건 매매 시에는 주택 임대사업자 등록을 하더라도 취득세 감면에 해당하지 않는다. 또한 총 세금 부과액이 200만 원을 초과하면 전액 감면이 아닌 85% 감면에 해당한다. 즉 2억 원의 오피스텔 분양 계약 시 취득세는 4%를 적용하면 800만 원

이 되고, 200만 원이 초과하여 85%가 감면되면 120만 원이 된다. 여기에 교육세 0.4%와 농특세 0.2%를 합산하면 총 240만 원이 부과된다. 만약 주택 임대사업자 등록을 하지 않았다면 920만 원을 납부하여야 하지만, 취득세 감면을 통해 680만 원을 감면받고 240만 원을 납부하게 된다.

구분	사업자 미등록	일반 임대사업자 등록	주택 임대사업자 등록
부가 가치세	환급 불가	환급 가능	환급 불가
취득세 등	취득세: 4.0% 농특세: 0.2% 교육세: 0.4%	취득세: 4.0% 농특세: 0.2% 교육세: 0.4%	취득세: 4.0% 농특세: 0.2% 교육세: 0.4% 취득세 등 감면 적용 대상 (신규 분양만 해당) - 적용 면적 60㎡ 이하: 면제(취등록세 200만 원 이상은 85% 감면) - 60㎡ 초과 85㎡ 이하: 25% 감면(단, 임대를 목적으로 20호 이상 취득하거나, 20호 이상 취득한 사업자가 추가로 취득한 경우) 2024년 12월 31일까지 감면 적용

[사업자 유형별 취득세와 부가가치세 세제 혜택]

2) 주택 임대사업자 등록 후 주택 보유 시 발생하는 재산세, 종합부동산세 세금 혜택

주택 임대사업자 등록을 하게 되면 2호 이상 보유 시 전용 면적에 따라 재산세 감면 혜택을 받을 수 있다. $40m^2$ 이하는 전액 면제를 받고,

$40 \sim 60\,m^2$ 이하는 75%, $60 \sim 85\,m^2$ 이하는 50%의 재산 세액을 경감받게 된다. 재산세는 큰 금액은 아니지만 매년 발생하는 재산세의 감면도 적은 금액은 아니다. 반면 종합부동산세는 상당히 크게 다가온다. 그동안 오피스텔의 가격 상승이 어려웠던 가장 큰 이유 중 하나가 바로 종합부동산세다.

왜 그런지 이유를 살펴보자. 우선 종합부동산세는 고가 주택에 부과되는 세금이다. 1주택자는 대부분 공시가 11억 원 이하에 해당되어 종합부동산세를 납부하지 않았지만, 2022년 이전에는 2주택 이상, 공시가 6억 원을 초과하면 초과분에 관한 종합부동산세가 적용되었다.

조정대상지역 내에 오피스텔 보유 시 주택 임대사업자를 등록하더라도 종합부동산세 합산배제 대상이 되지 않아 주택 수에 포함되었다. 결국 아파트 1주택과 오피스텔 1채를 갖게 되면 2주택이 되어 공시가 6억 원 이상이 되므로 종합부동산세 대상이 되었다. 따라서 오피스텔 1채를 보유함으로써 받게 되는 임대료 이상이 종합부동산세를 납부하는 경우가 다수 발생했다. 어쩔 수 없이 많은 분이 종합부동산세로 인하여 오피스텔을 급매로 내놓았고, 이는 오피스텔 가격 하락을 초래했다. 이때 어느 정도 종합부동산세를 납부하게 되었을까? 실제 한 분의 사례로 살펴보자.

- H 님 마곡 M벨리 14단지 아파트 주택 공시 가격 10억 9,300만 원 + 마곡 오피스텔 공시 가격 144,464,958원 원룸 오피스텔 보유함(조정대상지역 주택 임대사업 미등록).

- 만일 종합부동산세 합산배제 대상이었다면 종합부동산세 부과되지 않음.

- 조정대상지역에 해당되어 2주택자 되어 종합부동산세 납부함.

- 공시 가격 합계 1,093,000,000 + 144,464,958 = 1,237,464,968원 - 2주택 공제 금액 600,000,000 = 과세 표준 : 637,464,968원×종합부동산세율 0.8% - 누진공제 600,000원 = 4,499,719원

공시 가격				
소재지	단지명	동/호	전년가격(원)	2023년가격(원)
서울특별시 강서구 마곡동 750	마곡엠벨리 (14단지)	****	947,000,000	1,093,000,000

[H 님 소유 M벨리 아파트 주택 공시 가격_참조: 2023년 국토교통부 공동주택공시가격]

 H 님이 오피스텔 보유를 통해 받는 임대료 조건이 보증금 1,000만 원/월세 50만 원임을 감안하면 매년 600만 원의 임대료를 받아 종합부동산세로 449만 원을 납부하는 상황이므로 박탈감이 컸다. 결국 2022년도에 오피스텔을 급매로 시세보다 저렴한 2015년 분양가 수준인 1.6억 원에 매도하게 되었다. 취득세까지 따져보면 손해를 보더라도 매년 종합부동산세를 납부하는 상황을 고려했을 때 매각하는 게 낫다는 판단을 하였던 것이다.

 그러나 2022년 11월 서울시의 강남/서초/송파/용산구를 제외한 전 지역이 조정대상지역에서 해제되면서 이제는 주택 임대사업자 등록을 하면 종합부동산세 합산배제를 적용받을 수 있게 되어 오피스텔 투자자들은 주택 임대사업을 적극 고려할 필요가 있게 되었다. 또한 2023

년에 2주택자라도 공제 금액이 증가했고, 종합부동산세의 과세 표준이 되는 주택 공시 가격도 하락하는 등 주택 임대업의 세금 혜택이 커져서 오피스텔 투자 시 개인으로 주택 임대업 등록은 고려해 볼 만하다.

구분 ('22. 3월 기준)	전용 면적(㎡)			세제 지원 요건	
	40 이하	40~60	60~85		
취득세 감면 (지방세)	취득세 면제 *세액 200만 원 초과 시 85% 경감		50% 경감 *임대주택 20호 이상 등록 시	-공동주택을 신축, 공동주택·오피스텔을 최초 분양한 경우 *분양의 경우 취득 당시 가액 수도권 6억(비수도권 3억) 이하 -취득일로부터 60일 이내 임대사업자 등록 필요 -'24.12.31일까지 취득세 감면 신청시까지 혜택 제공	
재산세 감면 (지방세)	면제 *세액 50만 원 초과 시 85% 경감	75% 경감	50% 경감	**매입** -공동주택 2세대 이상: 수도권 6억(비수도권 3억) 이하	**건설** -공동주택 2세대 이상: 수도권 9억(비수도권 3억) 이하
종부세 합산배제 (국세세)	매입			-공시 가격 수도권 6억(비수도권 3억) 이하 *18.9.14일 이후 조정대상지역 내 신규 취득한 주택은 합산과세	
	건설 (2호 이상)			-공시 가격 9억 이하, 전용 면적 149㎡ 이하	

[주택 임대사업자 세제 혜택_참조: 렌트홈]

3) 매년 임대소득에 대해 부과하는 주택 임대사업자의 임대소득세

부동산 투자 관련 상담 시 많은 분이 임대소득의 소득세에 관해서 크게 신경 쓰지 않는다는 것을 알게 되었다. 관심을 갖는 세금은 주로 목돈이 들어가는 부동산 매입 시 취득세, 보유 시 종합부동산세, 매각 시 양도소득세이다. 하지만 임대사업을 시작하게 되면 반드시 알아야 할 세금이 임대소득에 대한 종합소득세다. 보통 많은 분이 잘 알고 있는 소득세는 근로소득에 대한 소득세와 주택 임대소득과 비교할 수 있는 금융소득의 이자소득세다.

주택 임대사업자의 종합소득세를 알면 주택 임대업에 상당한 절세 혜택이 있음을 알 수 있다. 주택 임대사업자는 법령을 보면 종합소득 합산과세 방법과 분리과세를 선택할 수 있다. 분리과세를 선택할 경우 다음 「소득세법」 조항과 같이 내 기본 근로소득에 합산되지 않으며 은행의 이자소득과 같이 14%(지방세 포함 15.4%)의 세율이 적용된다.

소득세법 제64조의2(주택 임대소득에 대한 세액 계산의 특례)

① 분리과세 주택 임대소득이 있는 거주자의 종합소득 결정세액은 다음 각 호의 세액 중 하나를 선택하여 적용한다.

1. 제14조제3항제7호를 적용하기 전의 종합소득 결정세액

2. 다음 각 목의 세액을 더한 금액

　　가. 분리과세 주택 임대소득에 대한 사업소득금액에 100분의 14를 곱하여 산출한 금액. 다만 「조세특례제한법」 제96조제1항에 해당하는 거주자가 같은 항에 따른 임대주택을 임대하는 경우에는 해당 임대사업에서 발생한 분리과세 주택 임대소득에 대한 사업소득금액에 100분의 14를 곱하여 산출한 금액에서 같은 항에 따라 감면받는 세액을 차감한 금액으로 한다.

나. 가목 외의 종합소득 결정세액

② 제1항제2호가목에 따른 분리과세 주택 임대소득에 대한 사업소득금액은 총수입
금액에서 필요경비(총수입금액의 100분의 50으로 한다)를 차감한 금액으로 하
되, 분리과세 주택 임대소득을 제외한 해당 과세기간의 종합소득금액이 2,000만
원 이하인 경우에는 추가로 200만 원을 차감한 금액으로 한다. 다만 대통령령으
로 정하는 임대주택(이하 이 조에서 "임대주택"이라 한다)을 임대하는 경우에는
해당 임대사업에서 발생한 사업소득금액은 총수입금액에서 필요경비(총수입금액
의 100분의 60으로 한다)를 차감한 금액으로 하되, 분리과세 주택 임대소득을 제
외한 해당 과세기간의 종합소득금액이 2,000만 원 이하인 경우에는 추가로 400
만 원을 차감한 금액으로 한다.

「소득세법」 내용을 보면 주택 임대사업자는 분리과세와 합산과세를
선택하여 세금을 납부할 수 있다. 분리과세는, 근로소득이 있는 근로소
득자는 원래 본인의 연말정산한 소득에 매년 5월 종합소득세 납부 시
합산되지 않고 별도로 세금을 계산한다는 것이다. 이런 분리과세의 대
표적인 예가 바로 은행의 이자소득이다. 은행의 이자소득세는 14%가
원천징수되는데 총 소득액 2,000만 원 이하는 내 소득에 합산되지 않
고, 14%의 소득세만 원천징수되면 추가 세금이 발생하지 않는 것이다.

이자소득세와 동일하게 주택 임대사업자도 적용할 수 있다. 2,000만
원(경비율 60%가 적용되므로 실제 소득은 5,000만 원)까지는 내 소득과 합산
되지 않는다. 소득세율이 높은 고액 연봉자일수록 이런 분리과세 효과
는 꽤 크게 다가온다. 5,000만 원의 소득까지 분리과세가 된다는 점은
어떤 금융 상품에서도 이런 절세 효과를 누릴 수 없다. 실제 사례를 통
해 어느 정도의 절세 효과가 있는지 한 번 살펴보자.

비고	경비율	순 소득	합산과세 여부	적용 세율 (금액)
이자소득세	×	1,800만 원	분리과세	14% (2,520,000)
상가 임대사업자	평균 30% 내외	1,260만 원	합산과세	35% (4,410,000)
주택 임대사업자	60% 적용	720만 원	분리과세	14% (1,008,000)

[월 150만 원 임대 수익]
*(연 1,800만 원 임대소득 시 소득세 계산 / 근로소득이자 연봉 1억 원 소득 가정)

주택 임대사업자는 분리과세와 종합과세를 선택할 수 있다. 아래의 표처럼 소득세는 누진과세로 소득 금액에 따라 적용되는 세율이 다르다. 위 표의 소득 사례와 같이 월 150만 원의 임대소득을 받는 주부에게 적용되는 세율이 어떻게 되는지 분리과세소득과 종합과세소득을 비교해 보자.

과세표준	세율(%)	누진공제
12,000,000원 이하	6	-
12,000,000원 초과 46,000,000원 이하	15	1,080,000원
46,000,000원 초과 88,000,000원 이하	24	5,220,000원
88,000,000원 초과 150,000,000원 이하	35	14,900,000원
150,000,000원 초과 300,000,000원 이하	38	19,400,000원
300,000,000원 초과 500,000,000원 이하	40	25,400,000원
500,000,000원 초과 1,000,000,000원 이하	42	35,400,000원
1,000,000,000원 초과	45	65,400,000원

[국세청 종합소득세율 참조_2021~2022년 귀속]

임대사업으로 월급 말고 월세 받기

> **[주택 임대소득 계산 방식 및 월세 150만 원 무소득 주부 예시]**
> - **단일세율 계산 시:** {총 수입금액×(1- 경비율(무등록 50%, 장기 주택 임대 60%) - 400만 원 (임대소득 이외 총 소득 2,000만 원 이하의 경우))}×14%
> - **종합소득세율 계산 시:** {총 수입금액×(1-경비율(통상 단순경비율 42.6% 적용) - 150만 원(기본소득공제))}×종합소득세율
> - **종합소득 신고 시:** (1,800만 원×57.4%(주택 임대업 단순 경비율 42.6% 적용) - 150만 원(기본소득공제))×6% = 413,280원
> - **단일과세율 신고 시:** (1,800만 원×40% - 400만 원)×14% = 448,000 + 44,800 = 492,800원

위 계산처럼 종합소득신고와 단일과세신고 처리 시 경비율 등의 차이로 인하여 큰 차이가 안 날 수 있다. 다만 최근과 같이 대출을 활용하여 임대사업을 하면 이자 비용이 단순경비율보다 높게 계산되는 경우 종합소득 신고가 크게 유리할 수도 있다. 하지만 대부분은 단일과세가 유리하니 이점 참고하길 바란다.

4) 주의해야 하는 양도소득세 신고 시 거주 주택 1주택 비과세

2018년 이전에 주택 임대사업자 제도를 활용하는 경우는, 바로 다주택자들이 다주택으로 인한 양도소득세 비과세를 활용하기 위해 주택 수에서 배제해 주는 주택 임대사업자 제도였다. 주택 가격 상승기에 이런 주택 임대사업자 제도가 주택 가격 상승의 원인으로 지목되면서 이 제도 역시 몇 번의 규제를 받았다. 그중 조정대상지역에 포함되면 주택 임대사업자라고 하더라도 주택 수 배제를 받지 못하고, 임대사업 물건 역시 주택 수에 포함되어 다주택 규제를 받았다. 물론 현재는 2022년 11월 대거에 조정대상지역에서 제외되면서 다시 주택 수 배제는 적용

되었다.

　다만 여기에서 중요한 체크 사항이 하나 있다. 2019년 2월 정부 정책에서 주택 임대사업자에게만 강력하게 적용되는 규정이 하나 생겼다. 바로 임대사업자의 거주 주택 비과세를 1회로 제한하여 최초 임대사업자 등록 시 거주 주택에 대해서만 양도소득세 비과세를 적용한다는 규정이다. 그동안 아파트를 거주용으로 매입했다가 매각하고, 다시 매입한 후 2년 이상 보유 후 다시 매각하면 또 양도차익에 대해 비과세가 적용되었다. 그러나 2019년 2월 이후 매입한 주택부터 주택 임대사업자는 이 비과세가 적용되지 않는다. 실제 사례를 적용해 보자.

---

① 임대사업자 거주 주택 비과세 요건 강화

★ - (내용) 임대사업자 거주 주택 비과세를 1회로 제한하여 최초 임대사업자 등록 시 거주 주택에 대해서만 양도소득세 비과세 적용
-(적용 시기) '19.2.12. 이후 취득하는 주택부터 적용
-(종전 규정 적용) '19.2.12. 현재 거주하고 있는 주택과 '19.2.12. 전에 거주 주택을 취득하기 위해 계약금을 지급한 사실이 확인되는 주택

[2019년 2월 12일 소득세법 시행령 개정 내용]

| A 아파트 2015년 4억 매수 2017년 오피스텔 2채 주택 임대사업자 등록 | A 아파트 2019년 5월 5.7억 매도 | B 아파트 2019년 5월 9억 매수 2023년 7월 12억 매도 시도 |

[주택 임대사업자 다주택 보유자 I 님의 주택 매각 시 양도소득세 적용 사례]

I 님은 본인 거주용 아파트를 2015년 5억 원에 매수하고, 2017년 임대사업용으로 주택 임대사업자를 등록하면서 주택 수 배제 혜택을 받을 수 있었다. 2019년에 본인이 거주하던 아파트를 매각하고 집을 넓혀서 이사했다. 이때 주택 임대사업자 혜택으로 1억 7,000만 원의 차익에 대해 비과세를 받았다. 그리고 2019년에 매수한 B 아파트를 2023년 7월에 다시 매각하게 되었는데, 문제는 이때 발생했다.

당연히 주택 임대사업자 등록도 했고, 지난 2019년에 매각할 때 비과세 받은 경험이 있어서 이번에도 당연히 비과세를 받을 수 있을 것이라고 생각했다. 하지만 2019년 2월 나온 시행령 개정에 의해 1주택이라고 하더라도 9억 원에 매수하고, 12억 원에 매각한 아파트는 일반과세를 적용받고 양도차익에 대한 양도소득세를 납부하여야 했다. 결국 I 님은 양도소득세로 인하여 주택 매각을 포기했다. 향후 오피스텔 매각 후 주택 임대사업자를 정리하고 B 아파트를 매각하는 방향으로 계획을 수정했다. 이처럼 주택 임대사업자 제도와 시행령 개정에 의해 의외로 큰 낭패를 볼 수 있으니 자세히 알아봐야 한다.

5) 주택 임대사업자의 반드시 지켜야 하는 주요 의무 사항들

주택 임대사업자 제도는 주택 수 배제 및 각종 세제 혜택이 존재하는 만큼 주택 임대사업자에게도 다양한 의무 사항을 준수할 것을 부여하고 있다. 주택 임대사업자 등록 전에 투자 수익성 및 투자 기간을 설정할 때는 주택 임대사업자를 등록 후 지켜야 하는 의무 사항을 반드시 숙지하여야 한다. 특히 자칫 실수하기 쉬운 5% 상한선과 10년간 주택 임대 기간 준수 의무는 잘 지킬 필요가 있다.

임대차 계약 시 주요 의무 사항

ㄱ. 임대사업자 설명 의무(과태료 500만 원 이하): 주택 임대사업자는 임차인에게 임대의무 기간, 임대료 증액제한(5%), 임대주택 권리관계(담보권, 세금 체납 사실 등)들에 대해 설명하여야 한다. 특히 한 건물에 둘 이상인 다가구 주택의 경우에는 선순위임대보증금에 대해 반드시 설명이 필요하다. (물론 실무적으로는 중개사무소를 통한 중개계약의 경우에는 공인중개사들이 모두 대신해주며, 설명확인서를 배부한다.)

ㄴ. 소유권 등기상 부기등기 의무(2020. 12. 10. 이후 - 과태료 500만 원 이하): 주택 임대사업자는 사업자 등록 후 지체없이 등록한 임대 주택에 대해 임대 의무 기간과 임대료 증액기준 내용을 준수해야 하는 부동산임을 소유권 등기에 부기 등기해야 한다. 소유권 등기와는 별개로 등기소 등에서 직접 어렵지 않게 할 수 있으며, 법무사를 통해서 10만 원 이내의 비용으로 대행 의뢰도 가능하다.

ㄷ. 임대차 계약 신고 의무(과태료 1,000만 원 이하): 주택 임대사업자가 임대료, 임대 기간 등 임대차 계약 사항(재계약, 묵시적 갱신 포함)을 관할 지자체에 신고하여야 한다. 신고 방법은 렌트홈 사이트를 통해 온라인 신고도 가능하며, 반드시 표준임대차계약서를 제출해야 한다.

ㄹ. 표준임대차계약서 사용 의무(과태료 1,000만 원 이하): 임대사업자가 임대차 계약을 체결하는 경우 「민간임대주택법 시행규칙」에 제시된 표준 임대차계약서 양식을 사용해야 한다. (통상 중개사무소에서 본 계약서를 별지로 작성하며, 중개사를 통하지 않을 경우에는 양식을 다운받아 임차인과 계약서를 작성하면 된다.)

임대차 계약 후 주요 의무 사항

ㄱ. 임대료 증액 제한 의무(과태료 3,000만 원 이하): 임대료(임대 보증금 및 월 임대료)를 증액하려는 경우 기존 임대료의 5% 범위를 초과하여 임대료를 증액할 수 없다. 또한 임차인 변경과 같은 변경사항이 있다고 하더라도 임대차 계약 또는 약정한 임대료의 증액이 있은 후 1년 이내에는 임대료를 증액할 수 없다. 다만 임대료 증액 제한 의무와 관련하여 한 가지 이슈가 있다. 실무적으로 임대차 계약을 할 때 다양한 이슈가 발생할 수 있는데 가장 대표적인 내용을 살펴보자.

> Ex. 임대사업 첫 해에 보증금 1,000만 원 / 월 임대료 70만 원에 계약한 오피스텔을 2년 차에 인근 오피스텔 공급량이 크게 늘어 1,000만 원 / 월 임대료 50만 원에 재계약 하였을 때, 3년 차에 1,000만 원 / 월 임대료 70만 원 계약이 가능한지?

⇒ 답은 불가능하다. 5% 상한선 제한은 전년도 임대료를 기준으로 한다. 따라서 2년 차에 1,000만 원 / 50만 원 임대료였다면 보증금 1,050만 원 / 525,000원 이상 임대료 받는 계약을 진행하면 과태료 대상이 된다. 그럼 이런 상황에서 임대인은 특약을 활용할 필요가 있다. 우선 2년 차 계약 당시에 신중을 기해야 한다. 필자의 경우에는 할인 특약을 주로 활용한다.

예를 들어 보증금 1,000만 원 / 월 임대료 70만 원으로 본 계약서를 작성하고, 1년간 25만 원을 할인해 주는 방식으로 계약을 진행한다. 임차인 입장에서는 원래 얘기된 시세보다 5만 원 더 할인을 받아 이익이 크고, 임대인은 3년 차에 다시 원 임대료로 시세 상승 시 제대로 임대료를 받을 수 있는 방법이 되므로 임차인/임대인 모두 이익이 되는 방법이 될 수 있다. 이처럼 주택 임대사업자 제도는 다양한 방법을 알고 있는 것이 중요하다.

ㄴ. 임대 의무 기간 준수 의무(과태료 임대 주택 당 3,000만 원 이하): 임대 의무 기간(10년) 중에 등록 임대 주택을 임대하지 않거나(본인 거주 포함) 무단으로 양도할 수 없다.

ㄷ. 임대차 계약 유지 의무(과태료 1,000만 원 이하): 임대사업자는 귀책사유가 없는 한 임대차 계약을 해제/해지/재계약을 거절할 수 없다. (단, 거절 사유는 월 임대료 3개월 연체, 부대시설 고의파손 및 멸실 등이 있다.)

기타 의무 사항

ㄱ. 임대사업 목적 유지 의무(과태료 1,000만 원 이하): 오피스텔을 주택 임대사업자로 등록한 경우에는 주거용도로만 사용하여야 한다 (업무시설로 사용 금지).

ㄴ. 임대 보증금 보증 의무(과태료 보증금 10% 이하, 상한 3,000만 원): 임대사업자는 임대사업자 등록이 말소되는 날까지 임대 보증금에 대한 보증 보험에 가입하여야 한다.

ㄷ. 보고/검사 요청 시 협조 의무(과태료 500만 원 이하): 관리관청이 임대사업자에 필요한 자료 제출을 요청하거나 관련 검사를 실시할 경우 적극 협조하여야 한다.

"오피스텔 투자 전 반드시 알아야 할 사항들"

No.1. 오피스텔 분양 시 인근 시세와 월세 가격은 반드시 비교하여 적정 가격을 파악해 봐야 한다.

No.2. 아파트 대비 상대적으로 저렴한 투룸 오피스텔은 신혼부부 실거주용으로 활용도가 높다.

No.3. 서울 역세권의 원룸형 오피스텔은 100세대 이상, 수익률은 5% 이상일 경우에만 투자한다.

No.4. 오피스텔을 분양받을 때는 총 분양가의 최소 50% 이상 자금이 확보된 경우에 투자한다.

No.5. 임대사업을 위한 오피스텔 매매 시 주택 임대사업을 염두에 두고 투자한다.

No.6. 업무 시설 수요가 많은 서울 강남, 마포, 종로, 송파 지역은 일반 사업용 오피스텔도 가능하다.

No.7. 주택 임대사업자 등록 시 다양한 세금 제도는 자세히 파악할 필요가 있다.

No.8. 비조정지역 주택 임대사업자는 주택 수 배제 등의 효과가 있으므로 확인 후 투자한다.

No.9. 오피스텔 주택 임대사업자 주택 수가 배제된다고 하더라도 주택 임대사업자의 경우 주거용 주택 양도소득세 비과세는 1회만 적용된다.

No.10. 주택 임대사업자의 의무 사항에 대해서는 숙지하고, 사업 시작 전 의무

사항에 맞게 대비해야 한다.

신혼부부도 임대사업할 수 있다

최근 신혼부부 상담을 하면서 아파트의 높은 가격 상승으로 대안주택을 찾거나 처음부터 내 집 마련을 포기하는 사례를 많이 봐왔다. 서울과 경기의 집값은 젊은 세대들이 감당할 수 있는 아파트 가격이 아니었다. 이런 상황은 신혼부부 대부분이 자금 사정상 아파트 매매가 어렵다는 현실을 보여준다. 필자는 이 대안으로 주택 마련에 관한 계획을 세워준다. 신혼부부의 직장 위치, 자금 상황을 고려하는 것을 물론, 주거와 투자를 분리하고 첫 주택 장만 시점부터 미래를 먼저 계획한 후 부동산 투자 계획을 세우도록 안내한다. 이와 관련한 실제 사례로 신혼부부들이 어떻게 주택 마련을 하면서 임대사업 구성도 가능한지 살펴보자.

(1) 신혼부부의 아파트 구입과 임대사업 포트폴리오 구성 사례

J 님과 K 님(87년생 동갑내기 신혼부부)은 2020년 12월 결혼 예정인 상황에서 필자와 부동산 관련 상담을 진행했다. 신혼부부들은 주거를 위한

주택 구입이 가장 중요한 결정 사항인데, 대부분 아파트를 선호한다. 하지만 2017년부터 2021년까지 대세 상승장의 높은 시세로 인하여 서울에 주택 마련이 쉽지 않다. 따라서 이들 부부는 내 집 마련 전 부동산 상담과 함께, 컨설팅을 진행했다.

1) 2020년 12월 결혼 예정
2) 2021년 1월 남편 J 님의 전세 만기 예정으로 결혼 전 합가 후 이사 예정
3) 현재 전세 보증금 + 부부 가용 자금으로 거주 및 투자 컨설팅 요청
4) 예비 신부님(K 님)은 경기도 김포시 초등학교 교사로 근무 중, 예비 신랑님(J 님)은 강서구 마곡지구 대기업 연구원으로 근무 중
5) 2022~2023년쯤 자녀 출산을 원하여 주거 안정이 필요한 상황
6) 자산 현황: 기존 오피스텔 전세 보증금(3억 원) + 부부 합산 금융 자산 1억 8,000만 원 (청약저축 및 주식 투자 자금, 결혼식 준비를 위한 예비 자금 등 목적)

[2020년 5월 상담 전 부부의 상황]

이 부부는 부모님의 도움으로 얻은 전세 보증금과 결혼 전 모은 자금으로 어느 정도 자산이 있었다. 나름 성실하게 저축해왔지만, 가장 큰 고민은 서울 강서구 지역에 아파트를 매입하려면 준공 10년 이내의 20평대 아파트도 8억 대 정도인 실정이라 좀 무리를 해야 하는 상황이었고, 너무 높은 가격이 부담되었다. 두 사람은 대출을 최소화하고 (필자의 유튜브 채널을 통해) 임대사업도 고려하면서 내 집 마련도 가능할지에 대해 상담을 요청했다. 부부의 직장 위치와 주거 쾌적성을 고려한 아파트로 상담을 진행했다. 사실 신혼부부가 4억 8,000만 원 정도의 자산이면 상당히 많은 축에 속한다. 어떤 주거의 형태도 가능한 수준이다. 이럴 때 통상적으로 많이 생각하는 게 전세로 아파트에 들어가고, 청약 통장

으로 아파트를 청약 받아 내 집 마련을 하는 방식이다. 물론 현재까지 상황을 보면 아파트를 적절한 시기에 잘 매입하면 이런 방법도 좋은 재테크 수단이 될 수 있다. 하지만 과거 사례를 보면 꼭 그런 것은 아니다. 아래의 표는 강남구 대치동 은마아파트의 시세표다. 물론 최근에는 높은 가격 상승으로 훨씬 더 좋은 재테크 수단이었지만 부동산은 과거를 돌아볼 필요가 있다.

2002 ~ 2007년 (부동산 상승기)			2008 ~ 2013년 (부동산 하락기)		
시기	시세	전년대비	시기	시세	전년대비
2007년 9월	10억 2,500	▲ 1억	2013년 9월	7억 6,750	▼ 3,000
2006년 9월	9억 2,500	▲ 2억	2012년 9월	7억 9,750	▼ 11,250
2005년 9월	7억 2,500	▲ 1억 3,000	2011년 9월	9억 1,000	▲ 2,000
2004년9월	5억 9,500	▼ 7,000	2010년9월	8억 9,000	▼ 13,500
2003년 9월	6억 6,500	▲ 1억 9,000	2009년 9월	10억 2,500	▲ 7,000
2002년 9월	4억 7,500	▲ 1억 8,250	2008년 9월	9억 5,500	▼ 7,000

[대치동 은마아파트 시세표_참조: KB 부동산시세(단위: 만 원)]

지난 상승장 때처럼 2002년부터 2007년까지 은마아파트는 대세 상승기였다. 그리고 2008년부터 2014년까지는 하락시기였다. 2007년도 부동산 호황기에 재건축을 위한 투자로 10억 원에 은마아파트를 매입하고 2013년도에 7억 원에 매각한 사례와 비교 시 무려 3억 원의 손실을 보는 상황도 있었다. 시세표를 통해 대한민국 부동산 투자의 대표적인 곳인 강남구 대치동 아파트에서도 이런 손실이 있었다는 사실을 알

임대사업으로 월급 말고 월세 받기

수 있다. 이러한 사례를 통해 최근 상승장까지 보유했다면 큰 수익을 봤다는 반론이 있을 수 있다.

만약 대출을 많이 받고 이자의 부담을 느끼는 투자자가 6년 간의 대세 하락기를 경험하면서 주위에서 재건축은 어렵고, 투자 환경이 어렵다는 생각이 든다면 계속 보유하긴 어려울 것이다. 주택도 이런 위험이 있다 보니 자산을 구성할 때 충분히 고려해야 하며, 투자 판단 시 이와 같은 이해도 필요하다. 주택 매입은 일반 신혼부부에게는 평생의 전 재산을 좌우하는 큰 결정이다. 따라서 당장의 매매가 상승을 노리기보다는 자산의 안정성 및 자금의 적절성과 주거의 적합성을 고려해야 한다. 그래서 이들 부부에게 다음과 같이 주거용 부동산과 임대 수익형 부동산을 배분하여 월 임대소득으로 자산을 늘리고, 매월 저축을 통해 은퇴 준비와 자녀 출산 등에 대비한 자산을 운용하도록 제안했다.

포트폴리오 구성① 주거용 부동산_김포 한강신도시 역세권 59㎡ 아파트

(입주 8년 차 역세권 아파트)

매매가: 4억 원(김포도시철도 역세권, 도보 2분 거리)
취득세 + 등기 비용: 4,700,000원
중개수수료: 2,000,000원
인테리어 및 가전 가구 비용: 30,000,000원
담보 대출: (200,000,000) / 30년 원리금 상환 주택보증공사 생애최초 주택자금
　　　　대출 2.1% 금리 적용
필요 금액: 236,700,000원 / 대출에 대한 월 원리금 상환액: 750,000원

해당 신혼집을 추천한 까닭은 예비 신부의 직장에서 도보로도 출퇴근이 가능한 아파트이고, 예비 신랑의 회사 셔틀버스가 아파트 단지 바로 앞에서 탈 수 있다는 점이었다. 예비 신부의 출퇴근 시간은 차량으로 5분, 도보로 10분 정도 거리에 있어서 편리했고, 예비 신랑은 셔틀버스로 30분 거리에 있으니 지리적으로 최적이었다. 신도시답게 인근 상업지구와 공원 등이 잘 갖춰진 곳으로 거주 편의성 역시 좋은 곳이었다. 또한 단지 내에 초등학교 및 유치원 등이 입지하여 2년 후 자녀를 낳고 살기에도 좋아 두 부부에게 최적의 장소였다.

또한 입주 8년 차 아파트를 신혼집으로 마련하고 약 3,000만 원 정도의 자금을 들여 올 수리 인테리어를 진행했고, 가전과 가구 비용까지 처리할 수 있었다. 8년 된 아파트여도 올 수리를 하니 거의 신축 아파트와 다를 바 없는 구조를 갖게 되었다. 아파트 매입 시 신축 아파트와 구축 아파트의 가격 차이가 큰 곳은 차라리 입지와 세대 수를 갖춘 10년 내외 연식의 구축 아파트를 매입하는 것을 추천한다. 집 내부 인테리어를 수리하면 구조의 차이가 크지 않으므로 신축 아파트와 크게 다르지 않다고 판단한다. 자금이 충분하지 않은 신혼부부라면 꼭 신축 아파트만 고집할 것이 아니라 구축 아파트 선택도 합리적인 내 집 마련 방안이 될 수 있다.

자금 측면에서는 대출 없이 매입할 수도 있지만 '생애최초 주택자금대출'을 활용하면 30년 고정, 2.1%의 저금리로 대출을 받을 수 있다. 최근 주택 담보 대출 이율이 5%를 넘는 시대와 비교해 보면 당시 고정 금리로 받아 놓은 것은 큰 혜택으로 다가온다. 부부는 이렇게 대출을 받고 남는 자금으로 수익형 부동산 투자 시 월 원리금 상환액 이상의 수익을 누릴 수 있는 부동산을 안내받아 다음과 같은 물건에 투자하게 되었다.

포트폴리오 구성② 임대 수익형 부동산_경기도 김포시 학원 상가

L 님과 K 님 부부는 김포 아파트를 매수하면서 고금리 시대인 지금은 상상할 수 없는 2.1%라는 고정 금리 대출을 정말 잘한 결과였다. 그래서 부부는 이 대출 원리금을 상환하는 자금으로 수익형 부동산 투자를 통해 운영하기로 했다. 우선 원리금 상환 목적과 월 임대 수익 창출에 있어서 소액으로 투자할 수 있는 물건 중 경기도 김포시의 학원 상가를 추천했다. 이 상가는 주변에 7,000세대 이상의 배후 아파트 단지를 두고 있고 상가 바로 옆에 초등학교와 중학교가 있어서 학교 반경 200m 내에 있어 상대정화구역으로 학생들의 유해 시설이 들어설 수 없는 위치에 있다.

실제로 이 상가에는 학생들이 이용하기 좋은 흔한 PC방조차 들어올 수 없는 위치였다. 사실 이런 상가들은 업종이 제한되는 만큼 상가 투자자들에게는 그리 좋지 않아 보일 수도 있었다. 하지만 인근에 상가가 들어올 수 있는 대지가 없었고, 중형 규모의 상가 두 동만 들어올 수 있다 보니, 이 상가는 1, 2층에 일부 마트/식당/미용실/병원을 제외하고 3층~8층까지 모두 학원으로 임차가 구성되었다. 2024년 현재 완공된 지 6년 차에 이르도록 공실 없이 모든 호실이 잘 운영되고 있다.

[학원 상가 사례 – 상대정화구역에 위치하여 유해 업종이 없어 학원 상가로 인기인 상가 건물]

　해당 학원 상가의 임대 조건 및 순 투자 금액은 아래와 같다. 이처럼 투자하는 경우 수익률은 약 6.5%에 달하며 매월 110만 원 정도의 순수익이 발생한다. 그러면 주택의 원금과 이자를 상환하고도 매월 약 35만 원의 차익이 남게 되어 매월 저축을 통하여 자산을 늘릴 수 있다. 부부는 해당 상가를 잘 운영하고 약 10년 이내에 부부의 저축과 합산하여 늘린 자금으로 자녀가 초등학교 들어가기 전에 집을 20평대에서 30평대로 확장하는 계획도 세웠다.

- 매입 가격: 2억 7,000만 원(전용 면적 28.07평/수학학원 입점)
- 임대 조건: 보증금 2,000만 원/월 임대료 125만 원
- 상가 담보 대출: 5,000만 원(취득 당시 금리 3.5%/2023년 현재 5% 적용 중)
- 취득세 1,242만 원/순 투자 금액: 2억 1,242만 원
- 월 이자 비용(금리): 146,000원(3.5%), 210,000원(5%)

　신혼부부들의 주택 관련 자산 운용에 있어서 J 님과 K 님처럼 신축 아파트 청약이 아닌 기존 아파트를 매수하고, 임대 수익형 부동산까지 자산 운용을 할 수 있는 분들은 극히 드물다. 사례를 보면 알 수 있지만

　임대사업으로 월급 말고 월세 받기

사실 아파트와 상가 투자 그리고, 인테리어 비용 등 제반 비용을 모두 합해 총 투자금이 4억 5,000만 원 정도 들었다. 물론 신혼부부가 이 정도 자금으로 시작한다는 것은 큰 자금이 들어간 것이고, 대부분의 신혼부부가 이렇게 시작하기에는 어려울 것이다. 하지만 현재 서울 수도권 지역의 아파트 가격을 생각해 보면 서울 아파트의 전세금도 안 되는 금액이기도 하다. J 님과 K 님도 서울 강서구의 구축 아파트 전세를 들어갈 생각을 하다가 이런 발상의 전환이 있었다. 투자와 자산 운용에 정답은 없다. 다만 J 님과 K 님처럼 생각하는 것도 (내가 추천하였지만) 참 합리적인 투자안이라는 생각이다.

(2) 소액으로 투자하기 좋은 학원 상가 특징

상가 투자라고 해서 무조건 10억 이상 큰 돈이 필요한 것은 아니다. J · K 님 부부의 상가 매수 가격은 2억 7천만 원이었고, 대출을 조금 받아서 2억 원이 넘는 자금이 들어갔지만 같은 건물에 투자한 다른 분들을 보면 대출을 60% 정도 받아 투자한 경우가 대부분이었다. 이럴 경우 1억 원 정도의 자금으로도 투자가 가능했다. 물론 요즘 같은 고금리 시기에는 대출을 많이 받게 되면 큰 타격으로 다가오지만, 해당 상가는 금리가 낮아지면 수익률이 크게 상승한다. 금액으로 보면 알 수 있듯이 학원 상가의 투자금은 서울의 원룸 오피스텔보다도 적은 금액이 들어가기도 한다.

이러한 학원 상가는 소액으로도 투자가 가능하고, 오피스텔 대비 임대 안정성이 뛰어나다. 평균적으로 원룸 오피스텔은 임차인이 평균 1년에 한 번씩 세입자가 바뀐다고 볼 수 있다. 하지만 학원 상가는 세입자들이 기본적으로 어느 정도 시설 및 인테리어를 하고 입주한다. 이는 1~2년 이내에 임차인이 쉽게 나가지 않는다는 것을 뜻한다. 또한 학원은 모든 상가 업종 중 가장 폐업률이 낮다. 따라서 한 번 자리 잡으면 가장 안정적인 상가 업종이기도 하다. 그럼 어떤 위치에 학원들이 들어오는지 J · K 님 부부의 상가로 한 번 살펴보자.

1) 학원 상가 입지 특징

학원이 선호하는 입지의 대표적인 예는 L · K 님 부부의 상가로 보면 바로 알 수 있다. 일단 배후에 7,000세대의 아파트가 있고 아이들의 통학로에 유일한 근린생활시설 프라자 상가다. 즉 독점적인 위치로 학원 수요가 많아 건물이 준공되기도 전에 전 층의 호실이 학원으로 임대 완료된 건물이다. 학원 상가의 통상 특징을 살펴보면 배후 5,000세대 이상은 확보하여야 하며, 초/중/고등학교를 배후에 두고 있어야 한다.

학교 인근의 경우 상가 투자에 있어서 유흥 시설이 들어가기 어려운 점을 고려하면 밤 상권이 활성화되지 못하는 지역이다. 일반적인 상가 투자에 있어서는 그리 좋은 상권은 아니지만 학원 상가에서는 그런 단점이 장점으로 변모한다.

[J · K 님 부부 투자 상가의 입지/전형적인 학원 상가의 위치_출처 : 카카오맵 (https://map.kakao.com)]

물론 목동 및 대치동 같이 계획 이전에 들어선 상권으로 인해 유흥 상권과 상존하는 경우도 있다. 모든 상업 지역과 주거 지역의 분리로 계획된 신도시에서는 학원 상권과 유흥 상권이 대부분 분리된다. 이런 점에서 상가 입지를 추정해 볼 때 위 지도를 보면서 고려해 보길 바란다. 그리고 앞서 얘기한 바와 같이 지도상으로 보더라도 학교 정문에서 100m 이내에 위치하며 상대정화구역에 해당되어 업종의 제한이 많은 입지 조건이다. 여기서 절대정화구역과 상대정화구역이라는 용어가 있는데 학원 상가에 투자하는 분들은 반드시 알아야 할 내용이다.

2) 학원 상가 투자에 앞서 반드시 알아야 하는 절대정화구역 & 상대정화구역

상가에 있어서 입점할 수 있는 업종이 제한된다는 것은 치명적 약점이다. 그런데 학교 시설은 청소년 보호 차원에서 유해 시설을 제한할수 있는 규제가 필요하다. 따라서 「학교보건법」으로 업종을 제한하고 있는데, 이 범위를 규정하는 것이 바로 절대정화구역과 상대정화규역이다.

절대정화구역: 「학교보건법」 제 6조에 규정된 초중고 교육 시설의 출입문으로부터 직선거리 50m 이내에 교육상 위생, 유해 업종의 인·허가 등에 대하여 제한과 규제를 할 수 있게 지정된 구역

상대정화구역: 「학교보건법」 제 6조에 규정된 초중고 교육 시설의 담장으로부터 직선거리 200m 이내에 교육상 위생, 유해 업종의 인·허가 등에 대하여 제한과 규제를 할 수 있게 지정된 구역

용어를 살펴보면 차이는 초중고 교육 시설 출입문으로부터 50m 이내와 담장으로부터 직선거리 200m 이내로 규정하고 있다. 아무래도 거리가 더 가까운 절대정화구역의 규제가 더 강하게 적용된다. 어떤 업종이 제한되어 있을까?

업종구분	유치원		초등학교		중/고등학교		대학교	
	절대	상대	절대	상대	절대	상대	절대	상대
PC방	O	O	×	△	×	△	O	O
노래방	O	O	×	△	×	△	O	O
DVD방	O	O	×	△	×	△	O	O
만화방	O	O	×	△	×	△	O	O
당구장	O	O	O	O	×	△	O	O
무도장	O	O	O	O	×	△	O	O
뽑기게임	×	△	×	△	×	△	O	O
단란/유흥	×	△	×	△		△	×	△
숙박/호텔	×	△	×	△	×	△	×	△
성인PC	×	×	×	×	×	×	×	×

[절대/상대정화구역 내 제한 업종]

위 표는 업종별 절대정화구역 및 상대정화구역에 입점 가능 여부를 표시한 것이다. 이 중에서 △ 표시는, 원칙은 불가능하지만 교육청의 심의 승인을 받으면 가능한 업종이다. 물론 말이 심의 승인을 받으면 가능하지만 실제 실무상으로는 불가능한 경우가 대부분이다. 따라서 표에 의하면 중·고등학교 주변으로는 위에 해당하는 업종은 사실상 입점이 불가능하다고 볼 수 있다. 이런 점은 상가를 직접 매입해서 입점을 고려하거나, 임대사업을 할 때 자칫 잘못된 임대차 계약으로 임차인과 분쟁이 발생할 수 있으니 충분히 고려하고 투자에 나서야 한다.

3) 여러 개 호실을 함께 사용하는 학원 상가의 구분 상가 대출 문제

학원이나 병원 상가를 투자하다 보면 통상 50평 이상 사용하는 경우가 다수 있다. 그런데 최근 신규 상가는 분양을 쉽게 하기 위해 낮은 가격으로 전용 면적 20평 내외로 상층부 상가를 공급하곤 한다. 그리고 3~4개 호실을 묶어서 학원으로 임대를 한다. 대형 학원은 보통 3개 층 또는 5개 층까지 사용한다. 대형 학원이 입점할 경우 층당 5명 이상, 즉 총 20명 이상의 소유자가 한 임차인의 임대인들이 되기도 한다. 이런 경우 대형 시설들이 입점함으로써 영세한 개별 호실로 임차를 할 때보다 임대의 안정성은 더 좋아질 수 있다. 예를 들어 임차인이 개인 교습소인 경우와 종로학원/대성학원/메가스터디 같은 대형 브랜드가 임차인인 경우라고 가정해 보자. 내가 임대인이라고 가정했을 때 "개인 수학학원이 임차인이야"라고 얘기하는 것과 "내 임차인은 종로학원이야"라고 얘기하는 것은 벌써 다른 가치로 다가온다. 시설 투자의 수준 역시 달라진다. 이는 곧 임대의 안정성이 훨씬 높아지는 것으로 임대인의 선호도가 높아진다.

여기에 큰 단점이 하나 있다. 이렇게 구분되어 있는 상가의 벽을 트고 하나의 임차인이 다수의 임대인에게 상가 임대를 얻게 되면 은행에서 대출이 어렵다. 사실 이 내용은 법원의 판례 하나로 이뤄지게 되었다. [대법원의 2009마 1449 판례]에서 보면 '구조상의 독립성이 확보되지 않을 경우 상가의 소유권이 인정되지 않는다'고 되어 있다. 이 판례로 인해 금융기관에서 경매로 인한 소유권을 인정받지 못하였었다. 결국 구분된 벽을 허물고 상가의 호실을 구분할 수 없는 상황에서는 상가의 소유권 구분이 어려우므로 은행 경매로 인한 소유권을 인정받지 못한다. 해당 판례로 인하여 금융기관들도 상가의 호실별 구분 벽을 허물 경우 대출을 해주지 않게 되었다. 하지만 이 판례를 뒤집는 판례가 나왔다. [2017마 1291 대법원 판결]을 보면 '집합건물의 소유 및 권리에 관한 법률 1조의 2에 명시된 대로 도면상의 위치에 경계를 명확하게 알아볼 수 있는 표지를 바닥에 견고하게 설치하고, 구분 점포별로 부여된 건물 번호 표식을 견고하게 붙인 상태로 식별이 가능하면 소유권을 인정'하게 되었다. 금융기관에서도 이런 판례를 받아들여 기준을 변경하여 대출을 해줘야 하지만 현재는 규제로 인해 대출을 받기 어렵다. 만일 정상적인 대출을 진행할 수 있다면 많은 시행사에서 이런 기준을 담아서 상가 건축 마무리를 하고 문제없이 가능했을 것이다. 이미 법적으로 완료된 사안을 금융기관에서 과거의 우려를 기준으로 대출이 되지 않는 점은 안타까운 상황이긴 하다.

실제로 만약 이런 기준이라면 많은 상가가 처음에는 호실별로 임대가 되었다가 임차인이 바뀌는 과정에서 다시 합하여 임차가 이뤄지면 당연히 대출이 상환되어야 하지만, 실무적으로는 그냥 연장되는 경우가 더 많기도 하다. 금융권 자체에서도 사문화된 내용이란 것을 알지만 현재 실무적으로 은행 대출 부분에서 원칙적으로 문제가 발생하는 점은 아쉬운 부분이다. 따라서 이런 상가를 투자자들은 자금 계획 시에 보수적으로 대출이 없는 경우도 가정하여 투자하거나 사전에 금융기관과의 조율을 통해 대출이 가능한 방법(벽을 허물기 전에 대출 실행하는 방법 등)을 찾아보고 상가 매매 계약을 하는 것이 안전한 방법이다.

"신혼부부의 자산 관리를 위한 부동산 전략 세우기"

No. 1. 주거 안정을 위한 내 집 마련 계획은 결혼 계획 시작과 함께 세운다.

No. 2. 주거를 위한 자금이 부족하다면? 공공 임대주택 청약 등을 위한 청약 저축 활용이 필수!

No. 3. 내 집 마련 시 대출을 활용할 경우에는 반드시 자금 계획을 철저히 세워야 한다(잘못된 부동산 영끌은 인생에서 가장 큰 손해를 발생시킬 수도 있다).

No. 4. 신혼부부라면 신축 아파트만 고집하기보다는 자금에 맞는 10년 내외의 아파트를 구입하여 인테리어를 통해 새 집처럼 만드는 전략 고민도 필요하다.

No. 5. 자금이 부족한 신혼부부에게는 출퇴근이 가능한 신도시 지역이 서울 도심보다 더 쾌적한 경우가 많다.

No. 6. 1억 내외의 소액으로 임대사업용 부동산 투자를 고려한다면, 서울 역세권 오피스텔 → 학원 상가 정도로 임대 수익률로 은행 예금 금리 이상의 물건을 우선 고려해 보자.

No. 7. 내 집 마련 시 '신혼부부 생애최초 내 집 마련 디딤돌 대출' 같은 혜택이 큰 대출 상품을 면밀히 알아보자.

04 큰 손해를 볼 수 있는 소액 임대사업용 부동산은?

2022년 후반부터 2024년 현재까지 수익형 부동산은 투자자들에게 기회이자 위기이다. 특히 은행 대출 금리가 6%를 넘어서는 상황에서 임대 수익형 부동산은 예금 상품 대비 상대적 수익률이 떨어지다 보니 매수 수요가 없어 환금성이 크게 떨어졌다. 이렇다 보니 투자를 고려하는 사람들에게는 가격이 조정된 급매 매물을 잘만 고른다면 기회의 시장이 될 수 있다.

사실 나는 어떤 안 좋은 물건에도 편견 없이 바라보면 늘 기회는 있다고 생각한다. 피해를 보는 사람에게는 정말 큰 아픔의 물건이지만 이럴 때 잘 매입하면 오히려 기회가 될 수 있을 거라는 생각이다. 늘 편견 없이 부동산 투자 물건을 보는 것이 중요하고, 남들이 모두 위기라고 할 때 기회를 찾는 것도 현명한 투자법이다.

하지만 어떤 경우에도 피해가 회복되지 못하고 해결 방법을 찾지 못하는 부동산도 있다. 지금까지 대략 18년을 임대사업용 부동산을 경험하고 있고 2007년 뉴타운 등 재개발 전성기, 2008년 금융위기와 2014년까지의 부동산 대세 하락기를 겪는 등 여러 경험을 했다. 이런 시기를 경험하면서 다양한 유형의 부동산을 봐왔고, 어떤 부동산이든 위기의 시기에 가격을 저렴하게 사면 큰 이익을 볼 수 있다는 것도 경험했다. 제일 큰 경험은 절대 회복이 불가능하고 손대면 안 된다는 부동산이 있다는 것이다. 그런 유형의 부동산이 어떤 것들이 있는지 알아보자.

(1) 구조적으로 성공하기 힘든 분양형 호텔

소액으로 투자 가능한 수익형 부동산 중 오피스텔이 있다는 걸 이제는 모두 알 것이다. 그리고 한동안 이를 대체하는 상품으로 분양형 호텔이 많은 관심을 받았었다. 내용만 보면 참으로 괜찮아 보인다. 오피스텔을 소유하다 보면 원룸형 오피스텔은 통상 1년 내외로 임차인이 한 번씩 바뀐다고 봐야 한다. 반면 분양형 호텔은 내가 룸 하나를 소유하고, 이 룸을 호텔 운영사에서 운영하고 그 운영 수익을 통해 회사로부터 매월 수익금을 받는 구조이므로 오피스텔보다 수익성이 더 높다. 그리고 임차인 변경에 대한 스트레스 없이 수익형 부동산으로 운영한다면 참 매력적인 투자처로 보인다. 실제 이런 이유로 30대 K 씨는 속초의 한 호텔을 분양받았고 3년이 지난 지금은 처음 약속했던 수익은 커녕 비용만 발생하고, 팔고 싶어도 팔 수 없는 난감한 상황에 놓였다. 현재 전국에 많은 분양형 호텔이 있지만, 다수의 호텔에서 소송과 분쟁이 진행 중이고, 투자 성공 사례는 찾아보기 어렵다.

분양형 호텔의 문제는, 계약 때는 시행사 및 분양 대행사를 통해 분양 계약이 이뤄지고, 호텔은 시행사에서 위탁 계약을 한 호텔 운영사에서 운영한다. 그리고 잔금 시 모든 소유주는 호텔 전문 운영사의 운영에 대한 동의서를 제출하게 된다. 이렇게 전체 동의를 한번 받게 되면 다시 모든 소유주의 과반수 이상의 동의를 얻지 못하는 이상 운영사를 변경하기가 어렵다. 여기에서 수익을 제대로 받기 위한 가정은 "운영이 잘 된다면"이라는 조건이 붙는다. 하지만 대부분 호텔 운영사는 우리가 흔히 아는 호텔 운영사가 아닌 중소업체인 경우가 많다. 또한 분양형 호텔은 분양 당시에는 참 매력적으로 보이지만 소유와 운영 분리로 인한 여러 문제점 때문에 실상은 수익도 처음의 약속과 다르게 운영된다. 근래 들어 많은 지역에서 우후죽순으로 분양형 호텔 또는 생활형 숙박시설 같은 형태의 숙박시설이 대거 공급되면서 다수의 호텔이 적자를 보고 있다.

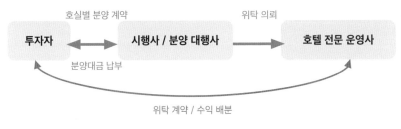

[분양형 호텔 위탁 계약 흐름 및 수익 배분 방식]

이런 상황에서 매물을 시장에 내어놓아도 거래가 잘 되지 않고, 결국 투자 수익도 적고 매매도 안 되는 상황이 될 수밖에 없다. 물론 수익형 부동산 대부분이 환금성은 떨어지지만 소유한 물건을 운영함에 있어서 별도로 임대를 할 수도 없다. 그렇다면 분양형 호텔의 운영 방식은 일반 호텔과 어떻게 다를까?

다음의 표는 호텔 운영의 특성상 운영과 소유를 분류한 것이다. 호텔은 호텔 측에서 직접 운영하는 일반 호텔과 위탁 방식으로 운영되는 분양형 호텔이 있다. 위탁 운영으로 개별 호실을 분양하는 분양형 호텔에 최근 생활형 숙박시설이 추가되었다. 생활형 숙박시설은 처음에 등장한 취지와 다르게 결국 기존 분양형 호텔과 동일한 방식으로 운영되도록 결론지어졌다. 이런 용도별 종류는 다양한 분쟁이 발생할 수밖에 없다.

	일반 호텔	분양형 호텔	생활형 숙박시설
운영 형태	건물 직접 소유 운영 또는 임차 운영	위탁 운영 (개별 호실 별도 소유)	위탁 운영 (개별 호실 별도 소유)
개별 등기	불가(통건물 소유)	가능	가능
운영 방식	숙박업	숙박업	숙박업 / 오피스텔 용도 변경 시 일부 거주
취사 여부	불가	불가	가능
전입 신고	불가	불가	불가 / 오피스텔 용도 변경 시 일부 가능

[호텔 유형별 운영 방식 차이]

위 내용에서 보면 알 수 있듯이 결국 호텔은 숙박시설로 쓰여야 한다. 숙박시설은 일반 임대사업과는 다르게 호텔 운영에 대한 전문적인

임대사업으로 월급 말고 월세 받기

노하우와 호텔 운영의 전문적인 노하우를 가진 위탁 운영사가 반드시 필요하다. 결국 일반적인 임대사업용 부동산처럼 소유주가 직접 임대차 계약을 하고 운영하는 것은 불가능하다는 측면에서 수익 통제가 불가능하다. 구조적으로 소유주는 내가 소유한 물건임에도 불구하고 많은 부분에서 권리 행사가 제한된다. 또한 다양한 소유주의 의견이 다를 경우 결국 위탁 운영사에 휘둘리고, 위탁 운영사의 운영이 잘못되면 내 의사와 관계없이 큰 손실을 볼 수 있다.

[분양형 호텔 소유 시 발생할 수 있는 문제들]

1) 운영 수익 배분 문제
만일 위탁 운영사에서 정확하게 경영 상황을 공개하지 않고 비용을 과대 계상하거나 수익을 과소 계상할 경우 소유주에게 이익이 적게 난다. 실제 이런 이유로 정확한 수익 배분이 이뤄지지 않는 경우가 많다.

2) 건물 노후화 시 리모델링 등의 비용 부담 문제
호텔은 일정 기간이 지나서 시설 등이 노후화될 경우 원활한 경영을 위해서 주기적인 리모델링이 필요하다. 하지만 분양주가 다양할 경우 의견 불일치 및 비용 부담 주체에 대해 정하지 못하여 리모델링을 진행하기 어렵다. 따라서 노후화될 경우 수익성이 떨어지는 상황이 발생하기 쉽다.

3) 분리 운영으로 인한 환금성 문제
오피스텔과 달리 개별 호실의 분리 운영이 어려우며, 소유권은 있지만 관리권이 없음으로 이하여 환금성에 문제가 발생한다.

4) 공용 면적 부분에 대한 관리 문제
실제 운영 회사와의 계약 해지를 소유주 대부분의 동의로 위탁 관리 회사와 계약 해지할 것으로 정하고, 법적으로 승소한 사례가 있다. 하지만 공용 면적에 대한 운영 방식에 있어서 소유주들 내에서의 의견 일치를 하지 못해 어쩔 수 없이 기존 운영사에 끌려가는 사례도 발생하는 등, 건물 관리상의 다양한 분쟁으로 인하여 건물의 가치가 떨어지는 경우가 발생하기도 한다.

▶또 다른 형태의 분양형 호텔, 생활형 숙박시설

생활형 숙박시설은 원래 기존 호텔에 주거의 개념이 혼합된 호텔의 한 형태다. 건축법상 정확한 용어는 숙박시설 중 생활 숙박시설이다. 용어적으로 보면 이런 개념이지만 실질로 보면 일반 호텔에 취사시설이 추가되었다고 보면 된다. (숙박시설임에도 불구하고, 초기에는 일반 숙박시설과 다른 점은 취사 가능하다는 모호한 규정으로 인하여 주거용 오피스텔 개념과 호텔의 복합적 성격으로 주거도 가능하면서 아파트를 대체할 수 있는 형식으로 홍보해 왔음) 기존의 호텔에 가보면 대부분 취사시설이 없다. 원래 외국 호텔에 서비스드 레지던스Serviced Residence라는 개념으로 장기 투숙객을 위한 주거 시설이 도입된 시설이라고 보면 된다.

실제 외국계 기업에서 근무하는 외국인 주재원들이 가장 불편해 하는 것 중 하나가 국내에는 이런 레지던스 서비스가 잘 없다는 것이다. 그러다 보니 회사에서 용산 같은 곳에 아파트를 월세로 얻어 임직원을 거주시키기도 한다. 하지만 해외에서는 서비스드 레지던스가 보편화되어 있어 장기 투숙으로 활용하곤 한다. 이런 개념을 도입한 것이 원래 생활형 숙박시설이다. 현재 국내에는 마곡에서 2021년 분양 시작하여 647 대 1의 경쟁률이 부여되고, 분양 초기에 억대의 프리미엄이 형성되어 분양권이 거래되었다. 마곡의 르웨스트 생활형 숙박시설 역시 주거 개념이 도입되어 아파트의 대체제로 알려져서 인근 아파트 가격보다 높은 가격으로 분양했었다. 하지만 법령 규제가 알려지면서 현재는 계약금 포기 등으로 매물이 나오고 있는 상황이다.

임대사업으로 월급 말고 월세 받기

- 마곡 MICE 복합단지(CP2)

- 규모: 지하 6층~지상 15층, 5개동(생활형숙박시설 876실, 판매시설 198실, 업무 시설 144실)

[서울 마곡지구에 공급된 생활형 숙박시설인 롯데캐슬 르웨스트]

　우리나라에서는 '주거 가능'이라는 문구로 인하여 대다수의 부동산 회사가 아파트 가격 상승기에 아파트 대체제로써 분양주를 모집했고, 홍보 역시 아파트에 호텔식 서비스를 더한 고급 아파트라는 느낌으로 홍보하면서 분양 가격도 아파트 이상의 가격으로 분양하기도 했다. 사실 문제는 이런 생활형 숙박시설들이 난방 및 취사 시설 등 주거용 시설이 들어가 있어 실질적인 주거가 가능하지만, 법적인 주거는 불가능하다는 점이다. 2021년 4월 이전까지는 법적인 규제 내용이 모호하여 실제 주거로 활용하는 이가 많았고 단속이 이뤄지지 않았다. 생활형 숙박시설은 주택이 아니다 보니 법적으로 주차장이나 학교 등 공공 시설물 확충에 대한 규제가 없어 주거로 활용할 경우 인근 주택의 공공시설을 사용하며 간접적 피해를 줄 수밖에 없는 구조다. 따라서 쉽게 주거를 허용하기에도 애매하다. 만일 법적 주거가 허용되지 않았는데 주거로 활용하다가 적발될 경우 공시가 10%에 해당하는 벌금을 매년 부담하게 된다.

국토교통부에서는 기존의 규정이 모호한 상황에서 주거로 활용되는 것으로 알고 분양받은 선의의 분양주들을 위해 2023년 10월까지 주거용 오피스텔로 용도 전환이 가능하도록 허용해 주었다. 하지만 실제로 이를 적용하기는 불가능에 가까웠다. 중앙 정부에서는 규정을 통해 허용해 주고자 하였으나 지방자치단체에서는 오피스텔 용도에 맞는 주차 대수가 부족하고, 대부분의 생활형 숙박시설이 지방자치단체의 지구 단위 계획에 맞지 않는다는 이유로 오피스텔로의 변경 역시 불가능한 상황이기도 했다. 따라서 현재 기준에서는 생활형 숙박시설의 주거는 불가능한 것으로 봐야 한다.

그렇다면 수익형 부동산 투자 개념으로써 생활형 숙박시설은 투자 매력이 있을까? 우선 생활형 숙박시설은 분양형 호텔과 동일하다고 볼 수 있다. 똑같은 관리상의 어려움이 있고 운영 회사에 의존해야 한다. 하지만 서울에 기업 수요가 위치한 곳들은 임대 수익이 발생할 수 있다고 본다. 르웨스트 역시 운영은 될 수 있을 것으로 예상된다. 다만 10억대라는 너무 높은 가격에 분양되어 수익률은 낮을 수밖에 없다. 만약 주거가 안 되고 호텔로만 운영되는 특성으로 알려졌다면 분양 가격은 훨씬 낮았을 것이다. 높은 가격으로 인해 수익형 부동산으로써 매력이 떨어질 수밖에 없다.

(2) 소액으로 투자 가능한 업무 시설 (지식산업센터 / 섹션오피스) 투자 시 주의 사항

업무 시설은 상업용 부동산의 대표적인 형태 중 하나로, 주택 규제 때문에 부동산 투자가 어려울 때 상대적으로 규제가 덜한 부동산을 찾는 분들이 많이 투자했던 수익형 부동산의 한 유형이다. 오피스텔은 주거용으로 사용하는 경우가 많다 보니 경우에 따라서는 종합부동산세와 양도소득세가 문제가 되는 사례가 많았다. 그래도 상가에 비해 공실 위험 부담이 적고 수요가 안정적인 오피스 및 지식산업센터에 투자 수요가 몰렸다. 이때 수요와 신도시 자족 용지의 공급으로 대규모 공급이 이뤄졌다. '한국산업단지 관리공단' 자료에 따르면 전국에 1,507곳 중 서울/경기/인천 수도권에 1,162 곳의 지식산업센터가 공급되었다.

최근 필자와 상담을 했던 40대 L 님은 경기도 하남시의 한 지식산업센터에 투자하게 되었다. 서울에 아파트를 한 채 보유하고 있고 예금 자산 5,000만 원 정도를 활용하여 수익형 부동산 투자를 알아보던 중이었다. 지식산업센터가 인기가 많고 분양 사무실에서 청약 경쟁이 치열했다. 수십 대 일의 경쟁률로 당첨되어 준공 전 프리미엄을 받고 팔거나, 상황에 따라서는 분양 사무실에서 얘기하는 대로 10% 이상의 임대 수익이 예상되었다. 치열한 경쟁에서 성공한 만큼 준공 시 잔금까지 가져가서 최대한 높은 수익을 목표로 투자를 진행했다. L 님이 투자한 물건은 전용 면적 20평 내외로 현금 5천만 원 중 3억 5천만 원이 들었다. 보통 이런 수익형 부동산은 계약금 10%인 3,500만 원을 내고 잔금 시까지 추가 자금이 들지 않는다. 중도금이 있다고 하더라도 중도금 대출을 시행사에서 주선하고, 중도금 대출에 대한 이자를 준공 후 잔금 지정일까지 시행사에서 납부해준다. 이런 상황에서 다수의 사람이 단기 분양권 차익을 노리고 잔금 상황에 관계없이 투자하여 단기적인 이익을 보기도 했고, 실제 투자가 이뤄졌다.

 문제는 이 건물이 2022년 하반기에 준공되었는데 2022년 상반기부터 시작된 금리 인상이 L 님의 계획을 변경하게 만들었다. 2022년 하반기부터 분양권 거래가 어려워지기 시작했으며 결국 준공 시까지 본 물건을 가져갈 수밖에 없었다. 기존의 계획과는 달리 가족들에게 자금을 빌리고 주택 담보 대출을 추가로 받아 잔금을 겨우 할 수 있었다. 더 큰 문제는 그 다음에 벌어졌다. 분양 당시 분양 직원의 말대로 10%의 수익률은커녕 실제 3억 5천만 원 분양가의 물건이 보증금 1,000만 원 / 월 임대료 50만 원에 임차인을 겨우 찾을 수 있었다. 취득세까지 감안하면 겨우 1.5% 정도 수준의 수익률이 나왔다. 그나마도 6개월 정도의 공실을 견디고 임차 계약을 진행할 수 있었고, 결국 대출에 대한 이자도 받지 못하는 상황이 벌어졌다. 또한 매각을 하고 싶어도할 수 없는 상황으로 현재 겨우 유지 중이다. 이 건물뿐만 아니라 현재 2020년부터 2022년 사이에 분양받은 지식산업센터 및 섹션오피스들이 대부분 이런 실정이다.

 L 님뿐만 아니라 서울 및 수도권 곳곳에서 단기간에 많은 지식산업

센터와 오피스가 대규모로 공급되고, 최근 입주가 진행되면서 많은 현장에서 공실 리스크가 커지고 있어 많은 투자자가 막대한 손해를 보고 있다. 왜 이런 문제가 발생할 수밖에 없었는지 원인을 알아야 하고 투자를 앞둔 상태라면 미리 주의 사항을 아는 것이 정말 중요하다. 업무시설 투자에 있어서 어떤 점들을 유의해야 하는지 업무 시설별 건물들의 개별 특징과 투자 시 주의해야 하는 사항들을 살펴보자.

1) 지식산업센터가 인기 있었던 이유

지식산업센터는 앞에서 말했듯이 같이 주택에 대한 정부의 규제로 인한 자금의 이동상 틈새 상품으로 인기가 있었다. 하지만 이것만으로 설명되지는 않는다. 사실 지식산업센터 인기의 가장 큰 이유는 과거의 성공 사례다. 요즘 많은 유튜브 채널과 다양한 방송에서는 M 님의 실패 사례처럼 너무 많은 공급으로 인해 지식산업센터의 실패 사례를 예로 들면서 절대 해서는 안 되는 부동산으로 지식산업센터와 오피스를 이야기한다. 하지만 모든 물건은 장단점과 쓰임이 있다.

지식산업센터가 분양권 차익을 노린 투자자들에게 큰 인기를 끈 이유는 실제 가격 상승을 보였던 사례가 많았기 때문이다. 2012년 3월에 준공한 영등포의 지식산업센터를 보유한 M 님은, 2010년 운영 중인 회사 사무실로 사용하기 위해 전용 면적 $115m^2$의 지식산업센터 사무실을 하나 분양 받았다. 당시 분양가는 4억 9천만 원이었고 지금도 사무실로 사용 중이다. 당시 M 님이 지식산업센터를 분양받은 이유는 위치가 9호선 역세권에 한강 조망이 가능한 곳이었다. 그리고 당시 사무실을 구할 때 계속 월세가 오르면서 부담이 되는 와중에 지식산업센터 분양 광고를 보게 되었고 자금이 부족했지만 분양을 받았다. 2010년 당시 대부분 지식산업센터 투자자는 M 님처럼 대부분 임대사업을 하려는 분들이 아니라 실제 사무실을 운영할 분들이 사용 목적으로 투자를 하곤 했다.

지식산업센터는 M 님처럼 시설 사용 목적으로 투자자의 사업장에서 분양받거나 매수할 경우 사업자의 재무제표 실적 및 신용도에 따라 다르긴 하지만 대부분의 사업자는 매매 가격의 90%까지 대출해 주었다. 이럴 경우 사무실을 임차로 얻을 때 들어갈 보증금 5천만 원만 있으면 분양받을 수 있었다. 낮은 금리로 인하여 월세를 내는 것보다 이자를 납부하는 것이 훨씬 유리하다고 판단하여 회사 명의로 분양을 받는 사례도 많았다.

M 님이 4억 9천만 원에 매입했던 지식산업센터 사무실 가격의 최근 실 거래된 물건 시세를 보면 14억까지 상승했다. 실제 M 님 상황에서 투자금을 보면 4억 9천만 원의 분양 금액 중 4억 5천만 원의 대출을 받을 수 있었다. 그리고 취득세는 지식산업센터의 특례에 의해 감면을 받아 3%의 세율이 적용되어 등기 비용까지 합해서 1,500만 원의 비용이 지출되었고, 총 5,500만 원의 자금으로 사무실을 매입할 수 있었다. 2012년 준공 시 법인의 시설 자금 대출 금리가 4% 정도 적용되어 월 이자 비용으로 150만 원씩 지출되었다. 당시 이 물건을 임대로 얻으려면 200만 원 이상의 월세 비용을 지불해야 했고, 지금은 동일 면적의

임대사업으로 월급 말고 월세 받기

임대료가 300만 원 정도 시세에 거래된다.

최근 M 님은 법인 대출을 갈아타면서 2021년에 3년 만기로 2%의 금리로 대출을 받았다. 즉 이자 비용이 150만 원에서 75만 원으로 줄어 여러 모로 합리적인 투자안이 될 수 있었다. 다만 대출이 만기되는 2024년에는 일부 이자 비용이 상승할 수는 있지만, 그래도 지금까지 상당한 차익으로 부담이 줄기는 했다.

[M 님의 법인에서 매입한 영등포구의 지식산업센터 건물 외부와 내부]

M 님이 매수한 영등포의 지식산업센터뿐만 아니라 서울 지역의 지식산업센터가 시작된 가산디지털 단지의 지식산업센터와 성동구 성수동 일대의 지식산업센터, 송파구 문정동 일대의 지식산업센터 등에서 다양한 성공 사례가 나왔다. 특히 2021년 이전에 준공된 서울 지역의 지식산업센터에서 높은 차익을 본 물건이 많이 알려졌다. 이런 상황에서 많은 투자자가 몰리게 되었고, 주택 시장의 활황으로 규제가 시작된 2020년부터 대안 투자 물건으로 수도권 지식산업센터의 인기가 치솟았다. 물론 계속 이렇게 상승하기만 하였으면 좋았겠지만 상승장 이후

에는 반드시 과잉 공급이 발생하고, 높은 가격 상승으로 지식산업센터를 공급할 수 있는 대지 가격도 높아지면서 실패 사례도 나온다. 그만큼 이러한 업무 시설에는 다양한 유형이 있고 각 유형별 특징과 주의해야 할 사항들이 있다.

2) 업무 시설의 유형별 특징은?

소액으로 투자 가능한 상업용 시설은 대부분 사무실 또는 학원이나 병원으로 사용할 수 있는 시설들이다. 여기에 해당하는 업무용 시설은 상가 중에서는 상층부에 위치한 상가, 사무실로 쓸 수 있는 상가 또는 소형 평형으로 구성된 섹션오피스 같은 업무 시설 및 오피스텔, 지식산업센터 정도다. 이들 건축물들은 주거 시설이 포함된 오피스텔을 제외하면 외관상 모두 네모 반듯한 구성에 별 시설 없이 빈 공간을 제공한다.

이런 시설들은 건물 외관만으로는 구별이 어렵다. 건축물 대장에서는 업무 시설과 근린생활시설 및 공장시설(지식산업센터)로 구분이 되지만 형태를 보면 그냥 네모 반듯한 공간으로 구분될 뿐이다. 하지만 각 건물의 법적인 용도에는 큰 차이가 있고 실제 임대를 할 때 사용할 수 있는 임차인도 제한이 있으므로 각 유형별 특징을 자세히 알고 투자에 나서야 한다.

	지식산업 센터	섹션 오피스	근린생활시설 (상가)	오피 스텔
세금	감면 혜택 있음 (취득세 35%, 재산세 37.5%)	일반 세율 (취득세 4.6%)	일반 세율 (취득세 4.6%)	일반 세율 (취득세 4.6%)
법적 용도 제한	업무 시설 및 공장시설로 일부 용도제한 있을 수 있음	업무 시설 한정	업무/근생 시설 제한 없음	주거/업무 시설
제한 사항 (특이 사항)	세금 감면받을 시 일부 매매 및 임대 제한	없음	없음	주거용 사용 시 주택 수 문제 있음
건축 규모 (연면적 기준)	통상 100,000㎡ 이상 대규모	통상 10,000㎡ 이상 중형급	대부분 20,000㎡ 이내 소형 규모	10세대~ 1,000세대 이상 천차만별
입지 특징	다양한 산업 단지 및 서울 준공업 지역	서울 역세권 (문정/마곡), 경기 신시가지 업무용지	각 지역 상업 지역 위치	역세권 업무 용지
대출 한도 (매매가 기준)	60~80% 내외	50~70% 내외	50~60% 내외	50~60% 내외

[각 업무 시설의 유형별 특징]

유형별 특징을 보면 각 물건의 장단점을 알 수 있다. 세금 측면에서는 취득세 감면 및 재산세, 그리고 양도소득세 혜택까지 다양한 혜택이 있는 지식산업센터가 유리하다. 하지만 용도 제한 사항에서 보면 업무 시설부터 학원/병원 같은 근린생활시설까지 입점시킬 수 있는 근린생활시설이 유리하다. 공실 위험은 주거용으로도 활용이 가능한 오피스텔이 유리하고, 규모적인 측면에서는 지식산업센터가 유리하다. 이처럼 물건별로 입지와 용도에 따라 유리한 측면이 각각 다르다. 다만 용도 제한의 문제와 쓰임새 등을 고려하는 것은 투자에서 중요하다.

3) 피해야 할 업무 시설 및 지식산업센터는?

① 공급량이 많은 지역의 지식산업센터와 업무 시설

최근 가장 문제가 되는 수익형 부동산 중 하나는 바로 지식산업센터, 사무실과 같은 업무 시설이다. 앞에서 얘기한 바와 같이 문제는 '공급량'이다. 앞으로도 공급이 예정된 부지가 많다는 것이 문제다. 하지만 잘 되는 곳은 또 공실 위험 없이 잘 될 수도 있다. 최근 공급되는 오피스와 지식산업센터는 실제 용도를 보면 거의 동일한 용도의 사무실로 사용되고 있다. 그런데 2021년부터 공급된 지식산업센터들이 입주를 시작한 2022년부터 공실 위험이 크게 증가했다. 아래의 내용은 실제 부동산 거래 사이트에 한 중개사무소에서 올린 매물에 관한 설명이다. 매물 내용을 살펴보면 이런 문제가 얼마나 심각한지 알 수 있다.

[경기도 고양시 한 지식산업센터 매물 예시]

- 계약 면적 / 전용 면적 : 91평 / 44평

- 공급 가액 : 873,080,000원(부가가치세 69,933,700원)

- 총분양 대금 : 943,013,700원(부가가치세 포함)

- 상세 설명 : 계약금 포기 물건으로 구매 시 필요자금 0원이며, 추가 4,000만 원 더 지원해 드립니다. 그냥 명의만 가져가면 됩니다. 중도금 전액 무이자 승계 가능합니다.

임대사업으로 월급 말고 월세 받기

예시의 지식산업센터를 분양받은 분은 잔금 시점에 잔금 여력은 되지 않는 상황인데 시행사에서 이자를 대납하는 중도금 대출을 받으면서 해지도 어려웠다. 이를 해결하기 위해서는 건물의 잔금 납부 시기 이전에 분양권을 매각하는 방법밖에 없었다. 하지만 문제는 현재 너무 많은 공급량과 금리 상승 등으로 수익형 부동산 시장 전체적으로 매매 거래가 어렵게 되었고, 결국 해결하지 못하는 상황에서 매물로 내놓게 되었다.

이렇게 되면 어느 정도의 손해가 발생하는지 살펴보자. 우선 계약금 10%를 납부한 상황이니 총 8,731만 원은 일단 손해액으로 확정이다. 또한 추가로 4,000만 원은 매수인에게 지불해야 하는 금액인 만큼 손해액이 추가된다. 즉 잘못된 계약 한 번으로 부동산 물건의 소유권을 넘겨받지도 못하고 1억 2,731만 원의 손해가 바로 확정된다. 문제는 이렇게라도 팔리지 않았을 때 발생한다.

이 물건의 분양주는 잔금을 할 수 없는 상황이다. 잔금 납부 기일이 지나면 잔금에 대한 연체금이 발생한다. 또한 잔금 납부일까지는 중도금 50%에 대해서 시행사에서 대납을 해주지만, 잔금 납부 기일이 지나면 중도금 대출에 대한 이자까지 추가로 발생하게 된다. 이런 중도금 대출에 대한 이자와 잔금 연체금은 10% 이상의 고금리가 적용되므로 손해액은 시간이 지날수록 눈덩이 불어나듯 늘어날 수밖에 없다. 이런 상황이다 보니 아직 잔금 시기가 도래하지 않은 시점에서 저런 조건으로 매물을 내놓게 되었다. 결국 자금이 부족한 분양주들은 잔금 기일 전에 해결하지 못한다면 파산에 도래하게 된다.

수도권의 지식산업센터들이 왜 이렇게 다수 공급이 되고, 공실 위험을 늘려가는지 원인을 살펴보고 내가 투자자라면 어떻게 피해야 하는지 알아야 한다. 현재 해당 문제는 서울 외곽 수도권 지역, 그것도 경기권에 집중되어 있다. 왜 경기 수도권에 지식산업센터와 사무실 건물이 집중되었는지 이유를 파악해 보자.

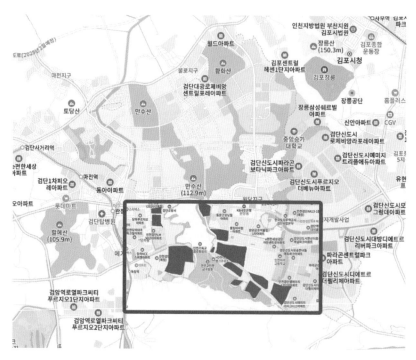

[2기 신도시 검단신도시 도시개발계획 지도 출처 : 카카오맵 (https://map.kakao.com)]

보통 1기 신도시들은 신도시의 기본 목적이 서울의 배후 거주지역으로 베드 타운Bed Town 역할을 하기 위해 조성되었다. 1995년부터 조성된 신도시에는 자족 기능을 추가하는 용지로 자족 시설 용지라는 개념

임대사업으로 월급 말고 월세 받기

이 도입된다. 자족 기능은 신도시에 기업을 유치하여 서울로 출퇴근이 아닌 신도시 내에서 주거와 업무를 같이 볼 수 있도록 하는 기능을 의미한다. 따라서 자족 시설 용지에는 도시형공장, 벤처기업집적시설, 소프트웨어진흥시설, 연구소, 일반 업무 시설(오피스 제외) 등을 설치할 수 있다.

2기 신도시의 대표적인 곳 중 한 곳인 검단신도시를 보면 빨간색 네모 표시의 진한 파란색 용지가 바로 자족 용지다. 원래는 기업을 유치하는 것을 목적으로 하지만, 지방자치단체에서는 실제 기업 유치로 이어지기보다는 그곳에 지식산업센터 및 오피스 등 업무 시설들이 공급되면서 기업이 자연스럽게 이어지는 효과를 기대했다. 시행사에서는 2021년 이후 지식산업센터 투자 붐이 불면서 자연스럽게 과잉 공급으로 이어졌다. 이런 공급 계획이 아직도 여러 택지지구에서 예정되어 있다. 이렇게 공급되는 지식산업센터가 한 번에 과잉 공급이 될 경우 대규모 공실이 필연적으로 발생할 수밖에 없다. 따라서 신도시에 공급되는 지식산업센터는 투자에 유의해야 한다.

② 높은 분양가는 서울의 오피스 및 지식산업센터도 투자에 유의해야 한다!

최근 서울의 지식산업센터와 오피스 공급 가격을 보면 계약 면적 3.3㎡당 3,000만 원을 초과한 사례가 다수 나왔다. 전용 면적 기준으로 보면 3.3㎡당 6,000만 원을 초과한다. 하지만 임대료를 보면 송파와 강남 지역의 지식산업센터들도 전용 면적 3.3㎡당 10만 원 내외에 해당하고, 가장 비싼 임대료를 나타내는 곳도 13만 원 내외였다. 즉 이 금액으로 계산해 보면 2%의 수익률에 해당한다. 물론 10만 원의 임대료도 높은 편이다. 실제 대표적인 서울의 지식산업센터 건물들의 임대료 현황을 조사해 보면 다음과 같다.

	가산동 지식산업센터	문정동 지식산업센터	성수동 지식산업센터
전용 면적	88㎡	88㎡	80㎡
보증금 / 임대료	2,100 / 210만 원	2,500 / 250만 원	3,300 / 330만 원
3.3㎡당 임대료	79,000원	92,592원	136,636원
입주 연월	2018. 3월 준공	2016. 11월 준공	2016년 5월 준공
매매가	8억 5,000만 원	11억 원	15억 원
임대 수익률	3.04%	2.79%	2.69%
입지 특징	가산디지털단지역 출구 앞	문정역 출구 앞	서울숲역 출구 앞

[서울 주요 위치 지식산업센터 매매가 및 임대료 현황]

이처럼 최고 입지의 임대료를 기반으로 매매가와 비교해 보면 수익률이 생각보다 낮다. 그 이유는 매매 가격이 실제 건물을 활용하는 사무실들이 매매되면서 가격 상승폭이 커졌고 이것이 임대사업 투자자들에게는 매력 없는 가격으로 다가왔기 때문이다. 또한 신규 분양하는 지식산업센터의 분양가를 끌어올린 사례가 많다. 지식산업센터의 분양가만 보고 투자하기보다는 인근의 시세와 비교가 중요하다.

그럼 왜 가격의 비교와 사례를 조사하고 투자에 나서야 하는지 다음 최근 공급량이 많았던 서울시 강서구의 지식산업센터 두 곳을 비교해 보자. 지도상 위치를 보면 2018년식의 9호선 급행 가양역 바로 앞의 지식산업센터와 2024년 준공 예정의 9호선 양천향교역 도보 7분 거리의 지식산업센터 유사 면적의 가격을 비교해 보면 아래와 같다.

[양천향교역 지식산업센터 면적 비교– 출처 : 카카오맵 (https://map.kakao.com)]

	A 지식산업센터	B 지식산업센터
위치	9호선 급행 가양역 1분 거리	9호선 양천향교역 5분 거리
전용 면적	90.45㎡	81.46㎡
매매가(분양가)	7억 5,000만 원	8억 2,000만 원 (분양가 8억 8,000만 원)
3.3㎡당 가격	27,412,280원	33,279,220원

준공 연월	2018. 11.	2024. 1.
임대료	2,000 / 190만 원	2,000 / 150만 원 (추정 임대료)
임대 수익료	3.12%	2.25%(추정 수익률)

강서구의 지식산업센터는 서울 다른 지역에 비해 분양가 및 매매 가격이 상대적으로 높게 오른 편은 아니다. 그럼에도 불구하고 전용 평당 매매 가격이 20% 이상 비싸다. 심지어 그 매매 가격은 분양 가격에서 마이너스 6,000만 원을 적용한 물건이다. 사실 이 지식산업센터는 분양 당시 인기가 많아서 초반에는 수천만 원의 프리미엄이 붙기도 했었다. 심지어 앞으로 추가로 공급되는 양천향교역의 지식산업센터는 여기에 20% 이상 높은 가격에 분양될 예정이기도 하다. 물론 2024년 현재 시장 상황은 급변하여 가격은 조정될 수 있을 것으로 보인다. 하지만 실제 사용하지 않고 임대사업을 목적으로 한다면 신규 물건이 아닌 입지가 좋은 위치의 기존 지식산업센터를 매수하여 투자하는 것이 더 현명한 투자안이 된다.

▶ 업무 시설 및 지식산업센터 투자 시 CHECK LIST

① 서울권 투자 수익률 3% 내외 - 마곡 및 문정 지역 섹션오피스는 4% 수익률로 투자 가능하다.

② 실입주 매물이 많은 지역 - 단 주변 공급이 많은 곳은 피해야 함. 특히 신도시의 자족 시설 용지가 많은 곳은 굳이 매수해야 한다면 완공 이후에 적정 가격 파악 완료 후 투자에 나서야 한다.

③ 업무 시설 및 지식산업센터에서 가장 중요한 요소는 사무실 이용자인 사업주의 임차인 직원 고용을 위한 대중교통 접근성이 중요하다.

---

④경기도 외곽권의 지식산업센터는 사무실과 같은 업무 시설 보다는 제조업 활용을 위한 화물차 접근성(건물 내까지 화물차 접근 가능한 직접 주차 시설 중요)이 좋은 제조업 시설이 유효한 투자 방법이다.

⑤가장 중요한 전용 면적 평단 가격 기준은 임대료 기준으로 판단할 때, 서울 지역 전용 평당 4,000만 원 이상, 경기 지역 전용 평당 2,000만 원 이상은 임대사업용 투자로는 금물이다.

⑥오피스는 최소 연면적 20,000㎡ 이상(통상 대지 면적 2,000㎡ 이상) 자주식 주차 갖춘 곳을 건물의 기준으로 봐야 한다.

⑦서울 지역 업무 시설은 최소 임대 수익률 3% 이상, 경기 지역은 4% 이상 갖춘 곳으로 투자를 검토한다.

(3) 절대 투자하면 안 되는 소액 투자가 가능한 테마형 상가

상가 및 수익형 부동산 투자에 있어서 경험상 가장 중요한 것은 편견과 고정관념을 버리는 것이다. 특히 "상가는 위험해서 투자하면 안 된다", "오피스텔은 절대 가격이 안 오르고 투자하면 안 된다" 등의 고정관념으로 투자를 미루는 분들이 많다. 물론 최근 아파트 가격이 많이 오르면서 이런 의견이 어느 정도 맞는 말이기도 하다. 하지만 과거 경험을 바탕으로 보면 아파트 시장의 하락기에는 변동 폭이 적은 수익형 부동산이 리스크를 분산해 주고, 안정적인 월 임대소득을 보장해 주는 중요한 투자 포트폴리오의 배분 전략이 된다. 하지만 경험상 어떤 경우에도 투자하지 말아야 할 소액 투자 수익형 부동산 유형이 있는데, 테마 상가가 바로 그 대표적인 사례다.

▶한 번 잘못 투자하면 절대 되돌리기 어려운 테마형 상가

테마형 상가란 하나의 주제를 삼아 테마에 맞게 업종을 지정하고 모아 놓은 대형 규모의 상가를 말한다. 대표적인 예로 동대문 지역의 의류 상가, 용산 지역의 전자 상가, 최근 많이 지어지고 있는 신도시 호수 공원 인근의 수변 상가 등을 테마형 상가로 볼 수 있다. 이런 테마 상가는 상가가 지어지기 전 계획만 보면 동종 유형의 업종들을 모아두고 상호 시너지를 낼 수 있도록 집객 효과^{사람들을 모이게 하는 장소나 건축물}가 있어 보이며 상당히 유망한 투자 계획으로 보인다. 하지만 막상 입주 후 건물 운영 시에는 생각보다 그 효과가 크지 않고 실제 운영에 있어서 성공 사례가 많지 않다.

테마 상가 실패의 가장 큰 이유는 결과가 드러난 현장들을 살펴보면 대부분 대형 규모의 상가들로 너무 많은 상가 공급량에 있음을 알 수 있다. 실제 꽤 많은 실패 사례를 찾아볼 수 있는데 그 중 한 사례를 보자.

다음 사례는 신도림역에 위치한 신도림 테크노마트 전자 테마 상가 사례다. 상가 분양 당시 입지와 테크노마트라는 이름으로 큰 인기리에 분양 진행/완판된 곳으로 2007년에 준공되었다. 일반 상가와는 달리 대략 3.5평 정도의 공간을 사진(다음 페이지)처럼 바닥으로 구역을 구분하여 판매했고, 각 층마다 업종을 지정하여 운영하게 되어 있었다. 대부분 판매 시설로 각 층마다 업종을 달리 적용하였는데, 1층의 경우 생활 제품 전용 쇼핑 구역으로 전용 면적 3.5평 정도의 공간을 3억 원 정

도에 분양 했었다. 입점 후 처음에는 장사가 되는 듯하였으나 너무 많은 공급으로 공실이 늘어나고 경매도 점차 늘어나는 상황이 발생했다.

일자	비율	최저가	결과
2016.3.15	41%	118,374,000원	유찰
2016.10.26	11%	31,031,000	매각
2016.12.15		33,200,000 (11%)	미납
2017.01.10	11%	31,031,000	유찰
2017.02.14	9%	24,825,000	유찰
2017.03.22	7%	19,860,000	유찰
2017.04.26	5%	15,888,000	매각
	최종 매각 낙찰가 19,000,000 (7%)		

[경매 개시 후 낙찰까지의 경매 진행가격표]

[서울시 구로구 신도림동 테크노마트 상가 현재 1층 상가 구역의 모습]

해당 이미지는 실제 2015년에 경매가 진행된 사례로 3억 원에 해당하는 매물이 감정가는 2억 8,900만 원으로 평가받았다. 계속 유찰되다가 2017년도에 감정가의 7%에 해당하는 1,900만 원에 낙찰됐다. 사진을 보면 알 수 있지만 2017년뿐만 아니라 2024년 현재에도 1층 상가의 상당수가 아직도 저렇게 공실 상태로 남아있기도 하다. 임대가 들어와 있는 쇼핑 구역도 임대료가 20~30만 원 수준으로 처참한 수익률로 임차가 형성되어 있다. 전자 제품 매장으로 구성된 상층부 역시 공실이 많다. 다만 최근 상가 소유주들이 처음 정해진 업종의 규제를 바꾸고, 학원가 및 공공기관 등을 임차인으로 들이면서 유동 인구가 조금 늘어난 점은 장점으로 볼 수 있다. 신도림 테크노마트는 입지가 1, 2호선 환승역 출구와 연결되는 큰 이점으로 일부 업종 변경 후 수익률은 낮지만, 기존의 쇼핑 테마 상가에서 변화가 가능하게 되어 다행히 공실의 위험은 줄었다. 그러나 여전히 많은 서울 경기권의 쇼핑몰 상가들이 쉽게 해결책을 찾지 못하고 분양받은 소유주들은 계속 큰 손해가 발생하고 있다.

최근 이런 테마 상가의 한 유형으로 수변 상가를 들 수 있다. 수변 상가의 대표적인 케이스로 그나마 나은 상황인 곳이 경기도 김포시의 라베니체 상권이다. 이곳의 상황을 살펴보면 테마 상가 투자를 주의해야 한다는 것을 여실히 알 수 있다. 라베니체 상권에는 약 800m의 구간에 650여 개의 상가가 몰려 있다. 이 정도 규모라면 거의 전국적인 상권으로 성장하고, 김포뿐만 아니라 전국에서 사람이 몰릴 정도로 성공할 수 있는 규모의 상권이다. 하지만 이 많은 상가를 전부 채우기에는 유동

임대사업으로 월급 말고 월세 받기

인구가 적고, 또한 수변 상가는 야외 활동이 가능한 봄/가을 주말에만 사람이 몰린다. 평일과 여름, 겨울 비수기에는 거의 상권 활성화가 어려운 것도 현실이다.

[경기도 김포 라베니체 상권 중심가 주말 모습]

위 사진을 보면 마치 상권이 매우 활성화된 것으로 볼 수 있다. 하지만 이 마저도 최근 지자체의 노력으로 수로에 보트 체험을 운영하고, 버스킹 같은 인위적인 문화 활동으로 유동 인구가 일부 늘어난 것이다. 그러나 버스킹을 하고 있는 광장 중심지역을 50m만 벗어나도 다음 사진과 같은 모습이다. 김포 라베니체 상가는 신도시 계획 단계에서 한국의 베니스를 목표로 수로를 개발하고 수로 주변의 상권을 시민들이 즐길 수 있는 문화 공간으로 조성할 계획을 세웠다. 실제 상가의 모습을 보면 상당히 멋지게 지어지긴 했다. 문제는 목적에 부합한 어떤 문화 공간들을 채우기보다는 땅을 비싸게 파는 것을 목적으로 상업 지역으로 토지를 매각했다. 이를 매수한 시행사는 여기에 최대의 이익을 남기기 위해 상가를 상권의 크기와 배후 인구에 비해 너무 많은 상가를 공급한 것이 다수의 피해자를 양산하는 결과를 초래한 것이다. 지자체와 시행사에서 도시 기획 단계부터 적정 상가량을 파악하여 상가를 공급하고, 상권 활성화를 위해 공공문화 시설 및 주차 시설 등의 기반 시설을 좀 더 확보할 수 있었다면 상권이 좀 더 활성화되지 않았을까 싶다. 우리나라 대부분의 테마 상가들을 살펴보면 결국 업종의 제한과 많은 상가의 공급량으로 실패의 결과를 낳는다. 어느 한 업종으로 제한하고 많은 상가 공급이 이뤄지는 테마 상가는 투자 시 반드시 피하도록 하자.

[김포 라베니체 지역의 공실 가득한 수변 상가]

▶테마형 상가 주의 사항

- 일반적인 상가가 아닌 쇼핑몰 및 테마가 정해진 대규모 상가는 투자 금지 (Ex. 쇼핑몰 상가 / 수변 상가 / 스포츠 상가 등)

- 상가는 배후 수요와 상가의 공급 및 업종 적정성 등을 감안하여 투자하는 것이 중요하다.

- 테마형 상가의 실패 이유는 너무 많은 공급량 때문이다. 따라서 테마형

임대사업으로 월급 말고 월세 받기

상가는 배후 세대 등을 고려하고 일반 상가와 같은 기준으로 판단할 필요가 있다.

"절대 투자하면 안 되는 큰 손해를 볼 수 있는 수익형 부동산은?"

No. 1. 분양형 호텔 및 생활형 숙박시설은 운영과 소유가 분리된 점에서 투자에 신중해야 한다.

No. 2. 분양형 호텔 투자는 지방은 피하며, 간혹 서울 도심에는 운영이 투명하며 수익성 있는 호텔 중 수익률 5% 이상의 투자 가능한 물건도 있다.

No. 3. 신도시 지식산업센터는 실입주가 아닌 임대사업으로는 부적격하므로 투자에서 제외한다.

No. 4. 2024년 현재 기준으로 업무 시설은 임대료와 매매가 기준으로 4% 이상의 수익률을 확보한 경우에 한하여, 분양이 아닌 준공 5년 이상된 서울 역세권 지식산업센터와 사무실 건물로 제한하여 투자 물건을 고려한다.

No. 5. 서울의 지식산업센터 투자 시 매매가 기준으로 전용 평당 4,000만 원을 넘어서면 투자를 보류한다(어떤 경우에도 은행 예금 이상의 수익률이 나올 수 가 없는 가격이다).

No. 6. 의류 상가/쇼핑몰 상가/수변 상가 등 테마에 의한 목적성을 갖고 찾아와야만 형성될 수 있는 상가는 투자를 피한다.

No. 7. 지식산업센터/분양형 호텔/테마 상가 모두 투자하기 전에 현장에 직접 가서 임대료 조사와 지역 조사를 세부적으로 확인해야 한다.

Ⅲ

은퇴 세대의
수익형 부동산 투자법

01

대한민국 직장인들의 은퇴 준비는?

우리나라 직장인들의 라이프 사이클은 대체로 비슷하다. 대학교를 졸업하고 혹은 정규 학업을 마치면 취업을 한다. 취업 후에는 결혼으로 가정을 꾸리고, 내 집 마련을 위해 전력을 다해 자금을 모은다. 그렇게 치열하게 살다가 40대 이내에 내 집을 마련하면 사람들은 소위 '그래도 성공한 직장인에 속한다'라고 말한다. 하지만 내 집 마련을 했다고 해서 끝난 게 아니란 걸 모두 알고 있다.

맞벌이 부부라면 내 집 마련 시 받은 대출을 상환해 나가고, 자녀가 태어나면 소득의 대부분이 생활비와 대출 상환 및 자녀 관련 비용으로 쓰인다. 90% 이상의 직장인이 이런 삶을 살다가 제대로 된 노후 준비도 하지 못한 채 은퇴를 맞는다. 그들에게 남는 것은 대체로 퇴직금과 국민연금뿐이다. 현재 국민연금은 65세부터 지급된다. 만약 이전에 은퇴하게 되면 퇴직금만으로 은퇴 생활을 해야 한다. 이때 급한 마음에 자칫 잘못된 투자를 하게 되면 퇴직금만 날리고 큰 손해를 볼 수 있다.

과연 은퇴 이후 제2의 삶을 위해 어떤 노후 준비를 해야 할까? 아마 현재를 살고 있는 모든 이의 고민일 것이다. 보통 은퇴하신 분들이 노후 생활을 하기에 가장 적합한 업종이 임대사업이라고 생각할 수 있다.

하지만 임대사업은 불로소득이 아니다. 어느 정도 임대사업을 위한 지식도 있어야 하고, 수익형 부동산 투자 시 적합한 물건을 찾을 수 있는 실력도 키워야 한다. 이번에는 은퇴 세대의 사례를 통해 은퇴자들이 어떻게 임대사업을 해야 하는지 하나씩 살펴보자.

02

잘못된 상가 투자는 안정된 노후를 망칠 수 있다

(1) 50대 N 님의 판교 상가 투자 사례

2015년 은퇴하신 N 님은 직장(수원 영통)과 집으로 출퇴근이 가능하며 자녀 교육 등을 고려하여 일찌감치 분당에 내 집 마련을 하여 살아왔다. 2기 신도시로 새롭게 개발되는 판교 개발을 보면서 보유하고 있던 현금으로 미리 노후 준비를 위해 임대사업을 통한 월 수익을 마련할 계획이었다. 이를 통해 저축을 늘리며 노후를 준비할 목적으로 2001년에 판교의 1층 상가 한 곳을 분양받았다. 여기서 문제가 발생했다. 초기부터 해당 상가의 임대료가 생각보다 낮았다. 겨우 이자만 메꾸는 정도의 임대료밖에 받을 수 없었고 그마저도 현재는 임대료가 더 떨어지면서 1년 이상 공실로 시간을 보내게 되었다.

이런 상황이다 보니 매각도 안 되고 손해도 크게 보고 있다. 판교란 지역이 아파트 가격 등을 살펴보면 실패할 곳이 아닌데 어떤 상가이길래 이렇게 실패를 하게 되었는지 처음 상담할 때 상당히 궁금했었다. 해당 상가를 살펴보기 위해 현장을 방문한 뒤에야 크게 잘못된 투자라는 것을 알 수 있었다. 지역만 보고 투자하게 되면 N 님과 같은 실수를 누구나 범할 수 있을 것 같다. 왜 판교라는 좋은 지역임에도 불구하고 큰 손해가 발생했고, 공실이 발생할 수밖에 없었을까?

[경부고속도로 축과 동판교와 서판교 상가 위치- 출처 : 카카오맵 (https://map.kakao.com)]

1) N 님의 상가 입지 특징

판교는 경부고속도로를 축으로 동판교와 서판교로 나뉜다. 동판교는 기업과 회사 및 상업 시설이 들어서 있다. 서판교는 지도 좌측으로 녹지가 많이 발전되어 있고 주로 주거 지역으로 고급 주택들도 많이 들어서 있다. N 님이 투자한 곳은 위 지도의 빨간 네모 표시된 곳의 상가였다. 서판교 상가는 공급 시기가 동판교의 업무지구 상가 분양 시기와 비슷한 시기에 분양을 했었고, 동판교 대비 10~20% 정도 저렴한 가격이었다. 분양 당시에는 시작과 동시에 모두 분양되었다. 다만 입지 측면에서 보면 동판교와 비교하면 안 되는 상가였다. 동판교는 적은 면적의 대지에 많은 기업이 몰려 있고 유동 인구가 많은 지역이다. 하지만 서판교의 상가 주변 배후는 아래의 사진처럼 배후 인구가 너무 적은 곳으로 용적률이 낮은 아파트와 단독 주택지가 몰려 있다.

[서판교 상가와 배후 단독 주택 지역 모습]

배후 세대는 3개 단지 아파트 1,203세대와 단독 주택 약 200세대 정도로, 주거 인구는 대략 3,000~4,000명 밖에 안 되지만 상가 건물은 약 4개 동으로 이뤄졌다. 무엇보다 중심 상권이 아니다 보니 학원가나 병원가로 구성될 정도는 아니고 바로 인근에 운중동 학원가 상권을 이용 중이기도 하다. 이런 곳은 작은 상가 건물 4개가 위치하여 상권이라 부르기는 어렵고 그래서 상가 임대료도 높게 받기 어려운 지역이다. 그런데 판교라는 이름만으로 1층 상가는 전용 평당 8,000만 원 정도에 분양이 이뤄졌고, N 님은 9평의 상가를 거의 8억 원에 분양을 받았다.

2) N 님의 투자 관련 손실액

N 님은 이곳에 투자하기 위해 4억 원의 대출을 받았고 보증금 3,000만 원 / 월세 230만 원에 임대를 줬었다. 하지만 계속 임대료가 낮아져서 2년 전인 2022년에는 보증금 3,000만 원 / 월세 110만 원을 받고 있었고, 이마저도 최근에는 임대 기간 만료 후 연장하지 않고 공실 상가로 남게 되었다. 시장에 4억 8,000만 원에 내놓았지만 팔리지 않는 상황이다. 만약 4억 8,000만 원에 매각되면 N 님은 처음에 대출 4억 원과 보증금 3,000만 원을 빼면 취득세까지 포함해서 약 4억 원을 투자한 것이다. 즉 투자금 4억 원 중 3억 5,000만 원의 손실을 보고 5,000만 원만 회수하게 된다. 물론 공실 기간의 관리비, 임대료, 이자 등은 제외한 금액이다. 이것까지 감안하면 4억 원 모든 금액을 손실로 봐야 한다. 물론 이 가정도 4억 8,000만 원에 매각이 되었을 때다. 사실 100만 원 초반대의 임대료가 정상 임대료라면 2~3억대 가격의 상가란 말이 된다. 그럼 손실은 더욱 커진다.

3) N 님의 투자 손실 이유

판교라는 지역의 이름에 기대어 상가 배후 인구 대비 분양가가 너무 높게 책정되었다. 사실 이곳은 상업 용지로써는 낙제점인 곳이다. 우선 동판교의 업무지구 배후가 될 수 없을 위치다. 또한 가까운 거리에 운중동 상권이라는 중형 규모의 학원가 상권도 있어서 사실상 독립적인 상권으로써의 가치는 떨어지는, 흔히 얘기하는 C급 상권이라고 볼 수 있다. 하지만 상가의 분양 가격은 거의 판교 업무지구 중심 상권에 해당하는 가격이 매겨지다 보니 당연히 손실을 볼 수밖에 없었다. 즉 비싼 가격에 투자하게 되면 회복이 불가하다. 적정 가격을 산정하는 것이 중요한데 이를 알기 위해서는 상가의 배후 세대를 파악하고 어떤 업종이 들어올 수 있는지 상권을 기준으로 파악할 수 있어야 한다.

(2) 상가 적정 가격 파악하기

상가 투자를 실패하는 가장 큰 이유는 적정 가격을 파악하지 못하는 것이다. 대부분의 투자자는 수익형 부동산 투자 전에 주택 및 아파트에 투자해 본 것이 전부다. 따라서 상가도 아파트를 보듯 지역의 이름과 위치만 보고 투자하곤 한다. 하지만 앞선 판교 사례처럼 지역 이름만으로 투자하게 되면 큰 낭패를 볼 수 있다. **상가는 지방이라고 해서 임대료가 낮고, 서울 강남이라고 해서 임대료가 높은 것은 아니다.** 같은 건물 내에서도 임대료 차이가 클 수 있는 것이 바로 상가다. 상가 투자는 아파트와 완전히 다른 판단 기준으로 살펴봐야 하는데 다음 사례를 한번 보자.

서울 송파구 대표적 재건축 단지인 헬리오시티의 상가는 상가 투자자에게 상당히 매력적으로 보이는 곳이었다. 9,510세대의 단지와 약 3만 명 이상 거주하는 배후 세대를 둔 단지 내 상가다. 8호선 송파역 출구 바로 앞에 위치하고, 바로 상가가 연결되어 상가 구조도 훌륭하다.

이런 입지 역시 상가 분양 당시 인기를 끌 수 있는 요인이었다. 단지 내 상가이다 보니 배후 세대 수 대비 상가의 공급량 역시 그리 많지 않아 공실 가능성이 낮은 상가였다. 그래서 더욱 투자자들에게 인기가 많았다. 하지만 문제는 분양가와 임대료였다. 1층 상가 기준으로 전용 면적 3.3m^2당 1억 2,000만 원~1억 8,000만 원 사이에 분양되었다. 임대료는 2024년 현재 기준으로 메인 역 앞 상가의 경우 전용 면적 평당 임대료는 위치에 따라 25~35만 원 사이에 형성되어 있다.

[헬리오시티 단지 내 상가 현황]

층	사례 호실 분양가(원)	전용 면적 (평)	임대료(만 원)	수익률(%)
B1F	544,000,000	11	3,000 / 110(공실)	2.57%
1F	2,390,000,000	18	1억 / 600(공실)	3.14%
2F	2,012,000,000	31	1억 / 590	3.70%
3F	1,912,000,000	30	1억 / 500	3.31%
4F	1,001,000,000	19	5,000 / 290	2.40%

[헬리오시티 단지 내 상가 분양가 및 2024년 2월 기준 임대료 현황]

층별 분양가와 현재 시장에 나와 있는 임대 호실의 사례를 구성해 보면 앞의 표와 같다. 그래도 다행히 초기에 높은 임대료로 인하여 공실률이 높았지만 차츰 임대료가 현실화되면서 안정성을 찾아가고는 있다. 다만 표에서 보듯이 임대 수익률이 낮을 수밖에 없다. 현재 임대료는 아파트 단지와 배후 세대 수 등을 감안해 보면 거의 최대치의 임대료로 볼 수 있다. 상가의 평당 임대료 기준과 실제 어느 정도의 가격이 적정 가격인지 표를 아래 표로 비교해 보자.

	A급 중심 상권 전용 평단가	B급 주거지 상권 전용 평단가
1층 상가	임대료 : 20~50만 원 매매가 : 6,000~12,000만 원 수익률 : 3%~4.5% 내외 수익률	임대료 : 12~30만 원 매매가 : 3,000~8,000만 원 수익률 : 4%~5%
2층 상가	임대료 : 11~20만 원 매매가 : 2,500~4,500만 원 수익률 : 4%~5%	임대료 : 7~13만 원 매매가 : 1,500~4,000만 원 수익률 : 5%~5.5%
3층 이상 상가	임대료 : 8~15만 원 매매가 : 1,800~4,000만 원 수익률 : 4.5%~5.5%	임대료 : 5~10만 원 매매가 : 1,300~2,200만 원 수익률 : 5%~6%

[필자의 손품 발품 – 실제 상가의 층별 임대료 비교]

위 표의 가격은 실제 현장을 돌아다니면서 여러 지역의 매매가와 임대료 임대 수익률을 조사하여 표본화한 금액이다. 지역과 위치마다 약간의 차이가 있을 수 있지만 상가 임대료는 지역별 편차가 크지 않았다. 특히 상층부는 더욱 그렇다. 해당 표를 분석해 보자. 우선 A급 중심 상권과 B급 주거지 상권으로 나눴다. A급 중심 상권은 누구나 서울의 구별, 경기도, 지방의 시별 약속 장소를 의미한다. 예를 들면 구로구의

임대사업으로 월급 말고 월세 받기

신도림역, 강서구의 발산역, 노원구의 노원역, 부산의 서면, 대전의 은행동 등이다.

공통점을 보면 기본적으로 한 지역만이 아닌 여러 곳에서 모이는 광역 상권의 특징을 갖는다. A급 프랜차이즈들이 모여 있고 은행이 2층에 있으며, 주변에 업무지구가 밀집되어 있다. 반면 B급 주거지 상권의 특징은 바로 학원가 상권이라는 공통점이 있다. 통상 배후 주거 세대를 5,000세대 이상 갖추고 있고 초중고 학군이 모여 있는 지역의 중심에 위치한다. 대부분의 주거지가 이런 상권에 해당한다.

통상 업무지구 및 지역의 대표 상권들의 임대료를 보면 1층 기준으로 평균 전용 평당 30만 원 정도에 형성되어 있다. 점심 시간에는 직장인들의 점심 상권으로 형성되고, 저녁 시간에는 모임 장소로 회식 및 다양한 문화의 공간으로 변모한다. 즐길 거리가 많고 금융기관 및 사무실 같은 업무 시설이 밀집해 있다. 따라서 상권의 안정성이 크다. 대신 그만큼 상가 가격이 비싸고 거품이 낄 수 있는 여건을 갖추고 있다.

사실 헬리오시티 상가의 분양가는 웬만한 A급 상권 상가의 가격보다 높다. 심지어 홍대 상권 대부분의 상가보다 높은 가격을 보이기도 한다. 헬리오시티의 상권은 전형적인 주거 지역으로 A급의 업무지역이 모인 상권보다는 학원가로 모인 5,000세대 이상의 상권과 유사하다. 물론 세대 수 대비 상가 비율이 높은 편은 아니어서 일반 학원가 상권보다는 높은 임대료로 형성되어 있기는 하다. 하지만 이런 A급 상권 상가에도 단점은 있다. 비싼 가격도 단점이지만, 상권의 변화가 심하기도 하다. 특히 이번 코로나19 사태 시에 모임 금지, 재택근무가 늘어나면서 상권 내 자영업자들의 매출이 크게 줄었다. 하지만 주거 지역의 학원가 상권들은 재택근무가 늘어나면서 오히려 매출이 늘기도 했고, 코로나19 초기에 타격을 받기는 했지만 학교 비대면 수업이 늘어나면서 오히려 학원 의존도가 더 높아져 안정적으로 운영되기도 했다.

이런 내용을 감안하여 A급 상권과 B급 상권의 상가 임대료, 매매가, 수익률을 정리한 것이다. 실제 임대료와 매매가 편차는 상가의 코너 면에 위치 여부, 업종 등에 따라 차이가 있다. 특히 1층은 건물 내에서도 차이가 크지만 표의 편차 정도로 형성되는 것을 볼 수 있었다. 상층부는 편차가 줄어들고 지역별 편차도 차이가 크지 않다. 즉 예상 임대료 대비 저렴한 가격에 사는 것이 수익형 부동산에서는 매우 중요하다.

[서울 마포구 공덕동 A급 업무 상권 Vs. 경기도 신도시 B급 학원가 상권]

헬리오시티 상가와 A급 상권 중 강남역 상권과 함께 국내 최고 대표 상권 중 하나인 홍대 상권을 예로 들어 가격을 비교해 보자. 홍대 상권은 2호선 홍대입구역을 중심으로 다음 지도에 빨간색으로 표시된 A구

임대사업으로 월급 말고 월세 받기

역 대로변 약 500m 정도는 최고의 임대료가 형성되어 있다. 전용 평당 약 50~70만 원 정도까지 높다. 주로 통신사 직영점, 올리브영 같은 대기업 직영 판매점, 카카오샵 등 대형 프랜차이즈 직영점이 즐비하게 입점해 있다. 실제로 직선거리 500m 구간에 스타벅스 매장만 5개가 들어서기도 했다. 이 정도 임대료는 사실 매출로만 유지해야 하는 가맹점으로 운영이 불가능하다. 대개 대기업 프랜차이즈 직영점이 입점하면서 매장에서 손해가 발생하더라도 가맹점 유치 등을 위한 안테나샵[1]이 들어서는 입지이며, 최근에는 다양한 브랜드가 합쳐진 편집샵 등도 들어서고 있다.

이렇게 최대의 임대료를 받는 곳은 생각보다 많지 않다. 정확하게 대로변의 건물 직선거리 500m 및 대로변에 위치한 한 면의 건물에만 해당되면 바로 이면의 상가부터 임대료가 크게 떨어진다. 예를 들어 파란색 표시된 B지역은 '홍대 앞 걷고 싶은 거리'라 불릴 정도로 유동 인구가 많은 곳이다. 이곳은 버스킹이 많이 이뤄지고 홍대 상권을 상징하는 곳이다. 유동 인구도 실제 A면의 대로보다 훨씬 더 많다. 하지만 이곳의 임대료를 살펴보면 전용 평당 25~30만 원 사이에 형성되어 있다. 심지어 한 블록 정도 더 안쪽으로 들어가면 전용 평당 12~18만 원 정도 사이의 임대료로 떨어진다. 이 정도의 임대료는 웬만한 주거 지역의 단지 내 상가 1층의 임대료다. 이처럼 임대료를 산정할 때 냉정하게 생각할 필요가 있다. 홍대 상권의 경우에도 최고 임대료를 받을 수 있는 건물

---

1   안테나샵 : 상품의 판매동향을 탐지하려고 메이커나 도매상이 직영하는 소매점포를 말한다. 의류 등 유행에 따라 매출액이 좌우되기 쉬운 상품에 관해 재빨리 소비자 반응을 파악해 상품개발이나 판매촉진 연구를 돕는 전략점포를 말한다. 대형 프랜차이즈 업체에서는 이처럼 고객의 반응을 테스트하는 목적으로 쓰이기도 하지만, 가맹점 유치 시 광고판 같은 역할을 하기도 한다. 다른 용어로는 파일럿샵으로 부르기도 한다.

은 20여 개 남짓에 불과하다. A급 임대료를 받을 수 있는 경우가 많지 않음을 쉽게 알 수 있다.

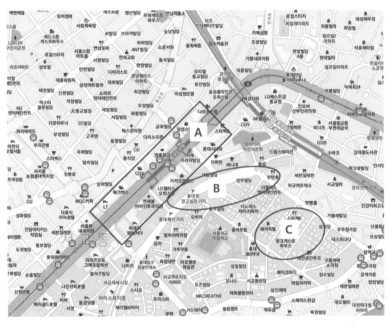

[홍대 상권 지도 및 메인 건물 지역 – 출처 : 카카오맵 (https://map.kakao.com)]

상가 투자에 앞서서 적정 임대료를 산출하고, 적정 매매가를 계산할 수 있어야 한다. 헬리오시티 상가의 경우 입지나 배후 세대 동선에서는 모두 양호하였지만, 큰 단점은 바로 분양 가격에 있었다. 임대료의 시세는 누구나 쉽게 조사할 수 있다. 필자는 상가 임대료 조사 전에 우선 인터넷으로 시세를 파악해 본다. 요즘은 '네이버 부동산'만 보더라도 임대 물건 조사를 바로 알아볼 수 있다. 특히 최근에는 실소유주 인증이 되어있기 때문에 허위 매물이 별로 없으므로 어느 정도 인터넷상으

임대사업으로 월급 말고 월세 받기

로도 시세 조사가 가능하다.

인터넷 조사를 했다면 현장을 꼭 방문해 본다. 물건을 올린 부동산에서 확인하고 현장을 가보면 주변 대비 현저하게 저렴하거나 비싸게 나온 매물을 조사하고 원인을 파악하며 인근의 적정 시세를 조사할 수 있다. 어느 정도 손품과 발품 약 2시간 내외면 대략의 적정 임대료는 파악할 수 있다. 그리고 임대료를 기초로 매매가를 추정하고 적정 매매가 안에 들어오면 투자 매물 추천으로 이어진다. 헬리오시티의 임대료 대비 적정 가격을 매매 사례로 계산해 보면 다음과 같다.

[헬리오시티 상가 적정 가격 계산(B급 학원가 상권의 수익률로 추산)]

- 1층 상가: (600만 원×12개월) / 4% + 보증금 1억 = 19억 원 < 24억 분양가
- 2층 상가: (590만 원×12개월) / 5% + 보증금 1억 = 15억 1,600만 원 < 20억 1,200만 원
- 3층 상가: (500만 원×12개월) / 5.5% + 보증금 1억 = 11억 9,090만 원 < 19억 1,200만 원
- 4층 상가: (290만 원×12개월) / 5.5% + 보증금 5,000만 원 = 6억 8,272만 원 < 10억 100만 원

위 계산식처럼 층별 시장의 수익률을 감안하여 계산해 보면 적게는 4억 원에서 많게는 8억 원까지 매매가 산정액과 차이가 크다. 따라서 헬리오시티 상가는 처음에 높게 책정된 임대료로 인하여 임대도 어려웠고 매매도 되지 않는 상가가 되었다. 사실 배후 세대가 많기는 하지만 헬리오시티 단지 내 상가가 홍대 상권처럼 안테나 상가가 들어올 A급 위치로 보기는 어렵다. 적정 수익률 판단 시에는 B급 주거지 학원가 중 좋은 편에 속하는 기대 수익률로 판단해야 한다. 수익형 부동산은

헬리오시티 상가 사례에서 볼 수 있듯이 지역의 입지와 개발 이슈로 투자하는 것이 아니다. 철저하게 임대료가 반영되어야 한다.

살펴보다 보면 1층 상가가 유난히 기대 수익률을 낮게 책정하는 것을 알 수 있는데, 이 부분은 시장에 통용되는 기대 수익률이다. 1층은 유동 인구 변화에 따라 임대료가 급변하기도 하고 상층부에 비해서 그만큼 위험성이 낮다고 평가된다. 만약 1층 상가의 현재 임대료는 낮지만 지역에 기업이 들어선다든지, 갑자기 유동 인구가 급격히 늘어날 요인이 있다면 더욱 기대 수익률을 낮춰서 매매 가격을 산정해도 된다.

하지만 아파트 단지 상가처럼 이미 정해진 배후 인구에서 유동 인구가 늘어날 요소가 없다면 보수적으로 계산하여야 하고, 현재 기준 금리 3.5%의 시장에서는 4~5% 정도의 평가가 적절해 보인다. 헬리오시티는 역세권이라는 점, 수요가 많은 강남권에 위치한 점, 5,000세대 이상의 배후 세대를 갖춘 점을 감안하여 1층 상가의 경우 4%의 기대 수익률을 반영하여 가치를 평가하는 것이 적절해 보인다. 이처럼 상가의 가치 판단은 아파트와 완전히 다르다는 점을 이해하고 투자에 나서야 한다. **상가 투자 시에는 반드시 나만의 적정 가격 기준을 만들어보고, 모든 평가에 있어서 적정 임대료를 산정한 후 판단하도록 하자.**

(3) 상가 투자 시 피해야 하는 다양한 상가 유형들

앞에서 절대 투자해서는 안 되는 상가 유형으로 테마 상가와 고분양가 및 매매가 상가에 대해 알아보았다. 상가의 유형은 다양하고, 실패할 수 있는 상가의 종류 역시 세밀하게 살펴야 한다. 상가 투자는 잘 하면 매월 안정적인 임대 수익을 확보할 수 있고 권리금이 발생하며, 좋은 업종으로 임대 맞춰진 상가는 어떤 투자재보다 황금알을 더 낳는 거위 역할을 한다. 은퇴하신 분들에게는 금보다 더 효자 같은 역할도 한다. 하지만 잘못 투자하면 큰 목돈을 날릴 수 있는 것 역시 상가다. 상가 투자 시 절대 하면 안 되는 상가들에 대해 실제 상담의 결과와 현장을 보면서 느꼈던 내용을 함께 공유해 보려고 한다.

▶ 노출이 안 되는 내부 상가

[외부 노출이 되지 않는 상가 예시]

사진 속 상가는 실제 9호선 출구와 연결된 1,281세대 오피스텔의 1층 상가다. 이 건물은 다수의 대기업과 중소기업을 배후로 두고 있으므로 향후 입주할 기업 인구만 3만 명 이상이다. 자체 오피스텔도 1,000세대가 넘는 규모로 상가 발전 가능성이 높은 건물 중 한 곳이다. 하지만 이런 건물 내에서도 피해야 할 상가가 있다. 사진의 상가는 복도에서 마주 보고 있는 형태다. 외부에서 노출이 가능하고 대로와 연결되어 가시성이 좋은 상가를 1번 상가라고 해보자. 그리고 사진에서 바로 보이는 것처럼 외부에 노출이 안 되고 복도상에서만 보이는 상가를 2번이라고 정해 보자. 1번 상가는 분양 당시 전용 면적 10평에 분양가는 7억 5,000만 원 정도에 분양이 이뤄졌고, 비록 내부 상가이지만 도면상 넓은 정원과 지하와 연결된 광장이 보이는 가시성이 괜찮은 입지에 위치해 있다.

반면 2번 상가는 내부 복도에 위치했고 전용 면적 6.3평에 분양가는 4억 5,000만 원이었다. 실제 분양 당시에는 2번 상가가 먼저 분양되었고 프리미엄도 붙어 거래되었다. 이유는 마곡의 1층 상가에 5억 이하의 금액이었고, 주변의 개발 이슈 등으로 발전 가능성이 높았기 때문이다. 하지만 상가는 이런 식으로 매매하면 안 된다. 실제 건물이 완공된 후에 상가 임대 진행 시 1번 상가는 준공과 동시에 부동산 중개사무소로 임대 계약되어 운영되었고, 지금도 운영 중이다. 하지만 2번 상가는 수년에 걸쳐 공실에 놓였었고 최근 바로 앞 상가 식당의 창고로 임대 계약되었다. 임대료도 처참한 수준인 보증금 500/월 임차료 40만 원이다.

사실 이 상가 계약에 앞서 살펴봐야 했던 것은 바로 도면이다. 아무리 입지가 좋아도 어떤 업종이 들어올 수 있을지 생각해봐야 했다. 도면에서 2번 상가는 외부에 노출이 전혀 되지 않는다. 심지어 2번 상가를 가기 위해서는 상가 입구를 찾아서 내부로 들어와야 하고, 내부 복도도 2m의 폭으로 외부인이 건물 내부에 특별한 목적을 갖지 않으면 들어오기 어려울 구조였다. 면적도 작은 탓에 유동 인구가 아주 많아서 활발히 움직이는 동선의 상가가 아니라면 업종을 맞추기 어려운 구조의 상가였다. 이런 구조로 인하여 4억 5,000만 원의 상가가 2년 정도의 공실 기간을 가진 후 500/40만 원이라는 임대료에 창고 용도로 밖에 계약될 수밖에 없었다. 따라서 이런 내부 상가는 계약하지 않는 것이 좋다.

▶**건물 내 기둥이 과도한 상가**

[기둥이 과도한 상가 예시]

오피스텔 및 아파트의 주상 복합 건물 상가는 규모가 큰 아파트와 오피스텔을 기준으로 설계하다 보니 하중을 받는 기둥이 상가의 모양을 배려하여 설계되지 않는다. 이런 건물에 지어진 상가도 분양 전 꼭 도면을 자세히 살펴볼 필요가 있다. 도면을 자세히 살펴보면 의외로 상가 내부에 기둥 구성이 잘못 배치된 경우가 많다는 걸 알 수 있기 때문이다. 사진 속 상가 예시가 바로 그런 사례다.

해당 상가는 서울 역세권에 위치한 주상 복합 건물의 한 상가다. 이 상가도 대로변에 위치하고 주변 업무와 주거가 혼재된 지역으로 최고 입지다. 하지만 기둥이 과도한 호실은 완공된 이후 임대가 맞춰지지 않았고, 상가를 분양받은 분은 시행사와 해지 소송을 진행했고, 결국 계약금을 포기하는 선에서 합의 후 종료하게 되었다. 10억 원에 상가를 분양받아 1억 원이라는 큰 손해를 보게 되었다. 심지어 상가 기둥은 전용 면적에 포함되어 있다.

건물이 지어지지 않은 상황에서 매매가 아닌 분양을 받는 분양 상가는 (앞에서 내부에 있는 상가도 그렇지만) 도면을 정말 면밀하게 살펴봐야 한다. 기둥이 과도한 상가는 큰 손해를 보지 않기 위해 반드시 주의 깊게 살펴보길 바란다.

▶보도폭 3m 이하의 1층 상가

[서울 역세권 주변의 보도폭 3m 이하의 상가 사례 예시]

위 사진의 상가는 입지만 보고 매입하면 문제가 생길 수 있는 대표적인 사례다. 서울 역세권 도보 1분도 안 되는 메인 거리에 위치해 있고 배후에 주거 지역과 업무 지역을 같이 끼고 있는 최고 상권 지역 중 한 곳이다. 하지만 이상하게 업종과 임대료를 보면 좋은 업종이 없는 경우가 간혹 있다. 이런 경우에는 대부분 여러 이유가 있지만 보도폭과 가로수가 이유가 되기도 한다. 위 예시 사진이 바로 그 이유를 갖춘 상가다.

역세권 앞이고 업무지구이며 대로변에 위치했지만, 보도의 폭이 2m이고 가로수로 가려진 상가라서 철물점 및 중심 상가에 맞지 않는 업종이 자리잡고 있다. 보통 이 도로를 걷는 사람들은 이 자리에 어떤 가게가 있는지 잘 보지 않고 지나간다. 머물지 않고 지나는 사람들이 많다 보니 좋은 업종이 들어올 수 없었다. 따라서 임대료 역시 10평의 상가에 70만 원이라는 임대료로 동네 골목 상권보다 못한 임대료를 받고 있다. 상가를 매매할 때 반드시 참고해야 할 항목 중 보행을 방해할 수 있는 상가 앞 보행자도로의 폭과 가로수도 잘 살펴보자.

은퇴자의 자산 배분 사례

통계청에서 발표한 2023 고령자 통계를 보면, 65세 이상 고용률은 36.2%로 OECD 국가 중 최고 수준에 달한다. 실제로 은퇴 이후 적정 은퇴 소득은 월 310만 원 정도가 필요하다. 반면 은퇴 이후 소득을 보면 전체 은퇴자의 89%는 198만 원 이하의 소득이 발생한다. 이 소득에는 국민연금 및 기초연금과 부동산 임대소득 및 금융소득 등이 합산되어 있다. 결국 소득 내용을 보면 실제 대다수 은퇴자는 공적연금을 제외하고 따로 은퇴소득이 준비되지 않고 있다는 것을 의미한다. 요즘은 은퇴 시기가 사람마다 다르지만, 50대 후반에 은퇴하면 국민연금이 지급되는 시기까지 소득 절벽 구간이 발생한다.

은퇴 시에는 자산 대부분을 차지하는 현재 가진 주거용 자산을 활용하여 은퇴 자금을 마련하는 방법을 취해야 한다. 그리고 다주택자의 경우에도 자산의 리밸런싱Rebalancing을 통해 매매 차익을 기대하기보다는 당장의 소득을 늘릴 수 있는 임대 수익형 부동산으로의 자산 전환이 시급하다. 실제 서울의 아파트 한 채 가격이면 어느 정도 은퇴 자산 준비가 가능하다. 이번 사례자의 이야기가 자신과 유사하다고 생각되는 독자라면 유의 깊게 보고 대비하길 바란다.

(1) 아파트 3채 보유한 O 님의 자산 배분을 통한 노후 준비 사례

O 님(58세, 남, 대기업 은퇴)은 회사에 다닐 때도 재테크에 관심이 많아 경매로 아파트도 매입하고, 은퇴 당시에는 아파트 3채를 보유하고 있었다. O 님이 상담을 신청한 이유는, 본인이 보유한 부동산 자산은 많지만 당장 은퇴 후 생활 자금이 부족하고 자산을 어떻게 구성해야 할지 고민했기 때문이다. O 님은 상담을 통해 자산을 재조정하여 생활 자금 확보 방안을 찾게 되었다. 우선 O 님의 자산 상담 전 자산 현황을 살펴보자.

자산 현황(아파트)	매입 시기	매입 가격	매각 금액	전세 보증금
영등포구 109㎡	1999년	1억 6,000만 원	13억 원(시세)	4억 원
김포시 138㎡	2001년	2억 원	4억 5,000만 원	2억 원
고양시 133㎡	2015년(경매)	3억 5,000만 원	6억 3,000만 원	거주 중

[O 님의 부동산 자산 현황]

O 님은 30대 초반에 실거주 목적으로 9호선 역세권 영등포구에 대단지 아파트 한 채를 매입하여 2015년까지 실거주했다. 2001년에는 아파트 매매 가격이 상승하는 것을 보면서 경기도 김포에 나중에 부모님과 함께 거주할 목적으로 138㎡의 아파트를 매입했다. 이 집은 원래 목적으로 활용하지 못하고 전세를 준 채로 2021년까지 계속 보유했다. 이 집도 아파트 가격 상승기에 제법 가격이 올랐다. 2015년도에는 회사 사무실 이전 및 자녀 교육 관련하여 경기도 일산의 한 아파트를 경매로

낙찰받아 현재 실거주 중이다.

O 님의 상황을 보면 처음에 대출을 활용하여 집을 장만했지만 전세 가격 상승으로 대출을 모두 상환하고, 현재 거주하고 있는 집을 경매로 장만이 가능했다. 대출도 없는 상황이고 전세금 역시 다른 집에 비해 낮은 시세로 주고 있어서 매각 시 현금 회수율도 높을 것으로 판단했다. O 님은 퇴직 시 퇴직금 중간정산 등을 활용하여 확보된 현금이 1억 원 정도였다. 여기에 자녀 결혼 관련 비용 등 필요한 것을 감안했을 때 사실상 아파트 3채를 활용하지 못하면 노후 생활 자금 확보가 어려운 상황이었다. 또한 2021년 아파트 가격 상승기로 규제가 한창이었으며, 당시 다주택자에게는 양도소득세가 중과세되고 있었다.

실제 O 님은 3채를 2022년 당시 매각하게 되면 서울 영등포 아파트 11억 4,000만 원, 김포 아파트 2억 5,000만 원 고양시 아파트 2억 8,000만 원의 차익을 봤다. 이럴 경우 양도소득세 중과 시 소득세율 최고 65%까지 적용될 수 있으므로 주택을 매각하는 순서와 세금 절세 계획을 잘 세워야 한다. 2022년 5월 발표된 정부 정책 내용 중 중요한 내용이 바로 '다주택자 한시적 중과 배제 조건'이었다. 당시에 2023년 5월 9일까지 조정지역 내의 2년 이상 보유한 주택을 매각할 경우 다주택자 중과세를 배제하고 장기보유 특별공제를 적용해 주는 내용이 있었다. 물론 이 제도는 2023년 5월 이후에 연장하여 적용 중이기는 하다.

O 님이 상담을 요청한 시기가 2022년 5월이었고, 이 제도가 적용되어 마침 주택을 매각할 수 있는 시기라 판단했다. 따라서 우선 주택을 매각할 것을 추천했고 주택 매각 순서도 정했다. 이렇게 추진할 수 있도록 과정을 짧게 설명하였지만 사실 쉽지 않은 결정이었다. 이 과정에서 결정하도록 도울 수 있었던 가장 좋은 방법은 중과세가 적용되었을 때 양도소득세와 중과세 배제 기간인 2023년 5월 9일 이전에 매각 시의 세금을 계산 비교하여 안내한 것이다.

먼저 매각의 순서를 결정했다. 상대적으로 양도차익이 적은 김포 아파트를 22년 12월 이전에 매각 완료하고, 현재 거주 중인 고양시 아파트를 23년 1월~5월 9일 사이에 매각하여 서울의 아파트를 1주택으로 만든 후 9억까지 비과세를 만들고 매각하는 방안을 추천했다. 이런 주택 매각 이후에 만들어진 자금으로 임대 수익형 부동산 투자 계획을 만들어 현재 투자 진행 중이다. 그럼 각 주택의 양도소득세 계산이 어떻게 되는지 한 번 살펴보자.

▶2022년 매각 완료한 김포 아파트 양도소득세 계산

2022년 O 님은 첫 번째로 해야 할 일로 3채의 주택 중 가장 양도차익이 적은 김포 아파트부터 매각하기로 결정했다. 다주택자에게 아파트 매각 순서가 정말 중요하다. 특히 다주택자 중과세가 적용되는 시기에는 매매 차익이 가장 큰 주택을 1주택으로 만드는 것이 중요하다. 9억 원까지 1주택 비과세를 적용하고, 장기보유 특별공제를 적용하게 되면 세금 절세 폭이 크기 때문이다. 따라서 양도차익이 가장 적고 장기보유 특별공제도 적용받을 수 있는 시기였으므로 김포 아파트를 1차적으로 매각하기로 했다. 특히 2022년 당시 1년 한시 적용이라는 규제 때문에 급매로 처리했다. 사실 이 아파트는 다른 매물들이 5억 원 정도에 나와 있었기 때문에 쉽게 거래를 할 수 있었다.

이 시기 안에 매각하면 5,000만 원 저렴하게 내놓는 것이 세금 혜택이 더 컸다. 다음 표에서 보면 알 수 있듯이 중과세 적용과 중과세 적용 배제를 했을 때 세금 금액의 차이가 무려 1억 1,200만 원 이상이었다. 따라서 중과세 적용이 안 되는 시기에 급매로 처리하는 것이 유리하다는 것을 O 님께 어필하여 다행히 급매로 처리할 수 있었다. 이후 시장 상황이 급속히 냉각되었고, 지금은 같은 면적의 매물이 4억 원 이하의 가격에도 거래가 이뤄지지 않게 되었다. 세금 측면에서도 이익이 컸고 시장 상황도 잘 맞출 수 있는 결정이 되기도 했다. 매각할 때는 다시 더 오를까 고민이 컸지만 지금은 오히려 잘된 상황이 되었다.

김포 아파트 3주택 양도소득세 비교	
양도차익 : 2억 5,000만 원 / 보유 기간 : 21년	
3주택 중과 적용	3주택 중과 배제
소득세율 : 최고 68% 장기보유 특별공제 적용 배제 양도소득세 계산액 : 1억 4,890만 원	소득세율 : 최고 38% 장기보유 특별공제 적용 양도소득세 : 3,615만 원

[3주택 중과세율 적용 & 중과세율 배제 시 세금 비교]

▶2023년 2월 매각 완료한 고양시 아파트

고양시 아파트는 현재 거주하고 있는 아파트였으므로 매각을 설득하기가 더 어려웠다. 그럼에도 불구하고 서울 아파트의 양도소득세 절감액이 크게 되므로 반드시 1주택을 만들어야 함을 더욱 강조했다. 그래서 2023년에 매각을 할 수 있었다. 아마도 많은 분이 궁금해할 수 있다. 김포의 아파트와 고양시의 아파트를 2022년에 한 번에 매각할 수 있는데 왜 군이 2023년에 매각해야 하는지 말이다. 그 이유는 양도소득세는 1년 단위로 정산하는데 1년 내에 동시에 매각할 경우 양도소득 차익이 합산돼서 세금이 부과되기 때문이다. 이렇게 되면 세율이 상당히 크게 올라가므로 연도를 달리하여 매각하는 것도 감안해야 한다.

따라서 2023년 1월 이후에 매각하도록 안내했고, 가능하면 양도소득세 중과 배제 한시적 시한인 5월 9일 이전에 매각 및 등기 완료하도록 안내했다. 실제 2023년 3월에 매매 계약을 진행하고, 5월에 잔금을 진행할 수 있었다. 물론 그 이후 조정지역이 대거 해제되면서 의미는 없어졌지만 우연히 시장 상황이 더 나빠지기 이전에 매각되면서 오히려 잘 정리하게 된 사례다. O 님 가정은 같은 지역의 조금 더 작은 소형 평형대 전세로 이전했고, 향후 서울 아파트 매각 이후에 실거주 아파트를 매수하는 전략을 세워보기로 했다.

이렇게 설득하게 된 것은 결국 중과세 적용 시 세금과 중과세 배제 시 세금의 차이였다. 2023년에 고양시 아파트 매각 시 2022년에 김포 아파트를 매각하게 되면서 2주택자가 되었고, 3주택이 아닌 2주택 중

과세(일반 세율+20%)가 적용되었다. 이렇게 중과세가 적용되었을 때
와 중과 배제가 되었을 때 금액 차이를 앞의 3주택 사례처럼 계산해
보자.

고양시 아파트 2주택 양도소득세 비교	
양도차익 : 3억 8,000만 원 / 보유 기간 : 7년	
2주택 중과 적용	2주택 중과 배제
소득세율 : 최고 60% 장기보유 특별공제 적용 배제 양도소득세 계산액 : 2억 110만 원	소득세율 : 최고 40% 장기보유 특별공제 적용 양도소득세 : 1억 478만 원

[2주택 중과세율 적용 & 중과세율 배제 시 세금 비교]

2주택의 고양시 아파트 매도에도 양도소득세 중과가 적용되었을 때
와 중과 배제되었을 때 세금 차이도 거의 1억 정도의 세금 차이가 발생
했다. 따라서 일찍 매각하는 것을 추천했고 다행히 정리가 되었다. 고
양시 아파트 역시 매물 평균 시세보다 5,000만 원 정도 저렴하게 매각
하게 되었고, 4월에 매매 등기를 완료할 수 있었다.

▶김포 / 고양 주택 매각 완료 후 자산 정리

① 김포 주택 매각 완료 후 자금
　매매 금액 4억 5,000만 원 - 전세 보증금 2억 원 - 양도소득세 등 비용 4,200만 원
　= 남는 금액 2억 800만 원

② 고양 주택 매각 완료 후 자금
　매매 금액 6억 3,000만 원 - 양도소득세 등 비용 1억 1,000만 원 = 남는 금액 5억
　2,000만 원

결국 2개의 주택 매각 후 7억 2,800만 원의 자금을 만들 수 있었다. O 님은 이 금액 중 4억 원을 전세금으로 활용하여 가족이 살집을 구할 수 있었고, 남는 3억 원으로 임대 수익형 부동산 투자를 통해 월 소득을 만들 수 있게 되었다. O 님에게는 우선 주택 임대사업자 등록을 통해 서울 역세권 오피스텔 매수를 추천했다. 서울 지역 중 강남구/송파구/서초구/용산구를 제외한 전 지역이 조정대상지역에서 해제되면서 오피스텔 또는 도시형 생활주택을 매입 후 주택 임대업을 등록하게 되면 주택 수 배제 및 종합부동산세 합산배제 및 임대소득세의 경비율 60% 적용 등의 혜택을 누릴 수 있다.

안정적인 임대소득을 위해 O 님에게 서울 9호선 역세권의 10년 이내 원룸형 오피스텔 2채 투자를 추천했다. 현재 주택 임대업을 통해 매월 130만 원의 임대소득을 받고 있다. 또한 향후 서울 아파트 매도 후 경기도 신도시 아파트 30평대를 기준으로 6~7억 선의 매수를 고려 중이다. 서울 아파트를 매각하게 되면 현재 시세 기준, 남게 되는 자금은 9억 정도로 예상된다. 여기에 추가로 임대 수익형 부동산 매입을 통하면 월 총 임대소득으로 500만 원 이상 확보하는 계획을 세울 수 있다.

O 님은 은퇴 자금으로 가장 최우선 고려한 것이 공실 위험을 최소화하고 안정적인 임대소득을 가져갈 수 있는 것이었다. 그래서 공실 위험성이 가장 낮은 서울 역세권의 오피스텔 및 도시형 생활주택을 통해 임대사업을 시작하고, 서울 아파트 매각 후 병원 또는 학원 임대가 맞춰진 상가의 연 수익률 5% 이상을 목표로 투자하는 안을 추천했다. O 님이 이번에 어떤 물건에 투자했으며 투자하게 된 도시형 생활주택의 수

익률표의 체크리스트를 살펴보자.

임대 수익 구성 요소	외대 앞 도시형 생활주택	비고
1) 매입 가격	1억 8,000만 원	4년 전 분양가 / 전용 6평 원룸
2) 임대 보증금	1,000만 원	보증금 1,000만 원 / 월세 85만 원 계약 완료 (전세 사기 등으로 월 임대료 상승)
3) 취득세 등 비용	-	주택 임대사업자 등록 시 신규 분양 물건은 200만 원 이하 취득세 면제로 본 물건은 미분양된 시행사 보유분 물건을 분양 계약으로 매수
4) 실 투자금	1억 7,000만 원	분양가 - 임대 보증금, 기타 등기 비용 등은 30만 원 발생하지만 수익률 미반영
5) 연 임대료 수입	1,020만 원	월세 85만 원×12개월 (주택 임대사업은 부가세 면세 사업으로 부가세 발생하지 않음)
6) 투자 수익률	6%	연 임대료 수입 / 실 투자금 (1,020만 원 / 1억 7,000만 원)

[외대 앞 원룸형 도시형 생활주택 수익률표]

O 님은 보유 중인 현금과 김포와 고양시 아파트 매각 후 남는 금액을 활용하여 총 3억 4,000만 원 정도를 투자했다. 연 임대소득은 2,040만 원(2채×85만 원×12개월)을 받게 되었다. 가장 먼저 이 도시형 생활 주택은 최근 오피스텔 및 부동산 시장이 어려워지면서 분양이 안 되어 악성 미분양 물건으로 남아있었던 상황이었다. 따라서 시행사에서 할 인 분양을 통해 매각이 진행되었던 매물이다. 심지어 4년 전 분양가보

다 500만 원 정도 할인을 받아 매수할 수 있었고, 분양 계약이므로 주택 임대사업자 등록과 함께 취득세 면제 혜택도 받을 수 있었다. 또한 입지가 좋아 매월 순 소득으로 170만 원씩 받아서 생활 자금으로 활용할 수 있었고, 현재까지 같은 임차인으로 운영 중이다.

임대소득세 역시 주택 임대사업자 등록을 함으로써 본 물건으로 2024년 이후 매년 5월 종합소득세 신고 시 발생하는 세금은 60%의 경비율 공제 후 14%의 단일과세 세율을 적용하면, 약 114만 원 정도의 세금이 발생한다. 즉 2,040만 원의 연 임대 수익 중 114만 원의 소득세가 적용되면 실질 세율은 5.5% 정도의 세금이 적용되는 것과 같다. 주택 임대사업자는 O 님 입장에서는 서울의 대학가 역세권으로 공실 위험도 없고, 절세 효과도 큰 투자 물건이 될 수 있다. 만일 개인으로 O 님이 상업용 부동산에 투자하였다면 향후 연금소득과 합산하여 종합소득세 과세되므로 주택 임대사업자의 혜택이 더 크다고 볼 수 있다.

주거용 수익형 부동산 체크리스트	1호선 외대역 사례 물건	O	×
서울 / 경기 수도권 지하철 역세권 반경 500m 이내 여부	외대역 도보 2분 100m 위치	V	
대학가 / 인근 산업 단지 출퇴근 가능 등 적절한 배후 수요 적절성 여부	한국외대 / 시립대 등 대학생 및 종로 직장인 배후	V	
임대료 조사 결과, 투자 금액 대비 서울 지역 5%, 기타 수도권 5.5% 내외 여부	5.5% 수익률	V	
오피스텔이라면, 건물의 질 고려하여 2010년 이후 건축 여부 파악 (단열/방음 등 고려)	2020년 준공 건물	V	

건물 관리 및 방법 등 고려하여 100세대 이상 여부	450세대 아파트 / 도시형 생활주택 / 상가 복합 단지	V	

[주거용 수익형 부동산 체크리스트_외대 앞 도시형 생활주택]

[O 님 투자 사례 외대 앞 450세대 단지형 도시형 생활주택]

체크리스트 내용을 보면 O 님이 투자한 도시형 생활주택의 가장 큰 장점은 지하철역 2분 거리에 위치해 있다는 점이었다. 그리고 오피스텔과 도시형 생활주택, 아파트 및 상가까지 복합적으로 450세대 이상으로 구성된 복합 단지다. 일반적으로 서울의 소규모 오피스텔이나 도시형 생활주택은 토지가 협소하여 대부분 기계식 주차로 공급되거나 주차 여건이 좋지 않은 곳이 많다. 하지만 이곳은 100% 자주식 지하주차장으로 공급되어 주차 여건이 아파트와 동일하고, 주변 재개발 지역으로 아파트들이 계속 신규로 지어지면서 주변 환경도 신도시처럼 쾌적하게 변하는 곳이었다. 이런 점에서 인근 다른 오피스텔 및 도시형 생활주택 등 원룸의 임대료에 비해 5% 정도 높은 임대 가격에 형성되어 있기도 하다.

또한 최근 전세 사기 등이 발생하면서 전세 수요는 줄고 월세 수요는 늘어 월 임대료 역시 높은 수익률로 임대를 줄 수 있었다. 가장 좋았던 것은 4년 전 분양 가격보다 500만 원 할인된 가격에 분양 계약으로 진행될 수 있었다는 점이었다. 최근 오피스텔 및 상가 등 분양 시장이 어렵다 보니 좋은 매물임에도 거래가 안 되는 경우를 다수 볼 수 있다. 위의 오피스텔이나 도시형 생활주택 체크리스트 등을 보다 보면 무조건 안 좋게만 볼 것이 아니라 O 님처럼 옥석을 가려 좋은 물건을 투자할 수 있는 기회가 생길 수 있다.

최근 시행사들이 PF프로젝트 파이낸싱가 안 되거나 대출 금리가 올라가면서 정말 괜찮은 입지에 좋은 물건임에도 거래를 못하여 할인으로 매각하려는 물건들이 꽤 있다. 자세히 살펴보면 좋은 기회가 될 수 있으니 수익형 부동산에 투자하고자 한다면 이럴 때 좋은 물건을 판별할 수 있는 기준을 숙지해 놓는 것이 중요하다.

다주택 은퇴자의 임대 수익 준비를 위한 체크리스트

① 은퇴 이후에는 현금 흐름 창출을 위한 부동산 투자로의 변화가 필요하다는 인식을 갖는 것이 중요하다.

② 다주택자는 양도소득세 관련하여 먼저 계획을 세워야 하고 양도소득이 적은 물건부터 매각하고, 양도소득세 중과가 되지 않는 시점에서 가장 차익이 큰 주택을 1주택으로 전환하는 방법을 찾는다.

③ 임대소득을 위한 부동산 투자는 수익률이 높은 물건보다는 공실 위험이 낮은 물건 위주로 선택하도록 한다. (서울 역세권 주거용 오피스텔/도시형 생활주택 → 10,000세대 이상의 학원가 학원/병원 임차 맞춰진 상가 → 서울 역세권 업무 시설 → 메인 상권 1층 상가 순서로 검토)

④ 5억 원 이하 투자를 고려하는 은퇴자라면 상업용 부동산보다는 주거용 임대사업을 우선 고려하여 투자한다.

⑤ 다주택자는 주택 보유 시 종합부동산세, 국민건강보험 지역의료보험료 등 기타 부대 비용에 대해 은퇴 전 사전 계산을 해보고 은퇴 이전에 대책이 필요하다.

⑥ 은퇴자의 수익형 부동산 투자 시 대출을 활용한 투자 보다는 수익률이 낮더라도 대출을 최소화하여 리스크를 줄이는 방향으로 투자하는 것이 나은 투자 방법이다.

(2) 서울 지역 아파트 1채로 주거와 은퇴 임대소득까지 해결한 사례

대부분 직장인은 은퇴 시 보유한 집 한 채가 전 재산인 경우가 많다. 하지만 2015년 이후 줄곧 상승했던 서울 주택 가격을 감안하면 1주택의 자산 조정만으로도 어느 정도 노후를 해결할 수 있다. 목동에 거주 중인 P 부장님의 재산은 2020년 은퇴하면서 받은 퇴직금으로 대출 상환 후 남은 현금 1억 원과 마포의 오래된 아파트 한 채였다. 자산 조정을 희망했던 P 님은 은퇴 1년 전 필자와 상담을 통해 실제 투자를 결정했다. P 님의 상황을 보면서 은퇴자분들은 노후 생활을 위한 자산 리밸런싱에 참고해 보길 바란다.

자산		부채	
항목	금액	항목	금액
주거용 부동산	마포 도화동 아파트 12억 원 (매각 및 양도소득세 등 정산 후 금액)	보증금 / 월세	없음
투자용 부동산	없음	담보 대출	없음
금융 자산	예금 1억 원	신용 대출	없음
순자산 합계	13억 원		

[P 님의 변경 전 자산 현황]

P 님의 자산 현황을 보면 부채 없이 주택 1채와 퇴직금으로 받았던 자산으로 전액 대출 상환 완료 후 남은 예금 1억 원의 자산이 전부였다. 다행히 은퇴 전에 두 자녀 모두 취업까지 한 상황이라 자녀와 관련하여서는 결혼 비용 정도만 있으면 되는 상황이었다. 큰 딸은 이미 결혼하여 추가로 비용이 들어갈 일은 없었다. 따라서 예비 자금으로 현금 1억 원을 가지고 있었지만 노후 관련하여 준비가 되지 않은 상황이었다. 현재의 주택을 매각하고 은퇴 생활비를 마련하는 자산 리밸런싱을 생각하게 되었고, 필자와의 상담을 통해 자산 구조 변경을 하게 되었다.

▶주거용 자산 변경

P 님 부부는 여러 곳을 알아본 결과, 경기도 김포의 한강신도시 20평대 아파트로 이사하기로 했다. 이 아파트는 1,000세대 이상의 대단지 아파트로 역세권에 위치해 있으며, 강서권에 직장을 둔 아들의 출퇴근도

용이했다. 또한 주거 비용을 크게 줄임으로써 투자 여력을 만들 수 있었다. 다만 마포의 대형 아파트를 매각하고 김포의 소형 아파트로 이사하면서 서울에 아파트 하나는 있어야겠다는 생각으로, 아들의 결혼 계획 등을 감안하여 9호선 역세권의 20평대 아파트를 아들 명의로 전세를 얹어서 매입하게 되었다. 즉 주거용 자산으로 기존 12억 원에서 7억 원 정도로 줄여서 운용하게 되었다. 여기에서 월세 수입은 없는 상황이라 임대소득에 조금 아쉬움은 있지만, 서울 9호선 역세권에 소형 아파트지만 한 채 가지고 있음으로써 아들의 결혼 시에 어느 정도 도움을 줄 수 있는 발판으로 생각하고 매입했다. 거주도 만족하면서 서울의 아파트도 매입하는 방안으로 P 님 부부와 오랜 상담을 통해 이런 결과를 도출했다.

사실 이렇게 투자하게 되면 임대 수익은 조금 줄어들게 된다. 그럼에도 안정적인 자산 운용과 서울 아파트 한 채를 보유했으면 하는 생각도 투자에서는 적절할 수 있다고 판단했다. 따라서 총 주거용 부동산 매입 비용으로 쓴 금액은 기존 12억 원에서 6억 6,747만 원으로 줄어들었고, 5억 3,253만 원의 자금을 활용할 수 있었다.

김포 주거용 아파트 매입(59㎡)		서울 강서구 아파트 매입(59㎡)_아들 명의	
매매가	370,000,000	매매가	650,000,000
취득세 + 등기 비용	4,070,000	취득세 + 기타 비용	12,000,000
중개 수수료	1,400,000	보증금(전세)	(370,000,000)
담보 대출	-	담보 대출	
필요 금액	375,470,000	필요 금액	292,000,000

[P 님의 주거용 자산 필요 금액 계산표]

▶P 님의 수익형 부동산 투자 포트폴리오

P 님의 수익형 부동산 투자는 우선 김포의 주거용 주택과 서울 강서구의 주택 매수 후 남는 자금으로 투자에 나섰다. 13억 원의 현금 중 주거용 부동산으로 6억 7,000만 원을 활용하고 나머지 5억 3,000만 원까지 활용이 가능하다. 이 금액 중 예비 자금으로 일부 남기고 투자에 나설 수 있는 방법으로 안내했다. 여기에는 주택 임대사업자와 상업용 임대사업자 모두를 구성하여 절세와 수익률뿐만 아니라 공실 위험도 낮추는 방안으로 투자를 구성했다.

주택 임대사업자는 서울 강서구의 9호선 등촌역 역세권의 300세대 투룸 오피스텔을 매입하게 되었다. 2019년 당시 주택 임대사업자를 등록하면서 주택 수 배제 효과와 종합부동산세 합산배제도 가능했다. 물론 2021년에 다시 정책이 강화되면서 서울 전 지역이 조정지역이 되기도 했지만 주택 임대사업자는 소급 적용이 안 되므로 지금도 이 혜택을 잘 받으면서 보유하고 있기도 하다. 투룸 오피스텔은 다음 표처럼 대출 없이 총 2억 7,200만 원을 투자했다.

그리고 상업용 부동산은 경기도 신도시의 대형 정형외과 병원이 임대 맞춰진 건물 중 5층 1개 호실을 매입했다. 총매입 가격 2억 6,000만 원 중 일부 대출과 보증금을 감안하여 1억 4,196만 원을 투자하는 방안을 고려했다. 오피스텔 1채와 상가 1채 모두 대출 없이 투자도 가능했지만 자녀 결혼 자금 등으로 활용할 목돈을 예비 자금으로 확보하기 위해 초기에 대출을 받아 놓는 방법을 택했다. 2019년 당시 금리 조건도 좋아 고정금리 3%의 대출을 받았고, 현재까지도 이 대출 조건을 유지하면서 활용 중이다. 물론 만기가 다가오는 2024년도에는 금리가 일부 인상될 수 있지만, 이때 목돈을 활용하여 대출을 상환할 계획을 정해두고 있다.

상가는 임대 계약 기간 10년으로 안정적으로 월세를 받을 수 있다. 주택 임대사업자보다 상가 임대사업자가 유리한 점은 이처럼 한 번 시설을 많이 쓰는 병원이나 학원과 같은 업종의 임차인이 들어오게 되면 10년 이상 임대 계약으로 안정적으로 임대사업 운영이 가능하다. 반면 오피스텔 등을 통한 주택 임대사업의 경우에는 공실 위험도 낮고 서울 역세권이라 임대료도 물가 상승률 이상 상승도 가능하다. 하지만 임차인이 자주 변경되는 번거로움은 있을 수 있으므로 장단점이 명확하다. 두 사업을 함께 포트폴리오로 구성하면서 공실 위험에 대비하고 수익률도 어느 정도 취할 수 있는 방안으로 추천할 수 있었다.

강서구 주거용 오피스텔(주택 임대사업)		경기도 신도시 병원 임대 맞춰진 상가	
분양가	290,000,000	분양가	260,000,000
취득세	2,001,000	취득세	11,960,000
보증금 / 월세	2,000만 원 / 95만 원	보증금 / 월세	2,000만 원 / 125만 원
담보 대출	-	담보 대출	(110,000,000)
필요 금액	272,001,000	필요 금액	141,960,000

[수익형 부동산 투자 금액표]

위와 같이 주거용 부동산과 수익형 부동산 투자안대로 진행하게 되었고, 총투자 금액을 보면 아래와 같이 금액으로 배분할 수 있다.

[아파트 매각 후 자산 배분 결과]
① 김포 주거용 아파트 + 서울 아들 명의 아파트 = 667,470,000원
② 주거용 수익형 부동산 + 상업용 수익형 부동산 = 413,961,000원
③ 예비 자금 {CMA(1%) 19,000,000원 + 정기예금(2%) 2억 원} =
218,569,000원

서울 마포구 40평대 아파트 1채 12억 = 김포 주거용 20평대 아파트 1채
+ 서울 강서구 9호선 역세권 20평대 아파트 1채 + 서울 강서구 9호선
역세권 10평 오피스텔 1채 + 경기도 신도시 병원 상가 전용 17평 1채 +
예금 1억 1,856만 원

이렇게 포트폴리오를 배분하면 수익은 어느 정도 수익이 나오는지
이자 비용까지 감안하여 수익을 계산해 보면 아래와 같은 수익이 발생
한다.

오피스텔 임대 수익: 95만 원×12개월 = 1,140만 원

상가 임대 수익: 125만 원×12개월 = 1,500만 원

은행 이자 수입: 400만 원 - 대출 이자 비용 330만 원 = 70만 원

총 수익: 2,710만 원 / 12개월 = 225만 원 / 월

현재 은퇴 후 생활 자금과 관련한 고민을 하는 중이라면 한 번쯤 은
퇴 자산 운용에 대해 신중히 생각해 봤으면 한다. 의외로 방법을 찾을

수 있는 것이 부동산 자산의 운영 배분이다. 그동안 아파트 가격이 많이 오르고, 환금성도 다른 부동산 물건에 비해 좋다 보니 쉽게 투자를 생각해 왔을 것이다. 하지만 아파트는 매매 가격 상승에 있어서 그동안 경험상 괜찮은 투자재였지만 반대로 하락 시기에는 또 은퇴자들에게는 큰 고민의 대상이 되기도 한다. 은퇴 시기에는 장기적인 매매가 상승을 목표로 하기보다는 당장의 생활 자금 확보를 위한 수익 창출이 필요하며, 월 임대소득이 발생하는 수익형 부동산으로의 관점 전환이 필요한 시기이기도 하다. 반드시 자산 리밸런싱을 통해 안정적인 노후 생활을 준비하길 바란다.

(3) 은퇴 시 확인해야 하는 주택연금과 수익형 부동산 비교

1960년생인 D 님은 2022년 퇴직 후 직업이 없는 상황이다. 다행히 자녀들은 모두 분가하고 더 이상 큰 돈이 들어갈 일은 없지만, 예금 자산 4,000만 원과 일산신도시의 킨텍스 신축 아파트에 거주하고 있다. D 님은 국민연금 수령액만으로는 소득이 부족하다고 생각하여 은퇴 생활비에 대한 해결 방법을 고민 중이었다. D 님의 상황을 보면 일산신도시에 거주하다가 구축 아파트를 매각하고 GTX 등의 호재와 신축 아파트 공급이 적은 신도시 상황에 비추어 볼 때 나은 선택으로 판단하여 현재 거주 중인 아파트를 분양받아 입주했다. 다행히 2021년과 2022년 아파트 가격이 크게 상승하여 7억 원에 매입한 아파트 가격이 12억 원

까지 거래되었다가 2024년 1월 기준 최근 시세는 10억 원 선에 매매가
가능하다.

D 님은 이 아파트를 활용하여 노후 준비 방법으로 주택연금을 생각
했었다. 그리고 노후 자금 마련에 관하여 알아보던 중 내 유튜브 채널
에서 은퇴 준비 관련 내용을 보고 임대사업을 생각하게 되어 컨설팅을
의뢰했다. 정부에서 보증하는 주택연금과 임대사업은 장단점이 있다.
주택연금에 대해 다수의 사람은 수령액도 적고 결국 대출이라는 인식
때문인지 의외로 부정적인 시각도 많았다. 하지만 자세히 살펴보면 은
퇴 시에 가장 안정적인 노후 자금 수령 방법이 될 수 있다. 이번에는 D
님에게 제시한 임대사업 포트폴리오와 주택연금을 자세히 비교해 보
려고 한다.

D 님이 임대사업을 위해 주거이전 방법을 알아보게 된 것은 지인 집
에 찾아갔을 때였다. 지인의 집은 김포 한강신도시의 10년 이하 연식의
30평대 아파트였다. D 님은 이때 당시(2023년) 해당 아파트가 5억 원
선에 매입할 수 있다는 걸 알았다. 주변 공원과 생활 여건이 킨텍스 못
지 않았고, 거리도 가까워 은퇴 생활에 부족함이 없다는 것도 알게 되
었다.

현재 D 님의 아파트도 매도 후 김포 한강신도시에 5억 원 선의 아파
트를 매수하게 되면, 기존 현금 자산과 합쳐 5억 5,000만 원 정도의 현
금이 남는다. 이 중 5,000만 원은 예비 자금으로 계획하고, 남은 5억 원
은 임대사업용 부동산 투자안을 만들고자 했다. D 님의 투자안 세 가지

를 비교 검토해 보자. D 님과 비슷한 여건의 투자자라면, 자신에게 맞는 방법은 무엇이고, 어떤 점을 고려하여 합리적인 방안을 선택하는 게 좋을지 눈여겨보길 바란다.

▶제 1안 : 주택연금 선택 시 예상 수령액

주택연금은 주택을 보유하고 있지만 소득이 부족한 은퇴자들을 위해 한국주택금융공사에서 시행하고 있는 연금 제도다. '역모기지'라고도 하는 이 제도는, 이미 소유하고 있는 주택을 금융기관에 담보로 제공하고 대출을 받아 연금 형식으로 수령한다. 한국금융공사 홈페이지를 통해 내 집 시세를 확인하고 연금 예상액을 찾아볼 수 있다. 주택연금 예상액은 아래의 표와 같이 계산되었다.

연금 유형	부부종신방식 정액형 (남편 63세, 부인 61세)
주택가액	11억 원 (KB시세 / 한국부동산 평가원 시세 반영)
월 지급금 예상액	2,336,360원 (2024년 1월 기준)
초기 보증료	16,500,000원 (주택가액 1.5% 해당액 → 대출 금액에 가산됨)

[주택연금 예상 수령액 계산_참조: 한국주택금융공사 홈페이지]

주택연금의 장점은 내가 거주하는 집에 계속 거주하면서 연금을 수령할 수 있다는 데 있다. 주택 가격 하락에 관계없이 처음 정해진 금액을 종신토록 받을 수 있다는 장점이 있다. 물론 반대로 2014년부터 2022년까지 이어진 주택 가격 상승기에는 낮은 가격으로 연금을 개시하면 주택 가격 상승이 반영되지 못한다는 단점도 있다. 따라서 시장 상황에 따라 주택연금의 인기가 달라지기도 한다.

▶제2안 : 4억 원의 자금으로 원룸형 오피스텔을 활용한 주택 임대사업

제2안과 제3안은 모두 기존 킨텍스 아파트를 10억 원에 매도하고, 김포 한강신도시 5억 원의 아파트로 이사 후 남은 5억 원을 임대사업에 투자하는 방안이다. 먼저 살펴볼 2안은 오피스텔을 활용한 주택 임대사업이다. 최근 높은 금리 영향으로 서울 역세권 오피스텔의 매매 가격이 많이 하락한 상태다. 특히 실거주 수요가 거의 없고 임대사업용 투자 수요만으로 구성된 원룸형 오피스텔은 아파트 가격 대세 상승기에도 가격 상승에서 소외되어 있었다. 따라서 현재 금리 상승으로 인해 가격 하락이 이뤄져 임대 수익율 6%에 가까운 오피스텔들을 쉽게 찾아볼 수 있다.

이를 고려해 D 님에게 6호선 마포구청역 인근의 한 오피스텔 건물에 3채(1채당 1억 3,500만 원)를 투자하는 것을 추천했다. 추천 시 아래와 같은 수익률과 임대 수익을 얻을 수 있다. 물론 오피스텔 투자는 부동산 가격 상승 시 소외되는 측면도 있고 임대 관리의 어려움도 있다. 특히 소형 오피스텔은 임차인이 평균 1년에 1회 이상 바뀐다고 봐야 하고 건물 관리 측면에서도 신경 써야 할 것들이 많기도 하다. 또한 임차인이 바뀔 때 단기간의 공실이 발생하기도 하므로 임대 수익률이 상대적을 떨어질 수도 있다.

임대 수익 구성요소	마포 오피스텔 전용 면적 6평 원룸 3채
1) 매입 가격	405,000,000
2) 임대 보증금	(30,000,000) (보증금 1,000만 원×3채)
3) 취득세	18,630,000 (취득세율 4.6%)
4) 중개수수료	2,000,000 (법정 중개수수료)
5) 순투자금	395,630,000 { 1)-2)+3)+4) }
6) 연 임대료 수익	23,400,000 (월세 65만 원×3채×12개월)
수익률	5.91% { 6)연 임대료 수익 / 5) 순투자금}

[마포구청역 원룸 오피스텔 투자 수익률 계산]

✓D 님께 제안한 주택 임대사업 투자 포인트

1) 임대사업용 물건의 분산도 좋지만 관리 용이성을 위해 서울 역세권 300세대 이상의 오피스텔 한 건물에 3채의 오피스텔 투자

2) 거주 지역에서 멀지 않고, 수익률 6% 이상의 주택 임대사업용 물건

3) 월 65만 원 3채의 오피스텔로 195만 원의 고정 임대 수익 발생

4) 2024년 현재 월세 임대 수익 상승 중인 상황

5) 오피스텔 순 투자금 4억 원을 감안하면 기존 보유 금액 5,000만 원 포함 시 1억 5,000만 원 해당액을 금융 자산으로 운영

▶제 3안 : 4억 5,000만 원의 현금으로 고양시 병원 상가 투자

제 3안은 오피스텔 투자보다 조금 더 수익률은 높으면서 임대 관리가 편한 우량 임차인이 입점한 상가 투자 방안이다. 3호선 역세권에 위치한 고양시 상가로 병원이 입점한 상가 물건을 찾아 추천했다. 주택 임대업과 다르게 병원이 10년 임대 계약으로 입점하여 안정적인 임대

소득에 적합한 매물이었다. 주택연금과 차이점은 임대료 상승 시 정해진 연금액을 수령하는 주택연금에 비해 장점이 있고 오피스텔보다는 인테리어가 많이 되어 있는 병원으로 10년 임대 계약된 물건이란 점에서 임대 관리가 용이하다. 다만 임대 계약 완료 이후 임차인이 임대 계약을 연장하지 않으면 공실 위험이 발생할 수 있다는 점과 상가는 통상적으로 다른 소득이 있으면 합산 과세가 될 수밖에 없다는 점에서 세금 비용이 조금 더 발생할 수 있다는 단점이 있다. 아래 표로 어느 정도의 수익이 발생하는지 확인해 보자.

임대 수익 구성요소	고양시 전용 면적 33평 5층 상가
1) 매입 가격	460,000,000 (VAT 별도 가격)
2) 임대 보증금	(30,000,000) (보증금 3,000만 원 / 월세 230만 원)
3) 취득세	21,160,000 (취득세율 4.6%)
4) 중개수수료	- (시행사 보유 물건으로 직접 계약)
5) 순투자금	451,160,000 {1)-2)+3)+4) }
6) 연 임대료 수익	27,600,000 (월세 230만 원×12개월)
수익률	6.12% { 6)연 임대료 수익 / 5) 순투자금}

[고양시 병원 상가 투자 수익률 계산]

✓ D 님께 제안한 상가 임대사업 투자 포인트

1) 10년 임대 계약으로 안정적 임차인 - 한방병원
2) 거주 지역에서 가까우면서 안정적인 6% 이상의 수익률
3) 월 230만 원(VAT별도) 임대 계약으로 부부 공동 사업으로 진행 시 임대소득세 절세
4) 5년 이후 임대료 인상 가능 조건
5) 총 4억 5,000만 원 투자 시 기존 보유 현금 합산하여 1억 원 예비 자금 및 금융 자산 운용

	주택연금	오피스텔 투자	상가 투자
현금 보유액 (잔여)	5천만 원	1억 5천만 원	1억 원
월 수령액	2,336,360원	1,950,000원	2,300,000원
장점	1. 거주지 계속 거주 2. 공실 위험이 없음 3. 소득세 없음 4. 종신 동일 금액 연금 수령 5. 부동산 하락기 유리함	1. 거주지 이전으로 현금 자산 확보 후 투자 2. 서울 역세권 임대료 상승 3. 오피스텔 매매가 상승 시 자산 가치 상승	1. 장기 우량 임차인 2. 상대적 높은 수익률 3. 임대 관리 용이 4. 5년 이후 임대료 상승 가능
단점	1. 이사 어려움 2. 가격 상승 시 상대적 박탈감 3. 연금 총액 수령 시 상속인에게 남는 자산 없음 4. 55세부터 가입 가능, 이른 나이에 수령 시 연금 수령액이 적음 5. 초기 보증료 및 연 보증료와 같은 비용이 추가 발생	1. 매매 가격 하락 위험 2. 임차인 관리 번거로움 3. 임차인 단기 공실 위험	1. 매매 가격 하락 위험 2. 병원 임차 만기 시 공실 위험 3. 재산세와 소득세 부담이 상대적으로 높음

[주택연금과 수익형 부동산 투자 시 장단점 비교]

사례로 보는
임대사업용 부동산으로
좋은 물건은?

임대사업용 부동산은 아파트와 다른 지식이 필요하다

임대사업용 부동산 투자에 있어서 가장 중요한 내용은, 공실 없이 은행 이자보다 높은 수익률로 월세를 받고자 투자하는 것이다. 하지만 그동안 기술했던 것처럼 **임대사업은 절대 불로소득이 아니다.** 기본적으로 세금과 수익에 대한 이해가 있어야 한다. 그리고 현장을 많이 다니면서 정말 문제가 없을 물건인지 기본적인 이해가 필요하다. 내가 투자한 금액 대비 적정한 수익률을 올릴 수 있는 물건인지 보는 눈을 키우기 위해 많은 현장을 확인하고 경험도 필요하다. 많은 상담을 통해 잘못된 투자로 인해 큰 손실을 보는 경우도 많이 봤다.

지금까지는 잘못된 투자 후 상담을 통해 재정비한 사례들을 살펴보았다. 모두 그런 것은 아니지만 이런 분들을 보면 참 안타깝다. 물론 이 글을 쓰고 있는 나 역시도 상가에 투자해서 1년 정도의 공실 기간이 있기도 했고, 재개발 지역의 빌라 및 상가 투자를 했다가 조합 설립까지 되었던 재개발이 무산되면서 1억 원 정도의 손실을 보기도 했다. 투자 실패 경험이 쌓여서 손실 위험을 줄이는 방법이 무엇인지 다진 밑거름이 되었다. 이번에는 투자 조언을 통해 어떤 물건이

줄여 줄 수 있었는지, 중요하게 봐야 하는 조건과 방법은 무엇인지 살

펴보려 한다.

02 수도권 역세권 좋은 오피스텔의 조건

(1) 부동산 하락기에 강한 수도권 역세권 오피스텔

오피스텔은 2024년 현재 시점에서 여러 가지 사정을 고려해 볼 때 수익성이 최고라고 생각할 수는 없지만, 그래도 가장 안정적인 자산이라고 생각한다. 특히 최근 아파트 위주로 부동산 하락기가 시작되면서 이제는 아파트보다는 오피스텔에 관심을 가져볼 만할 때라고 생각한다. 실제로 부동산 하락기에는 오피스텔이 아파트보다 안정적인 경우가 많다.

요즘 많은 분이 오피스텔에 관해 '가격이 오르지 않는다', '투자에 매력이 없다'는 얘기를 한다. 사실 틀린 얘기는 아니었다. 아파트 가격 상승기에는 상대적으로 오피스텔이 매력적으로 보이지 않기도 한다. 하지만 부동산 하락기에는 어땠을까?

2007년 정자동 랜드마크 아파트인 정자동 상록우성아파트와 정자역 파라곤 원룸 오피스텔을 소유한 사례자와 상담을 진행했다. 당시 상담자는 아파트는 2006년도에 7억 원에 매입했고, 오피스텔은 2004년도에 1억 6,000만 원에 매입하여 월세를 받고 있었다. 위치도 역세권이라

좋고 매월 월세를 받지만 수천만 원씩 오르는 아파트에 비하면 오피스텔은 오르지 않는다면서 푸념 섞인 한탄을 늘어놨던 기억이 있다. 지도와 함께 경기도 성남시 분당신도시 정자동의 한 아파트와 오피스텔을 비교해 보자.

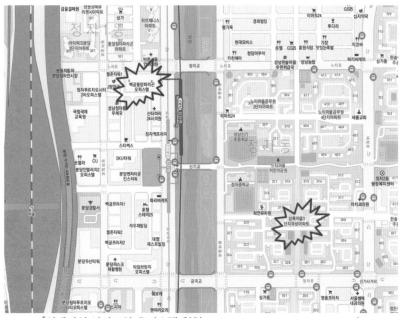

[사례자의 아파트와 오피스텔 위치 – 출처 : 카카오맵 (https://map.kakao.com)]

정자동 아파트		정자동 오피스텔	
시기	실거래가 (단위: 만 원)	시기	실거래가 (단위: 만 원)
2006. 12.	77,700	2006. 12.	17,900
2007. 8.	67,000	2007. 1.	18,000
2007. 10.	75,200	2007. 2.	17,900
2007. 11.	74,000	2007, 4,	18,500

[2007년 당시 실거래가 아파트 Vs. 오피스텔]

정자동 아파트		정자동 오피스텔	
시기	실거래가 (단위: 만 원)	시기	실거래가 (단위: 만 원)
2013. 3.	47,700	2012. 11.	23,500
2013. 6.	49,000	2013. 5.	26,000
2013. 7.	57,000	2013. 10.	24,500
2013. 8.	50,700	2013. 11.	24,300

[2013년 당시 실거래가 아파트 Vs. 오피스텔]

하지만 2013년 실거래 시세를 보면, 2007년 기준 8억 이상 올랐던 아파트가 2013년까지 무려 6년 동안 대세 하락기를 겪으면서 4억 7,000만 원까지 하락했다. 반면 오피스텔은 전세 가격 상승과 함께 1억 7,000만 원대의 매물이 2억 6,000만 원까지 상승하기도 했다. 게다가 월세 수익도 계속 상승해 왔다.

이런 점에서 아파트와 오피스텔의 특징을 엿볼 수 있다. 상승기에서는 확실히 오피스텔은 상대적으로 매력이 떨어진다. 특히 금리가 오르는 시기에는 투자의 매력도가 은행 예금에 비해 떨어지다 보니 가격이 떨어지기도 한다. 특히 2022년~2023년 금리가 급속히 상승했던 시기에서 더욱 그런 경험을 할 수 있었다. 하지만 부동산이 하락하며 금리가 안정되어 안정적인 임대료를 받으면서 임대료가 상승하게 되면 가격도 조금씩 임대료에 수렴해서 올라가는 모습을 보인다. 이런 점에서 오피스텔은 금융 상품 중 채권과 유사한 모습을 보인다.

이런 오피스텔의 특징으로 최근 2024년도 현재 위와 같이 하락기의 오피스텔 가격 현상을 비교하여 실제 고객에게 투자 추천하였던 매물이다. 1억 이하의 소액투자자라면 한 번쯤 검토해 볼 만하다고 판단했다. 과연 필자는 어떤 기준으로 물건을 추천하는지 궁금할 것이다. 필자가 물건 추천을 할 때 살펴보는 오피스텔 투자 요소 방향을 알아보도록 하자.

(2) 좋은 오피스텔 입지 조건

입지 분석 시 봐야 할 첫 번째는 서울/경기 지역의 지하철 접근성이다. 추천했던 오피스텔은 지하철 6호선 마포구청역 도보 1분 거리에 위치해 있다. 마포구청역은 기본적으로 상암동 DMC의 직장인 수요, 인근 홍대/연대/서강대 등 대학가의 대학생 및 상인 등 수요가 많은 지역에 속한다.

두 번째는 바로 배후 수요가 풍부한 지역인지 확인해 보는 것이다. 오피스텔의 배후 수요를 좌우하는 것은 오피스텔의 주 수요층인 직장인과 대학생 수요를 체크한다. 이런 기준에서 볼 때 지하철 한 정거장만 가도 약 3만 명 이상의 기업 인구가 있는 상암동 DMC가 있다. 반대로 두 정거장을 가면 홍대/서강대 지역이 도보권에 위치한 합정역이 있다. 이런 점에서 단거리 배후 수요는 충분한 곳이다.

끝으로 세 번째는 배후에 젊은 직장인들이 즐길 수 있는 상업/문화 여건이 충분한 지역인지 확인해 본다. 지도를 보면 초록의 녹지 지역에

월드컵 공원이 위치하고, 월드컵 경기장에는 대형 마트가 있다. 또한 한 정거장만 가면 요즘 핫한 망원동 시장 및 홍대 상권이 위치하면서 젊은 세대의 문화 수요를 충족시킬 수 있는 시설들이 가득하다. 따라서 다양한 오피스텔 수요자의 욕구를 충족시킬 수 있다.

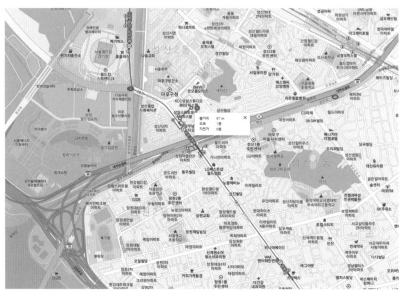

[마포역 도보 1분 거리 오피스텔 위치_출처: 네이버 지도]

(3) 좋은 오피스텔 건물 여건

오피스텔 입지	서울 6호선 마포구청역 도보 1분, 월드컵 공원 5분
세대 수(주차대수)	324세대 (163대 / 자주식 주차)
해당 세대 면적 (계약 면적/전용 면적)	45㎡ / 19.81㎡

준공 연월	2014년 7월
매매 가격	1억 3,500만 원
보증금 / 임대료	1,000만 원 / 65만 원 (수익률 6.24%)

[마포구청역 오피스텔 주요 판단 기준]

오피스텔 투자 시 입지를 살펴봤다면, 다음으로 봐야 하는 내용은 바로 건물의 퀄리티를 결정하는 건물 여건이다. 오피스텔은 기본적으로 용적률이 통상 300% 이상의 준주거 지역에 들어서다 보니 대지지분이 작고, 재건축이 어렵다는 가정 하에 투자해야 하므로 현재 건물 컨디션도 중요한 투자 상품이다. 물론 입지가 중요하지만 다른 주택 물건에 비해 건물의 컨디션이 큰 역할을 차지한다. 이런 건물의 컨디션은 다음 세 가지가 중요하다.

▶건물의 컨디션 첫 번째, 세대 수

세대 수는 바로 체계적인 건물의 관리 체계와 공용 시설 및 환금성 등 많은 부분에서 오피스텔의 가치에 영향을 끼친다. 어느 정도 가치 있는 오피스텔이 되려면 최소 100세대, 조금 더 가치가 있고 환금성 측면에서 거래도 활발한 장점으로 느껴지려면 300세대 이상의 오피스텔을 추천한다. 세대 수가 큰 오피스텔일수록 관리 측면에서 규모의 경제가 이뤄지고, 관리단이 체계적으로 운영되는 경우가 많다. 따라서 연식이 오래되더라도 잘 관리된다면, 개별 세대에서 적당한 내부 인테리어만 리모델링을 하면 새로 지은 오피스텔에 비해 절대 떨어지지 않는다.

상담자에게 추천한 오피스텔은 324세대와 1, 2층은 상가로 구성된 오피스텔이었으므로 중형 오피스텔로 어느 정도 환금성도 양호했다. 1, 2층 상가에는 오피스텔에 도움이 되는 식당가와 헬스 시설 등 오피스텔 입주자들이 선호할 만한 업종들이 입점되어 인근에서 임차인이 선호도가 높은 오피스텔이기도 하다.

▶건물의 컨디션 두 번째, 주차 방식

대다수의 서울의 오피스텔들은 필지가 작아서 지하에 자주식 주차장을 만들려면 주차 램프를 만들어야 하는 최소 대지면적을 확보하여야 하지만 여건이 안 되는 경우가 많다. 이런 경우 대개 비용적인 측면에서도 자주식 주차장보다 유리한 기계식 타워형 주차장으로 건축하는 경우가 많다. 하지만 기계식 주차장은 차가 있는 여성 세입자들의 기피 대상이 되기도 한다. 사고 사례도 많고 차량이 몰리는 출퇴근 시간에는 차량을 인도받는 시간이 오래 걸려 불편함이 커지기도 한다. 따라서 통상 임차인들의 기피시설이다. 물론 원룸형 오피스텔은 차가 없는 세대가 더 많아 그 중요도가 떨어질 수 있지만 투룸 이상의 오피스텔에서는 상당히 중요한 요소다. 추천했던 오피스텔은 100% 자주식 지하 주차장을 사용하는 오피스텔로 차량이 있는 세입자들에게 만족도가 큰 오피스텔이었다.

▶건물의 컨디션 세 번째, 건물 준공시기

2002년 이전의 오피스텔들은 바닥 난방이 안 되는 경우가 많았다. 특

임대사업으로 월급 말고 월세 받기

히 마포, 강남, 목동 지역 등 1990년대~2000년대 지은 오피스텔들을 보면 바닥 난방이 아닌 사무실에서 쓰던 라디에이터 방식으로 난방이 되는 곳들도 많다. 그리고 단열재 기준 등이 업무 시설을 기준으로 건물을 짓다 보니 상대적으로 여름에는 덥고, 겨울에는 추워 냉난방비용이 일반 주거 건물보다 훨씬 높게 발생한다. 또한 방음에도 취약하다는 불편 요소가 많았다. 하지만 2010년 이후에 지은 주거용 오피스텔들은 건물의 건축 기준이 공동 주택과 동일하게 적용되어 이런 점에서 구축 오피스텔에 비해 더 높은 평가를 받게 된다. 추천 오피스텔은 2014년 준공 건물로 바닥 난방과 단열 측면에서 우수하였으며, 관리비도 크게 높지 않은 오피스텔이었다.

(4) 좋은 오피스텔 매매 가격 및 수익률

많은 사람이 오피스텔 투자에 앞서 각자 스스로 분석한 입지와 건물 상태 등 물건 자체를 우선한다. 그런데 전제 조건에서 더욱 중요한 것은 적정 매매 가격과 임대료 등을 감안한 수익률 현황을 고려하는 것이다. 특히 요즘 같이 고금리가 계속되고, 수익형 부동산 가격이 하락하는 시장에서는 입지나 건물 상태보다는 적정 매매 가격을 산정하는 것이 훨씬 더 중요할 수 있다.

오피스텔은 실주거보다는 임대 수익 위주 운영이 될 수밖에 없는 부동산 투자재로써 물건 특성상 처음 매매할 때 적정 가격으로 사는 것이 무엇보다 중요하다. 이런 점에서 적정 가격을 어떻게 산정할 수 있을까? 앞선 마포 오피스텔의 적정 가격 분석 당시 고려했던 방법을 적용해 보자.

　마포구청역 주변은 신도시처럼 업무지역으로 오피스텔 건축 가능 용지와 총 4,726세대 이상의 오피스텔이 몰려 있다. 물론 이곳에는 연식이 20년 정도 된 오피스텔부터 2022년에 준공된 오피스텔까지 다양하게 있었다. 오피스텔의 종류도 소형 원룸형 오피스텔/복층형 오피스텔/투룸 이상 대형 면적의 오피스텔까지 다양한 종류의 오피스텔이 있어서 직접적인 가격 비교는 어렵지만, 유사한 유형끼리 비교해 보면 적당한 가격이 산출된다. 특히 이번 추천했던 오피스텔은 투자 대상이 은퇴자라서 철저히 임대 수익률 위주의 물건으로 비교했고, 입지와 규모 등을 종합적으로 고려하여 해당 오피스텔로 선택하게 되었다.

　물론 동일 지역이다 보니 가격의 편차도 그렇게 크지는 않았다. 오피스텔들을 조사해 보면 한 지역에 업무지역 또는 상업지역 및 준주거지역 등에 여러 건물이 모여 있는 경우가 많다. 따라서 시세 비교가 쉽다. 다만 신도시 같은 곳에 신규 분양으로 공급될 경우에는 유사지역 및 역세권 지역의 오피스텔들을 조사해 보고 적정 가격인지 판단해 봐야 한다. 다음 표는 추천했던 마포구청역 주변 오피스텔들의 시세 전수 조사하여 정리한 것이다.

오피스텔	세대 수	준공 연월	전용 면적 (단위: ㎡)	매매가 (단위: 만 원)	보증금/ 임대료 (단위: 만 원)	수익률 (단위: %)
이안2	117	2005. 5.	60	48,000	3,000/140	3.73
우남퍼스트빌	396	2017. 11.	16	15,500	1,000/70	5.79
시티프라디움	253	2021. 10.	17	20,000	1,000/85	5.37
태림센트원	130	2019. 11.	18	22,000	1,000/85	4.86
카리스다올림	144	2018. 9.	17	17,000	1,000/70	5.25
미르웰한올림	682	2018. 5.	16	15,000	1,000/70	6
마포클레세	196	2022. 4.	20	23,500	1,000/100	5.33
태림센트윈2	168	2021. 10.	25	35,000	3,000/115	4.31
상암도시엔	130	2017. 7.	18	14,500	1,000/70	6.22
스마트큐브	364	2017. 11.	16	13,500	1,000/60	5.76
상암수린나	120	2018. 8.	17	14,800	1,000/70	6.09
자인채스토리	234	2018. 7.	25	24,000	1,000/90	4.70
상암월드시티	325	2014. 7.	19	13,500	1,000/68	6.53
스위트포레	288	2016. 10.	18	13,800	1,000/65	6.09
대명비첸시티	44	2007. 9.	71	57,000	2,000/140	3.05
퍼스티지더올림	250	2018. 11.	17	16,500	1,000/70	5.42
스튜디오380	377	2014. 12.	20	14,000	1,000/70	6.46
삼라마이더스	79	2006. 6.	66	45,000	2,000/120	3.35
위브센티움	325	2013. 2.	23	14,000	1,000/70	6.46
이안 상암1동	104	2005. 5.	60	47,000	3,000/130	3.55
합계 총 세대 수			4,726세대			

[마포구청역 오피스텔 현황_2023년 7월 조사 당시 기준]

마포구청역 주변 오피스텔 블록에는 총 4,790세대의 오피스텔 가격 비교와 급매 매물을 비교해 보고 연식 및 세대 수, 역과의 거리 등을 종합적으로 고려하여 살펴봤다. 그 결과 상암월드시티 1억 3,500만 원 매물이 가장 적합한 투자 대상이라고 판단했다. 사실 서울의 임대 수익에 적절한 원룸형 오피스텔을 보면 대략 5%~6%대의 수익률이 나오고 있다. 이를 감안해서 투자 대상을 선정해야 하며, 면적 당 가격 및 임대 수익률 등을 고려하여 투자에 나서는 것이 좋다.

03

직장인의 출퇴근 여건이 가장 중요한 서울의 업무 시설

앞에서 본 바와 같이 오피스텔은 안정적인 투자처로 손색없다. 특히 서울 역세권의 오피스텔은 공실 위험이 거의 없다는 큰 장점이 있다. 반면 사무실 같은 오피스 시설은 주변의 공급량과 경기 상황 등에 따라 위험성이 커질 수 있다. 특히 최근 경기 신도시 지역과 자족 시설 용지 등에 지식산업센터들이 공급되면서 공실 위험이 커진 것도 사실이다. 하지만 이런 업무 시설은 주택 수에서 제외되고, 임차인이 한 번 들어오면 통상 주거용 수익형 부동산에 비해 장기간으로 계약을 하거나 운영을 하여 운영이 용이하다는 장점도 있다. 또한 가장 큰 장점은 바로 주택 수 규제에서 자유롭다는 점이다. 오피스텔만 하더라도 지금은 규제 지역이 완화되면서 일부 지역을 제외하고 주택 수 배제 혜택을 받을 수 있지만, 주택 임대사업자 10년 이상 사업자 유지 등의 규제는 피할 수 없다.

이런 점에서 상가에 투자하기 부담스러운 투자자들이 찾는 부동산 물건이 바로 업무 시설에 해당하는 섹션오피스와 지식산업센터였다. 하지만 2장에서 살펴봤듯이 지식산업센터와 섹션 오피스는 최근 너무 많은 공급으로 리스크가 커진 만큼 조심해야 한다. 실제 필자가 투자했던 오피스 사례를 통해 그래도 공실 위험은 낮으면서 투자 가치는 있는 물건의 조건을 확인해 보자.

(1) 좋은 업무 시설 입지 조건

서울에서 일반에게 업무지구로 분양한 오피스 시설이 많은 곳은 서울의 동쪽과 서쪽 끝인 송파구 문정동과 강서구 마곡동이다. 물론 구로구 구로디지털단지와 금천구 가산디지털단지도 있지만 이곳은 원래 공단으로 제조업 위주의 아파트형공장에서 변모하여 지식산업센터라는 이름의 사무실이 대거 공급되기도 했고, 역사도 오래된 곳이다.

이번 실제 투자 사례로 2015년부터 대거 공급된 마곡지구 섹션오피스를 살펴보자. 해당 섹션오피스 투자는 필자가 직접 투자했던 매물로 사무실 실사용 목적으로 매수했고, 처음 3년간은 임대사업으로 운영했고, 지금은 직접 사무실로 사용하고 있다. 이 물건을 선택한 이유와 사무실 투자 시 고려 사항을 함께 살펴보자.

업무 시설의 입지 조건으로 제일 중요한 것은 서울 역세권에 위치하는 것이다. 섹션오피스 임차인들이 사무실을 구할 때 가장 우선하는 것이 바로 직원 채용이다. 현재 마곡지구는 어느 정도 신시가지로 알려지기도 했고 많은 기업이 이주해 오는 곳이지만, 섹션오피스 초기 입주장에서는 많은 기업이 직원 채용이 어렵다는 이유로 임차인들의 선호도가 높지는 않았다.

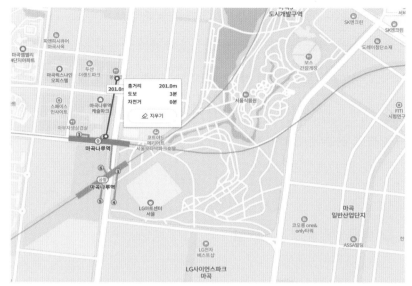

[9호선 급행역 & 공항철도 환승역 마곡나루 도보 3분 거리에 위
치한 입지 사무실 건물 – 출처 : 카카오맵 (https://map.kakao.com)]

마곡지구의 큰 장점은 도시가 만들어지기 이전에 이미 지하철이 완
공되어 있었고, 서울 내에 있어서 강남/여의도/광화문 어디를 가더라
도 30분 내에 도착이 가능한 점 때문에 초기 대규모 공급이 있었음에
도 큰 무리 없이 공실을 해소할 수 있었다.

마곡지구의 오피스 분포도를 세부적으로 보면 발산역 권역과 마곡역
권역, 마곡나루역 권역으로 나뉜다. 필자가 마곡나루역 오피스를 선택
한 이유도 직원들 출퇴근 동선상 가장 선호도가 높은 역이 마곡나루역
이 될 것으로 보였다(필자가 투자할 당시에는 급행역 확정 이전이었
고, 공항철도역 역시 개통 전이었다). 당시에는 상권이 발전되어 있었
던 발산역의 오피스가 더 인기가 있었지만, 길게 보면 공항철도가 들어
오고 급행으로 개발될 예정이었으므로 직원 고용 관련하여 개선될 것

으로 판단했다. 또한 급매로 나왔던 매물을 분양가 이하로 매수할 수 있었다. 물론 지금은 마곡지구 자체가 많이 발전을 했고 서울 식물원과 대규모 상권이 갖춰지면서 어느 정도 인기 지역이 되기도 했다. 공급이 많았던 섹션오피스들도 공실 위험이 없는 곳이 되었다. 이어서 필자가 투자했던 건물의 개요와 투자 금액 및 수익률을 살펴보자.

(2) 좋은 업무 시설 투자 방법

[건물 외부와 내부 모습과 전용 면적 33㎡의 사무실]

▶건물 개요
· 입지: 마곡나루역 3분 거리 위치
· 연 면적: 23,296㎡ 지하 5층~지상 13층
(B2~B5 주차장, B1~3F 근생 상가, 4~13F 업무 시설)
· 주차 대수: 192대(법정 159대), 인근 오피스 건물 중 주차 여유 있는 편(1호실 당 1대 무료 주차)
· 준공시기: 2017년 3월(마곡의 섹션오피스는 대부분 2016~2019년 사이에 준공)

▶투자 오피스 임대 수익률 계산
· 매매 가격: 148,000,000원(분양가 - 500만 원)
· 초기 임대료: 보증금 500만 원/월세 40만 원(입주 초기 물량으로 낮은 임대료 형성)
· 2023년 현재 임대료: 보증금 1,000만 원/월세 65만 원
· 입주 초기/ 2023년 기준 수익률: 3.36%/5.65%

임대사업으로 월급 말고 월세 받기

해당 투자 사례로 오피스 및 지식산업센터 같은 물건의 투자 시기와 기대 수익률 그리고 어떤 물건을 선택해야 하는지를 알 수 있다. 하나씩 자세히 보도록 하자.

업무 시설의 적정 투자 시기 :

분양형으로 진행되는 지식산업센터와 섹션오피스는 대부분 대규모로 공급되고, 이런 공급량을 단기에 임대로 맞추는 것은 정말 수요가 많은 지역이 아니면 어렵다. 지금 경기도의 대부분 대형 지식산업센터의 공실률이 높은 이유도 바로 이런 점 때문이다. 또한 잔금 지급 시기에 임대가 어렵고, 잔금이 안 되는 호실들이 대거 발생하곤 한다. 따라서 신규 섹션오피스나 지식산업센터를 투자하거나 실입주로 매입을 원한다면 입주 초기에 분양권 거래를 하는 것이 유리한 경우가 많다.

업무 시설의 적정 입지 :

업무 시설을 실사용 목적이 아닌 임대사업용으로 투자를 검토하는 분들이라면 임차인의 입장에서 생각해 봐야 한다. 특히 제조 시설이 아닌 사무실 형태는 경기도도 대규모의 임대 수요가 발생하기에는 어려움이 크다. 비록 수익률이 낮더라도 공실 위험을 고려하면 서울 역세권의 업무 시설로 한정해서 투자를 고려할 필요가 있다.

업무 시설의 적정 수익률 :

서울 지역의 업무 시설은 현재 과거 매매 가격이 높게 상승하고 지식산업센터의 높은 인기로 인해 분양 가격이 너무 높게 형성되었다. 반면 구로/가산지역과 강서구, 영등포 지역의 준공업 지역에서 지식산업센터가 공급되면서 임대료는 오히려 하락하는 형태로 바뀌었다. 따라서 송파, 성수 등 인기 지역뿐만 아니라 대부분의 업무 시설 및 지식산업센터의 수익률이 3% 이하에 해당한다. 현재는 임대사업 물건으로써 업무 시설이 매력이 떨어지지만, 임대료가 과하지 않고 향후 임대료가 상승될 것으로 예상되는 지역은 지금 약간 수익률이 낮더라도 적정한 매매 가격이라면 투자 대상 물건으로 좋을 수 있다. 그래도 최소 3.5% 이상의 수익률이 나올 수 있는 곳으로 투자 대상을 한정할 필요는 있다. 내가 선택했던 마곡 오피스도 2017년 매수 당시에는 주변 오피스가 한꺼번에 대거 입주하면서 전용 평당 4만 원 정도의 임대료가 형성되어 겨우 수익률 3%대에 임차를 정했다. 시간이 지나고 차츰 자리를 잡아가면서 임대료가 상승하여 최근에는 최초 매입가 또는 분양가 대비 5% 정도의 임대 수익률로 임대료가 형성되었다. 추후 마곡나루 주변으로 특별 계획 입주 후 인근 개발이 완료되는 시점에는 어느 정도 임대료 상승도 가능할 것으로 보인다.

좋은 상가는 어떻게 고르는 걸까?

상가 투자 관련 상담을 하다 보면 대다수가 위험하다고 반대한다. 실제 상가는 아파트와 다른 투자 대상이므로, 아파트 투자와 같은 생각으로 투자하면 실패하기 쉬운 사례들을 얼마든지 찾아볼 수 있다. 그리고 많은 분이 설령 좋은 상가를 사더라도 상가는 환금성이 떨어지고 매매가는 오르지 않는다는 생각을 많이 갖는다. 정말 그렇다면 '왜 부자들이 상가에 투자할까?' 하는 생각도 해봐야 한다. 실제 상가는 거의 임대료에 의해 가치가 결정된다. 이런 점에서 향후 유동 인구가 늘어날 지역, 임대료가 상승할 수 있는 지역, 현재 매매가가 상대적으로 저렴한 물건을 투자하는 것이 중요하다. 과연 어떤 상가를 주목하는 게 좋을지 실제 사례로 살펴보자.

(1) 신도시 상가는 초기에
가장 좋은 자리를 선점하는 것이 중요하다

신도시의 분양 상가에 투자하면 망한다는 얘기를 많이 한다. 하지만 반대로 생각해 보면 기존 도시에 좋은 자리의 상가를 투자하는 것도 어렵다. 좋은 매물은 시장에 나오지 않는다. 그 이유는 간단하다. 일단 상가에서 좋은 자리는 물건을 소유한 소유주가 해당 상가를 매도하게 되면, 매도 금액으로 대체 물건을 사는 것도 어렵다. 또한 아파트처럼 정형화된 물건이 아니다 보니 더욱 좋은 물건을 구별하기도 어렵고, 그만큼 좋은 물건이 시장에 나오기 어려운 구조다.

좋은 상가가 시장에 나오기 어려운 또 하나의 이유는 바로 세금이다. 상가의 양도차익에 대한 양도소득세는 주택처럼 1주택 비과세와 같은 혜택이 없이 모두 일반 과세가 적용된다. 따라서 수억의 차익이 발생하는 경우에는 거의 양도차익 절반에 가까운 금액을 양도소득세로 부과한다. 대부분의 좋은 위치의 상가는 상속 시점이 되지 않는 한 시장에 나오는 경우가 극히 드물다. 결국 좋은 자리는 신도시가 만들어지는 초창기에 선점하는 것이 좋은 물건을 투자하는 실제 방법이 될 수 있다. 실제로 신도시 초기에 잘 매수한 상가는 큰 차익을 보기도 한다.

▶ 신도시 상가로 차익을 볼 수 있었던 마곡지구 단지 내 상가

필자가 마곡 입주 초기인 2015년에 매입했던 상가 투자 방식을 소개해 보고자 한다. 마곡이 신도시는 아니지만 서울의 신시가지로 신도시처럼 도시 형성 과정을 거쳤다. 필자가 매입했던 상가는 마곡의 SH공사에서 분양했던 아파트 단지 내 상가였다. 이 상가의 특징은 사진에서 보듯이 아파트 단지 내 상가이지만 바로 2차선 도로를 두고 상업 및 업무 용지와 마주보는 위치에 있다. 이런 단지 내 상가는 상가 분양 시에

임대사업으로 월급 말고 월세 받기

는 차이가 있지만 분양 완료 후 임대 시장이 될 때 임대료는 거의 맞춰

서 간다. 하지만 분양가 차이는 크다.

	분양가	전용 면적	전용 평단가	보증금 / 임대료
단지 내 상가	4억 원	10.9평	36,697,248 / 평	3,000만 원 / 250만 원
업무 시설 상가	14억 원	13.1평	106,870,229 / 평	5,000만 원 / 310만 원

[단지 내 상가 Vs. 업무 시설 분양가 비교]

분양 당시 가격을 보면 가격 차이가 상당하다. 하지만 임대료를 보면

아파트 단지 내 상가의 경우에는 전용 평당 임대료 23만 원에 임대가

맞춰졌고, 업무 시설 상가는 24만 원에 임대료가 맞춰졌다. 심지어 업

무 시설의 상가는 높은 분양가로 인하여 초기의 공실 기간을 3년 정도

거치다가 결국 분양가에 맞춰서 임대가 맞춰지는 것이 아니라 주변 임

대 시세와 임차인의 여건에 맞춰서 임대가 맞춰졌다. 신도시의 상가는

위 사례에서 보듯이 초기에 낮은 가격에 좋은 위치를 선점하여 상가를

투자할 수 있는 기회가 있다.

[단지 내 상가(좌측) Vs. 업무 시설 상가(우측)]

반면 업무 시설 상가를 투자한 사람들의 입장에서 보면 너무 높은 가격에 투자할 경우 큰 손해를 볼 수 있고 그 손해를 돌이키기 어려운 상황이 발생할 수 있다. 이유를 살펴보면 신도시 상가 투자 시 가장 큰 유의 사항을 알 수 있다. 바로 상가 투자 전 토지 낙찰가의 파악이 중요하다는 것이다.

지도상으로 A와 B 상가를 비교해 보자. A는 상업 용지로 대로변 역 출구 앞에 배후로 LG사이언스파크를 두고 있다. 마곡지구에서도 마곡역과 발산역 사이 문화 거리로 형성되는 초입에 있는 곳이다. 반면 B 상가는 주거 지역을 두고 있고 주거 지역의 상가는 앞의 표처럼 가격 차이가 크다. 또한 임대료 역시 주변에 아파트가 이미 들어와 있고 오피스 인구도 늘어날 여지가 작은 상권으로 유동 인구가 고정되어 임대료가 크게 상승할 여지가 적다. 따라서 입지 차이가 A와 B는 크다고 볼 수 있다. 그런데 상가 분양가는 오히려 B가 더 비싸다. 그 이유는 바로 토지 구입 비용에 있다.

임대사업으로 월급 말고 월세 받기

위치	낙찰일자	1층 전용 평당 분양가	대지 면적	토지 낙찰가 (평당)	현재 용도
A	2013년 6월 14일	72,000,000	6,233㎡	21,967,420	15층 오피스텔 (3개동 900실) 1~2층 상가
B	2017년 12월 6일	105,000,000	1,390㎡	41,781,031	5~8층 오피스 1~4층 상가

[A, B 용지 위치와 토지 낙찰가]

일단 신도시의 상업 시설이 갖춰지는 과정을 보면 초기에 가장 좋은 위치의 상업 용지들이 입찰 과정을 거쳐 낙찰이 되고, 통상 초기에는 좋은 입지임에도 시장의 불확실성으로 낮은 가격에 토지 낙찰이 이뤄 진다. 그리고 신도시가 성공적으로 안착하고, 순차적으로 그 다음 위치 의 업무 및 상업 용지의 토지 입찰이 이뤄지고 낙찰되며 상가 공급이 이뤄진다. 다만 초기의 제일 좋은 입지의 상가 용지들보다 그 이후 더 안 좋은 위치의 상업 용지 낙찰 가격이 통상 더 높은 가격에 이뤄진다.

상가의 분양 가격 역시 이런 토지 낙찰가에 비례하여 올라감을 알 수 있다. A 상가와 B 상가의 입지만을 보면 마곡은 가장 큰 기업인 LG를 배후로 두고 있고 역세권에 위치하여 입지는 훨씬 좋다. 하지만 상가의 가격은 평당 단가로 비교해 보면 약 30% 정도 저렴한 것을 알 수 있다. 통상 신도시의 상가는 최고의 입지 자리가 가장 먼저 토지 입찰에 참여하곤 한다. 마곡지구뿐만 아니라 이런 상가 토지 가격의 흐름은 대부분의 신도시 등에서도 통용되는 방식으로, 특징을 이해하고 신도시 초기의 상업 지구 토지 입찰 결과와 상가 분양가를 반드시 알아볼 필요가 있다. 만일 신도시 상가 투자에 선점하는 방식으로 투자하는 분들이라면 초기의 상업지 상가를 눈여겨보자.

(2) 임대료로 가치를 판단하는 적정 가격 산출법

상가를 포함한 수익형 부동산 투자 시 가장 중요한 것이 적정 가격을 산출할 줄 알아야 한다. 일반적으로 아파트의 경우에는 쉽게 획일화된 시세를 확인할 수 있다. 예를 들어 어느 아파트 한 단지라고 한다면 KB 시세 및 실거래가 확인만으로 어느 정도 적정 시세를 확인할 수 있다.

하지만 상가는 시세라는 것을 쉽게 알 수 없다. 즉 현장을 가보기 전에 인터넷상에서 적정 시세를 파악하기란 쉽지 않다. 투자 전에 어느 정도 예상 시세는 확인해 볼 수 있는 방법이 있다. 그 기준이 바로 임대료 파악이다. 필자도 어떤 물건을 확인하기 전에 일단 시세상으로 적정한 가격인지 확인하기 위해 가장 먼저 확인하는 방법이 바로 임대료다. 평소 임대료로 상가 가치를 확인하는 방법과 시세를 파악하는 과정은 다음과 같다.

ㄱ. 지도를 통해 지역의 상권 및 동선을 파악한다.
ㄴ. 네이버, 부동산 중개 사이트를 활용하여 지역 물건들의 월세를 조사한다.
ㄷ. 시장에 나와 있는 층별 물건 임대료를 전수 조사하고, 동선 등을 고려하여 유사 임대 시세를 정한다.
ㄹ. 임대료에 의한 물건의 적정 가격을 파악하고, 부동산 현장 임장을 나간다.
ㅁ. 현장 임장에서는 시세의 물건에 특별한 문제 등이 없는지 상황 파악을 한다.

이처럼 시세 파악 및 물건 확인을 위해 현장 조사 전에 ㄱ~ㄹ의 사전 과정이 중요하다. 이 단계에서 어느 정도 적정 가치와 물건의 투자성을 파악할 수 있는데 사실 그렇게 어려운 수학이 필요하거나 그러지는 않는다. 다음의 수식으로 계산해 보면 어느 정도 상가 가격을 유추해 볼 수 있다. 이 계산식이 사실 정해진 어떤 이론이 있지는 않지만, 실제 감정평가사들이 임대사업용 부동산 물건 감정평가 시 산출하는 '수익가격환원법(수익환원법)' 방식으로 임대료를 매매가 기준으로 정할 때 산출하는 방식이기도 하다. 실제 적힌 내용으로 보면 어려워 보이지만, 알고 보면 누구나 적용할 수 있는 산수 방식 계산법이므로 한 번 이해하면 쉬울 수 있다.

> **상가 가격 = (임대료×12개월) / 적정 수익률 + 보증금**
>
> ***적정 수익률** : 시장 상황에 따라 적용 할 수 있는 통상의 수익률을 의미하며, 수익형 부동산 물건의 유형별로 시중은행 금리/지역/상가의 경우 층/임차인 업종 등 물건의 특성 등을 고려하여 판단 후 정한다. 적정 수익률의 공식은 없으며, 상황에 따라 달리 적용할 수 있다.

위 산식을 예시로 들어 이해해 보자. 보증금 5,000만 원/월 임차료 250만 원을 받는 1층 편의점 상가이면서, 상권이 어느 정도 확장되어 가는 곳으로 가정해 보자. 2024년 2월을 기준으로 적정 수익률을 4%로 산정할 수 있다. 이렇게 가정해 보면 아래와 같이 계산된다.

4%를 적용한 이유는 1층 상가는 시중은행 통상 1년 평균 정기 예금 금리 + 0.5~1.5% 가산 수익율을 기준으로 판단한다. 즉 현재 시중은행 평균 예금 금리를 3~3.5% 정도 해당한다. 이 정도 금리를 기준으로 보면 3.5~5% 정도를 1층 상가의 적정 수익률로 판단한다.

그럼 약 1% 정도의 차이는 어떤 기준으로 정할까? 1층 상가는 다른 층에 비해서 상권의 성장 가능성에 따라 임대료 변화가 크다. 유동 인구에 따라 홍대 상권처럼 급격하게 변하기도 한다. 예를 들어 상권의 배후로 대규모 기업들이 들어올 계획이 확정되었다든가 아니면 교통 여건의 변화로 중심 상권으로 변모한다는 계획이 있는 경우에는 3% 정도로 낮게 평가할 수 있다. 같은 임대료라도 어떤 수익률을 적용하는가에 따라 상가의 적정 가격이 크게 달라질 수 있다.

수익률 기준	보증금 5,000만 원 / 임대료 250만 원 계산식	적정 가치
3.5%	(250만 원×12개월) / 3.5% + 5,000만 원	907,142,857원
4%	(250만 원×12개월) / 4% + 5,000만 원	800,000,000원
4.5%	(250만 원×12개월) / 4.5% + 5,000만 원	716,666,667원
5%	(250만 원×12개월) / 5% + 5,000만 원	650,000,000원

[임대료로 판단한 적정 수익률의 가치]

이렇게 계산식을 보면 확실히 가장 중요한 것은 적정 수익률을 판단하는 것이다. 표에서 본 바와 같이 같은 월세 250만 원이지만 0.5%의 수익률 차이만으로도 1억 원 정도의 가치 차이가 날 수 있다. 특히 1층 상가는 금리 기준뿐만 아니라 유동 인구 증가 시 상가 가치가 크게 달라지고, 월 임대료 역시 2층 이상의 상가에 비해 크게 상승할 가능성이 높다. 이런 상권 확장 가능성에 따른 임대료의 차이가 크기 때문에 편차를 늘려서 볼 필요가 있다.

하지만 상층부 상가를 기준으로 보면 조금은 다른 기준이 필요하다. 상층부 상가는 기본적으로 어디에 들어서더라도 일단 위치가 좋은 곳에 들어서게 된다. 위치가 좋지 않은 곳은 상가의 공급자들도 공실 리스크로 인히여 상가를 3층 이상 짓지 않고, 1~2층으로만 상가를 구성한다(주변의 1,000세대 이하 아파트 단지를 보면 대개 1층 또는 1~2층만 상가로 구성된 곳들을 쉽게 볼 수 있다). 그리고 상층부 상가는 대부분 학원과 병원 업종으로 대로변에 위치하고, 유동 인구의 변화와 상권에 따른 임대료의 편차가 크지 않다. 따라서 수익률 기준은 약

0.5% 정도의 차이로 상권의 변화보다는 업종으로 인한 선호도 차이에 의하여 수익률 기준으로 판단하곤 한다.

예를 들어 2층 이상의 상층 상가는 은행 및 병원 같은 업종은 높은 시설비가 필요하며, 장기 임대차 계약이 이뤄져 임대 계약의 안정성이 크다. 따라서 매매 시 매수인들이 선호하는 업종이다 보니 0.5% 정도는 낮은 수익률로 매가를 산정하곤 한다. 층별로 보면 다양한 업종이 들어가고, 임대료가 높게 반영되는 2층은 좀 더 낮은 수익률을 적용하고, 3층 이상은 업종별로 0.5% 내외에서 수익률의 차등을 두어 매매가를 산정한다. 그렇다면 층별로 현재 3%의 예금금리를 기준으로 할 때 매매가를 계산하기 위한 적정 수익률은 어떻게 계산될까?

물건 유형	적정 수익률	비고
1층 상가	3.5~5%	상권 확장 가능 지역 3.5%~상권 고착화 상권 5% (예금금리 + 0.5~2%)
2층 상가/오피스텔	4.5~5%	은행 및 금융기관, 병원 등 4.5%~기타 음식점 사무실, 미용실 등 5% (예금금리 + 1.5~2%)
3층 이상 상가/오피스/ 지식산업센터	5~5.5%	병원/학원 등 폐업률 낮은 업종 5%~기타 사무실 지식산업센터 등 5.5% (예금금리 + 2~2.5%)

[상업용 수익형 부동산 적정 수익률 예시표]

위의 표와 적정 수익률 및 임대 수익에 의한 가치평가는 이론서에 있다거나 원칙으로 정해진 내용들이 아니다. 모두 경험에서 산출한 방식일 뿐이다. 그리고 상가 투자 물건의 상황이 어느 하나로 결정할 수 없

임대사업으로 월급 말고 월세 받기

는 다양한 변수가 존재하므로 임대 수익에 의한 가치평가 방법이 절대적인 이론이 될 수도 없다. 다만 수익률의 가치를 이해하면 현장에 가기 전에 먼저 지역의 임대료를 먼저 조사하고, 사전에 어느 정도 물건의 적정성을 파악하고 현장 조사에 나설 수 있다. 그리고 최소한 가격 판단에 있어서 잘못된 판단을 할 위험을 최소화할 수 있다. 이런 점에서 상가 가치 판단 방법에 앞서서 해야 할 가장 중요한 작업이라고 생각한다.

상가 투자는 앞에서 살펴본 여러 사례에서 볼 수 있듯이 아파트처럼 단순히 정해진 시세 비교하고 급매물을 살펴보는 정도에서 매입하면 되는 방식의 투자방식이 통용되지 않는다. 자칫 잘못 투자하면 공실 위험이 크고, 높은 매입가에 매입하면 회복이 불가능하기도 하다. 물론 이런 위험이 있기에 좋은 물건을 잘만 고르면 안정적인 은퇴 생활도 가능하고, 주택 수에 영향도 없으며, 꾸준한 임대료 상승과 매매 차익도 볼 수 있는 투자 방법이기도 하다.

하지만 투자 이전에 세금부터 물건 특징, 가치평가 방식 등 다양한 요소를 숙지하고 많은 현장 답사를 통해 물건을 구별할 수 있는 실력을 키우는 것이 무엇보다 중요한 투자재다. 실패하지 않는 투자를 위해서는 최소한 앞의 내용들은 꼭 숙지하고 무엇보다도 현장을 많이 다녀봐야 한다. 결국 현장에 답이 있고 지금까지 상가의 내용은 이런 현장의 내용을 바탕으로 정리한 내용이니 앞으로 상가 투자에 도움이 될 수 있길 바란다.

부동산 임대사업에 관한 집필을 마치며…

2006년 자산관리업에 뛰어들면서 다양한 투자를 경험했다. 특히 부동산 관련해서는 재개발 투자부터 아파트, 오피스텔, 상가, 지식산업센터, 섹션오피스 등 모든 것을 직접 투자해 보면서 손실을 본 적도 있고, 큰 차익을 경험하기도 했다.

이렇게 투자하면서 느낀 것 중 하나는 어떤 부동산이든지 장단점이 존재한다는 것이다. 적정한 가격을 알고 나만의 투자 원칙이 선다면 크게 손해 보지 않고, 운영에 어려움을 겪지 않을 수 있다. 임대사업용 부동산 관련해서 많은 사람이 공부해 보고 투자한다는 얘기를 한다. 물론 공부도 필요하다. 세금은 물론, 절세 방안, 물건 파악하는 방법 등도 알아야 한다. 이 책에 나온 내용들이 바로 그런 내용인데 특별한 이론이 있거나 심오한 내용은 아니다. 하지만 모두 내가 직접 투자하고 컨설팅했던 사례가 하나씩 쌓여서 만들어진 사례 모음이라고 볼 수 있다.

수익형 부동산 투자를 하면서 모든 것을 다 알고 투자하는 것은 불가능하다. 법도 자주 바뀌고, 부동산 투자 대상은 아파트처럼 획일적인 물건과 달리 개별성이 정말 강하다. 따라서 임대사업용 부동산 투자에 있어서 정답은 많이 다녀보고 직접 투자해 보는 것이 가장 중요하다. 나 역시 다양한 임대사업을 하면서 주택 임대업의 경우 임차인의 임차료가 밀려 명도도 진행해 봤다. 상가 투자는 1년씩 공실을 겪기도 했고 이 공실을 해소하기 위해 직접 직원을 두고 샌드위치 전문점도 운영해 봤다. 이런 경험들이 쌓여 최소한 임대사업용 부동산의 물건 보는 눈은 키울 수 있었다.

부동산 투자 관련 컨설팅을 해보면 사람들이 부정적임을 알 수 있다. 모든 임대사업용 물건 투자에 앞서서 아무리 좋은 물건도 다른 측면에서 보면 단점이 존재한다. 이런 단점들이 있음에도 임대사업을 잘 만하면 안정적인 월세 소득과 매매 차익도 가능하다. 물론 공실 리스크도 있고 잘못 투자하면 큰 손해를 볼 수도 있다. 하지만 다른 사업 및 투자 대상에 비해 투자 원칙과 물건의 적정성만 판별할 수 있다면 그만큼 안정적으로 임대 소득을 얻을 수 있다.

독자 여러분이 이런 경험을 해보지 않았더라도 이 책에 담긴 사례들을 간접 경험으로 삼고 투자에 참고하길 바란다. 이 책을 보고 조금이라도 투자의 위험을 줄일 수 있고 잘못된 투자를 하지 않기를 바란다.